高等职业教育校企合作新形态教材

汽车计算机基础

索明何　汪东明　邢海霞　盛婷钰　周德凯　编著

机械工业出版社

本书结合汽车技术的发展和汽车类专业特点，按照"由简到难、循序渐进"的教学原则，共设置了"绪论""汽车程序设计基础篇""汽车嵌入式技术基础篇""车载网络技术基础篇"4部分。通过对本书的学习，读者可以从整体上加深理解汽车电子控制系统的组成和工作原理，为汽车电子控制技术和智能网联汽车技术学习奠定良好的汽车计算机基础。

本书采用任务驱动式编写方式，注重理论与实践相结合，突出"学以致用"。本书有教学大纲、电子教案、电子课件、嵌入式技术资源（Embedded Source）、模拟试卷及答案、微课视频等电子教学资源。

本书可作为高等职业院校汽车类专业的汽车计算机基础或汽车单片机技术教材，也可供从事相关技术开发的工程技术人员参考。

凡选用本书作为授课教材的教师，均可通过电话（010-88379564）或QQ（2314073523）咨询教学资源等事宜。

未经许可，不得以任何方式复制或抄袭本书的部分或全部内容（含文字、创意、版式、案例和设计等），书中配套资源不得用于在线课程建设、微课制作等。版权所有，侵权必究。

图书在版编目（CIP）数据

汽车计算机基础 / 索明何等编著 . —北京：机械工业出版社，2023.4（2024.1重印）

高等职业教育校企合作新形态教材

ISBN 978-7-111-72416-2

Ⅰ.①汽⋯　Ⅱ.①索⋯　Ⅲ.①汽车–计算机控制系统–高等职业教育–教材　Ⅳ.① U463.6

中国国家版本馆 CIP 数据核字（2023）第 047722 号

机械工业出版社（北京市百万庄大街 22 号　邮政编码 100037）
策划编辑：曲世海　　　　　　　责任编辑：曲世海
责任校对：贾海霞　张　薇　　封面设计：马若濛
责任印制：单爱军
北京虎彩文化传播有限公司印刷
2024 年 1 月第 1 版第 2 次印刷
184mm×260mm · 17.5 印张 · 423 千字
标准书号：ISBN 978-7-111-72416-2
定价：59.00 元

电话服务　　　　　　　　　网络服务
客服电话：010-88361066　机 工 官 网：www.cmpbook.com
　　　　　010-88379833　机 工 官 博：weibo.com/cmp1952
　　　　　010-68326294　金　书　网：www.golden-book.com
封底无防伪标均为盗版　机工教育服务网：www.cmpedu.com

前 言

随着汽车技术朝着电动化、智能化、网联化、共享化的"四化"方向发展，汽车已成为集机械、电工电子、控制、计算机、人工智能等多学科先进技术于一体的智能交通工具。为了适应汽车新技术发展，汽车专业技术人员除了需要具备一定的汽车机械基础和汽车电工电子基础，还需要具备一定的汽车计算机基础知识和技能。教育部在颁布的职业教育专业简介（2022年修订）中，明确将"汽车计算机基础"作为汽车专业的专业基础课程。

为了帮助汽车专业技术人员掌握必要的汽车计算机基础，本书按照"由简到难、循序渐进"的教学原则，共设置了"绪论""汽车程序设计基础篇""汽车嵌入式技术基础篇""车载网络技术基础篇"4部分。其中，"绪论"简要介绍汽车电子控制系统的组成；"汽车程序设计基础篇"主要介绍汽车嵌入式技术中所需要的最基本的C语言知识；"汽车嵌入式技术基础篇"是以车规级微控制器为蓝本，介绍汽车领域中最基本的嵌入式技术基础；"车载网络技术基础篇"主要介绍汽车中应用最广泛的CAN通信技术及应用。通过本书的学习，读者可以从整体上加深理解汽车电子控制系统的组成和工作原理，这对后续的汽车电子控制类课程学习将有很大的帮助和提高，并且为智能网联汽车技术学习奠定良好的计算机基础。

书中的知识点描述言简意赅，例题浅显易懂。本书突出"学以致用"，灵活采用对比法、类比法、启发法、实验法等多种教学方法。为了有效地大幅度降低汽车嵌入式技术教学难度和开发难度，本书提出了嵌入式构件化的设计思想和方法，并倡导嵌入式软件采用分层设计的理念，初学者在学习汽车嵌入式技术时，可将学习重点放在应用层程序设计上，就像在个人计算机（Personal Computer，PC）上学习C语言程序设计一样简单。

根据党的二十大精神，本书采用任务驱动式编写方式，坚持以学习者为中心的教学理念，按照"以学习者为中心、学习成果为导向、促进自主学习"的思路进行设计，充分体现"做中学、学中做""教、学、做一体化"等教育教学特色。

为了方便教学、更好地达到教学目标，本书所有重要的知识点均配有精心制作的微课视频，并且开发了配套的在线开放课程（含视频、资料、练习答案等资源）。教师可利用书中设置的"同步练习"，从"素质""知识""能力"3个维度提高学生的汽车计算机基础能力，同时培养学生具有良好的基本职业素质、团结协作素质、自主学习素质，使学生具有一定的辩证唯物主义运用能力、发现问题和解决问题的能力，同时具有安全意识、劳动意识、创新意识、创新能力和强烈的爱国主义精神，为中国式现代化建设和中华民族伟大复兴而不懈奋斗、贡献力量。

本书所附的"学习笔记"可用于书写"课堂笔记""同步练习答案""学后记"等内容。

本书由江苏电子信息职业学院的索明何、汪东明、邢海霞，江苏食品药品职业技术学院的盛婷钰和江苏科创车联网产业研究院有限公司的周德凯共同编著。索明何负责本书的策划、内容安排、案例设计、统稿工作和教学资源建设。

在本书编写过程中，得到了嵌入式系统与物联网专家、苏州大学博士生导师王宜怀教授和江苏科创车联网产业研究院有限公司的热心帮助和指导，在此表示衷心的感谢。

由于编著者水平有限，疏漏之处在所难免，恳请广大专家和读者提出宝贵意见和建议。编著者联系方式：1043510795@qq.com。

编著者

目　录

前言

绪论 ……………………………………………… 1

汽车程序设计基础篇

第1单元　C语言程序设计入门 ………… 4

任务1.1　使用VC++ 2010软件开发C
　　　　程序 ……………………………… 5

1.1.1　VC++ 2010开发环境的使用方法
　　　　和步骤 ……………………………… 5

1.1.2　初识简单的C程序 ……………… 12

任务1.2　掌握数据的基本类型及其
　　　　表现形式 …………………………… 13

1.2.1　常量与变量 ……………………… 14

1.2.2　整型数据 ………………………… 14

1.2.3　字符型数据 ……………………… 18

1.2.4　实型数据 ………………………… 20

1.2.5　变量的初始化 …………………… 21

1.2.6　常变量 …………………………… 22

任务1.3　利用基本的运算符解决简单
　　　　问题 ……………………………… 22

1.3.1　算术运算符及其表达式 ………… 22

1.3.2　强制类型转换运算符及其表
　　　　达式 ……………………………… 25

1.3.3　赋值运算符及其表达式 ………… 25

1.3.4　关系运算符及其表达式 ………… 27

1.3.5　逻辑运算符及其表达式 ………… 27

1.3.6　位运算符及其表达式 …………… 29

第2单元　利用三种程序结构解决简单
　　　　问题 ……………………………… 32

任务2.1　知识储备 …………………………… 33

2.1.1　算法及流程图表示 ……………… 33

2.1.2　程序的三种基本结构 …………… 34

2.1.3　C语句及其分类 ………………… 35

任务2.2　利用顺序结构程序解决实际
　　　　问题 ……………………………… 36

2.2.1　数据输入输出函数 ……………… 36

2.2.2　顺序结构程序设计应用 ………… 40

任务2.3　利用选择结构程序解决实际
　　　　问题 ……………………………… 41

2.3.1　if语句及应用 …………………… 41

2.3.2　switch语句及应用 ……………… 48

任务2.4　利用循环结构程序解决实际
　　　　问题 ……………………………… 49

2.4.1　while循环结构程序设计 ………… 49

2.4.2　do…while循环结构程序设计 …… 51

2.4.3　for循环结构程序设计 ………… 53

2.4.4　循环嵌套 ………………………… 55

2.4.5　break语句和continue语句 ……… 56

任务2.5　利用预处理命令提高编程
　　　　效率 ……………………………… 58

2.5.1 宏定义 …………………………… 58

2.5.2 文件包含 ………………………… 60

2.5.3 条件编译 ………………………… 61

第 3 单元　利用数组处理同类型的批量数据 …………………………… 65

任务 3.1　利用一维数组处理同类型的批量数据 ……………………… 66

3.1.1 定义一维数组的方法 …………… 66

3.1.2 一维数组的初始化 ……………… 66

3.1.3 一维数组元素的引用 …………… 67

3.1.4 一维数组的应用 ………………… 68

任务 3.2　利用二维数组处理同类型的批量数据 ……………………… 70

3.2.1 定义二维数组的方法 …………… 70

3.2.2 二维数组的初始化 ……………… 71

3.2.3 二维数组元素的引用 …………… 72

任务 3.3　利用字符数组处理多个字符或字符串 ……………………… 73

3.3.1 定义字符数组的方法 …………… 74

3.3.2 字符数组的初始化 ……………… 74

3.3.3 字符数组元素的引用 …………… 75

3.3.4 字符数组的输入、输出 ………… 76

3.3.5 字符串处理函数 ………………… 77

第 4 单元　利用函数实现模块化程序设计 …………………………… 81

任务 4.1　熟悉 C 程序的结构和函数的分类 ………………………… 82

任务 4.2　熟悉定义函数的方法 ………… 84

4.2.1 定义无参函数 …………………… 84

4.2.2 定义有参函数 …………………… 85

任务 4.3　掌握函数的两种调用方式 …… 85

4.3.1 函数的一般调用 ………………… 86

4.3.2 函数的嵌套调用 ………………… 90

任务 4.4　利用数组作为函数参数进行模块化程序设计 ……………… 92

4.4.1 数组元素作为函数实参 ………… 92

4.4.2 数组名作为函数参数 …………… 93

任务 4.5　灵活设置变量的类型 ………… 96

4.5.1 局部变量和全局变量 …………… 96

4.5.2 变量的存储方式 ………………… 99

任务 4.6　使用内部函数和外部函数进行模块化程序设计 ………… 104

第 5 单元　灵活使用指针处理问题 …… 106

任务 5.1　理解指针的基本概念 ……… 107

任务 5.2　利用指针引用普通变量 …… 107

5.2.1 定义指针变量的方法 ………… 108

5.2.2 指针变量的引用 ……………… 108

5.2.3 指针变量作为函数参数 ……… 111

任务 5.3　利用指针引用数组元素 …… 113

5.3.1 指向数组元素的指针 ………… 113

5.3.2 通过指针引用数组元素 ……… 114

5.3.3 用数组的首地址作函数参数的应用形式 ……………………… 117

任务 5.4　利用指针引用字符串 ……… 120

5.4.1 字符串的引用方式 …………… 120

5.4.2 字符串在函数间的传递方式 … 122

5.4.3 使用字符数组与字符指针变量的区别 ………………………… 123

任务 5.5　利用指针数组引用多个数据 … 124

5.5.1 指针数组的概念 ……………… 124

5.5.2 利用指针数组处理多个字符串 … 125

第 6 单元　利用复杂的构造类型解决实际问题 …………………… 127

任务 6.1　声明一个结构体类型 ……… 128

任务 6.2　利用结构体变量处理一组数据 ………………………… 129

6.2.1 定义结构体变量的方法 ……… 129

6.2.2 结构体变量的初始化 ………… 132

6.2.3 结构体变量的引用 …………… 132

任务 6.3　利用结构体指针引用结构体变量 ……………………… 134

6.3.1 指向结构体变量的指针 ·········· 134

6.3.2 结构体指针变量作函数参数 ······ 135

任务 6.4 熟悉共用体类型和枚举
类型 ·············· 136

6.4.1 共用体类型 ·············· 136

6.4.2 枚举类型 ·············· 139

任务 6.5 用 typedef 声明类型别名 ·········· 140

汽车嵌入式技术基础篇

第 7 单元 闪灯的设计与实现 ············ 144

任务 7.1 熟悉嵌入式系统的组成及
嵌入式技术学习方法 ·········· 145

7.1.1 嵌入式系统的组成 ·············· 145

7.1.2 嵌入式系统的知识体系和学习
建议 ·············· 147

任务 7.2 熟悉 KEA128 资源和硬件
最小系统 ·············· 148

7.2.1 车规级 KEA 系列 MCU 简介 ····· 148

7.2.2 KEA128 存储映像、引脚功能与
硬件最小系统 ·············· 150

任务 7.3 掌握 GPIO 底层驱动构件的
使用方法 ·············· 154

7.3.1 GPIO 的通用知识 ·············· 154

7.3.2 KEA128 的 GPIO 底层驱动构件及
使用方法 ·············· 155

任务 7.4 小灯构件化设计及闪灯的
实现 ·············· 157

7.4.1 小灯硬件构件和软件构件的设计
及使用方法 ·············· 157

7.4.2 嵌入式软件最小系统设计——
实现闪灯 ·············· 161

7.4.3 程序的下载与测试 ·········· 163

第 8 单元 开关状态指示灯的设计
与实现 ·············· 168

任务 8.1 掌握开关硬件构件和软件
构件的设计及使用方法 ········· 169

任务 8.2 开关状态指示灯的应用层
程序设计 ·············· 172

第 9 单元 利用定时中断实现频闪灯 ··· 175

任务 9.1 理解中断的通用知识 ·········· 176

9.1.1 中断的基本概念 ·············· 176

9.1.2 中断的基本过程 ·············· 178

9.1.3 CM0+ 的非内核模块中断管理
机制 ·············· 179

任务 9.2 利用 FTM 定时中断实现
频闪灯 ·············· 180

9.2.1 FTM 基本定时底层驱动构件的
使用方法 ·············· 180

9.2.2 利用 FTM 定时中断实现频闪灯
的应用层程序设计 ·········· 183

第 10 单元 利用 PWM 实现小灯亮度
控制 ·············· 188

任务 10.1 理解 PWM 的通用知识 ········· 189

任务 10.2 掌握 FTM_PWM 底层驱
动构件的使用方法 ·········· 190

任务 10.3 利用 PWM 实现小灯亮度
控制的应用层程序设计 ········· 193

第 11 单元 利用 UART 实现上位机和
下位机的通信 ·············· 197

任务 11.1 理解 UART 的通用
知识 ·············· 198

任务 11.2 掌握 UART 底层驱动构件
的使用方法 ·············· 199

任务 11.3 掌握 PC 与 MCU 的串口通信与调
试方法 ·············· 202

VII

11.3.1 UART 通信的应用层程序
设计 …………………… 202

11.3.2 UART 通信的测试方法 ………… 205

11.3.3 使用 printf 函数输出数据 …… 205

第 12 单元　利用 ADC 设计简易数字电
压表 ………… 210

任务 12.1　理解 ADC 的通用知识 ……… 211

任务 12.2　掌握 ADC 底层驱动构件
的使用方法 …………… 212

任务 12.3　简易数字电压表的设计 ……… 214

12.3.1 简易数字电压表的硬件电路组成
和工作原理 …………… 214

12.3.2 简易数字电压表的应用层程序
设计 …………………… 215

车载网络技术基础篇

第 13 单元　车载网络概述 ………… 220

任务 13.1　熟悉车载网络的产生背景、
分类和拓扑结构 ……… 221

任务 13.2　熟悉车载网络的典型
应用 …………………… 223

第 14 单元　CAN 通信技术及应用 …… 228

任务 14.1　理解 CAN 的通用知识 ……… 229

14.1.1 CAN 系统的总体构成和 CAN 节点
的硬件结构 …………… 229

14.1.2 CAN 的网络通信原理 ………… 230

14.1.3 CAN 的优点 …………… 237

任务 14.2　掌握 CAN 底层驱动构件的使用
方法 …………………… 238

任务 14.3　多机之间的 CAN 通信与
调试 …………………… 241

任务 14.4　汽车 CAN 总线故障检测
技术及应用 …………… 249

14.4.1 驱动 CAN 总线故障检测技术 … 249

14.4.2 舒适 CAN 总线故障检测技术 … 252

14.4.3 汽车 CAN 总线故障检修案例 … 254

附录 ………………………… 256

附录 A　常用字符与 ASCII 代码对照表 … 256

附录 B　ANSI C 的关键字 ……………… 257

附录 C　运算符的优先级和结合性 ……… 258

附录 D　80LQFP 封装 S9KEAZ128AMLK
引脚功能分配表 …………… 259

附录 E　系统时钟 …………………… 262

参考文献 …………………… 265

学习笔记 …………………… 266

绪 论

目前，汽车技术正朝着<u>电动化、智能化、网联化、共享化</u>的"四化"方向发展，为汽车工业的发展带来了巨大的挑战和机遇。其中，推动汽车"四化"的关键技术是电子控制技术和计算机技术。目前，电子控制技术和计算机技术已广泛用于汽车的各个系统，如发动机电控系统、底盘电控系统、舒适安全电控系统、新能源汽车动力控制系统、新能源汽车能量管理控制系统。在智能网联汽车领域，环境感知、路径规划、决策控制、人机交互、信息交互等方面，也离不开电子控制技术和计算机技术。

<u>智能网联汽车</u>（Intelligent Connected Vehicle，ICV）是车联网与智能驾驶汽车技术相结合的产物。车联网是依托信息通信技术，通过车内、车与车、车与路、车与人、车与服务平台的全方位连接和数据交换，提供综合信息服务，形成汽车、电子、信息通信、道路交通运输等行业深度融合的新型产业形态。智能驾驶是利用信息技术、计算机技术、控制技术实现汽车性能的全面提升。随着电子信息技术的发展，智能网联汽车进入了广泛应用的时代，成为汽车发展战略的重要方向。2017年12月由工业和信息化部、国家标准化管理委员会共同发布的《国家车联网产业标准体系建设指南（智能网联汽车）》明确了智能网联汽车的定义：智能网联汽车是指搭载先进的车载传感器、控制器、执行器等装置，并融合现代通信与网络技术，实现车与X（人、车、路、云端等）智能信息交换、共享，具备复杂环境感知、智能决策、协同控制等功能，可实现"安全、高效、舒适、节能"行驶，并最终可实现替代人来操作的新一代汽车。

目前，汽车已是集机械、电工电子、控制、计算机、人工智能等多学科先进技术于一体的智能交通工具。因此作为汽车专业技术人员，除了需要具备一定的汽车机械基础和汽车电工电子基础，还需要掌握一定的汽车计算机基础知识和技能。

大家知道，计算机是不需要人工直接干预，能够自动、高速、准确地对各种信息进行处理和存储的电子设备。20世纪70年代微处理器的出现，使计算机技术得到了快速的发展。以微处理器为核心的微型计算机在运算速度、存储容量方面不断得到提高，并通过联网实现了硬件资源和软件资源的共享。微型计算机具有良好的通用性，所以又称<u>通用计算机</u>。与此同时，人们对计算机在测控领域中的应用给予了更大的期待。测控领域的计算机系统是嵌入到应用系统中，以计算机技术为基础，软、硬件可裁剪，适应应用系统对功能、成本、体积、可靠性、功耗严格要求的专用计算机系统，即<u>嵌入式计算机系统</u>，简称<u>嵌入式系统</u>（Embedded System）。通俗地说，除了通用计算机（如台式计算机和笔记本计算机）外，所有包含 CPU 的系统都是嵌入式系统。通用计算机和嵌入式计算机，是计算机技术在发展过程中形成的两大分支。

汽车电子控制系统是典型的嵌入式计算机系统，下面简要介绍汽车电子控制系统的组成。

如图 1 所示，一个完整的汽车电子控制系统主要由传感器、电子控制单元（Electronic Control Unit，ECU）、执行器和网络接口 4 部分组成，其中 ECU 又称为"汽车电脑"。

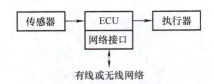

图 1　汽车电子控制系统的组成

1）传感器用来采集汽车运行的各种工况信息，并将其转换为电信号送给 ECU。传感器按照输出信号的种类，可分为模拟传感器和数字传感器。其中模拟传感器输出模拟信号，信号的大小随时间连续变化；数字传感器输出数字信号，信号的大小随时间不连续变化。

2）ECU 的核心部件是微控制器（Micro Controller Unit，MCU，国内也称为单片机）。ECU 的主要作用是：接收传感器信号，并对传感器输入的信号进行预处理，使输入信号变成微控制器可以处理的信号；分析处理、存储传感器采集的数据并进行计算，存储信息（运行信息和故障信息），并根据运算结果输出控制指令和故障信息；生成和放大控制信号，以驱动执行元件执行相应动作。

3）执行器根据 ECU 输出的控制信号执行相应的动作，以实现某些预定的功能。常见的汽车执行器有车灯、直流电动机、继电器、喷油器、显示器等。

4）ECU 通过网络接口，与其他 ECU 进行互联通信，实现信息交互和资源共享。

汽车电子控制系统涉及硬件、软件与网络通信知识。结合汽车技术的发展，本书后续设计了"汽车程序设计基础篇""汽车嵌入式技术基础篇"和"车载网络技术基础篇"。其中，"汽车程序设计基础篇"主要介绍汽车嵌入式技术中所需要的最基本的 C 语言知识；"汽车嵌入式技术基础篇"是以车规级微控制器为蓝本，介绍汽车领域中最基本的嵌入式技术基础；"车载网络技术基础篇"主要介绍汽车中应用最广泛的 CAN 通信技术及应用。

通过本书的学习，读者可以提高计算机技术在汽车领域中的应用能力，从整体上加深理解汽车电子控制系统的组成和工作原理，为后续的汽车电子控制技术和智能网联汽车技术学习奠定良好的计算机基础。

汽车程序设计

基础篇

第1单元

C 语言程序设计入门

学号		姓名		小组成员		
特别注意	造成用电安全或人身伤害事故的，本单元总评成绩计 0 分			单元总评成绩		
素质目标	1）基本职业素养：遵守工作时间，使用实践设备时注意用电安全，实践设备使用完毕后要断电并放于指定位置，程序设计要注重工程规范，养成良好的工作习惯 2）团结协作素养：小组内成员互查程序代码书写规范性、准确性和完整性，取长补短，具有责任意识、团队意识与协作精神 3）自主学习素养：能根据任务要求，查找相关资料解决实际问题；能自主完成同步练习，培养自主学习的意识与一丝不苟、实事求是的工作作风 4）人文素养：具有一定的辩证唯物主义运用能力、安全意识、劳动意识、创新意识、创新能力和强烈的爱国主义精神			学生自评（2 分）		
				小组互评（2 分）		
				教师考评（6 分）		
				素质总评（10 分）		
知识目标	1）掌握 VC++ 2010 开发环境的使用方法和步骤 2）熟悉 C 语言程序的特点 3）掌握 C 语言的基本数据类型及其表现形式（常量和变量） 4）掌握 C 语言的基本运算符及其表达式的应用方法			学生自评（10 分）		
				教师考评（20 分）		
				知识总评（30 分）		
能力目标	1）能在 VC++ 2010 集成开发环境下，编写、运行和调试 C 语言程序 2）能利用基本的数据类型和运算符解决简单的问题			学生自评（10 分）		
				小组互评（10 分）		
				教师考评（40 分）		
				能力总评（60 分）		

▶ **单元导读**

产生于 20 世纪 70 年代的 C 语言是国际上广泛流行的计算机高级编程语言，C 语言的优点包括：①灵活的语法和丰富的运算符；②模块化和结构化的编程手段，程序可读性好；③可以直接对硬件进行操作，能够实现汇编语言的大部分功能；④生成的目标代码质量高，程序执行效率高，C 语言一般比汇编程序生成的目标代码效率低 10%～20%；⑤用 C 语言编写的程序可移植性好（与汇编语言相比），基本上不做修改就能用于各种型号的计算机和各种操作系统。

鉴于以上优点，C 语言既是通用计算机软件设计的基础语言，也是当前嵌入式软件设计的主流语言。读者通过本书的学习，可以奠定 C 语言的编程基础，同时也可以掌握汽车嵌入式软件设计方法。

本单元的学习目标是：首先通过上机练习，掌握 VC++ 2010 软件开发 C 程序的方法和步骤；然后能利用基本的数据类型和运算符解决简单的问题。

任务 1.1 使用 VC++ 2010 软件开发 C 程序

本书建议以基于 Windows 平台的 VC++ 2010 开发环境，学习本篇 C 语言的基本知识和编程思想，为后续的汽车嵌入式软件设计奠定良好的程序设计基础。

1.1.1 VC++ 2010 开发环境的使用方法和步骤

目前全国计算机等级考试（二级 C/C++）使用的 VC++ 2010 是微软公司推出的基于 Windows 平台的开发工具，是集代码编辑、编译、连接和调试等功能于一身的 C/C++/VC++ 开发环境。下面简要介绍在 VC++ 2010 环境下开发 C 语言程序的基本步骤。

1）启动 VC++ 2010。单击"开始"→"程序"→" Microsoft Visual C++ 2010"命令，或者双击桌面上的"Visual C++ 2010"快捷方式，打开 VC++ 2010 开发环境界面，如图 1-1 所示。

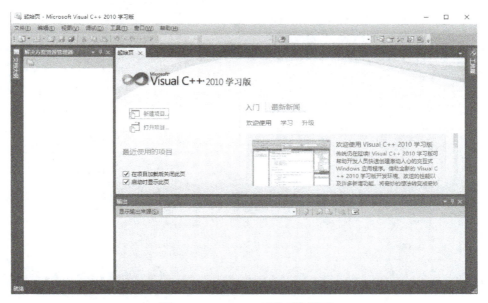

图 1-1 VC++ 2010 开发环境界面

初次使用 VC++ 2010，需要进行必要的工具设置。单击菜单中的"工具"→"设置"命令，选择"专家设置"项，如图 1-2 所示。

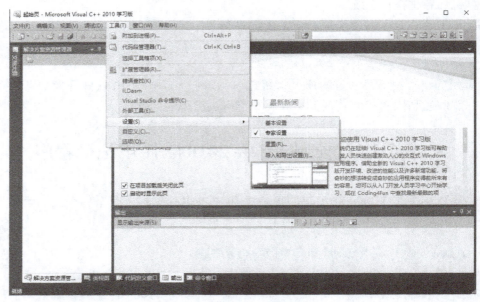

图 1-2　进行工具设置

单击工具栏右侧的"添加或移除按钮"→"自定义"命令，弹出"自定义"对话框，如图 1-3 所示。

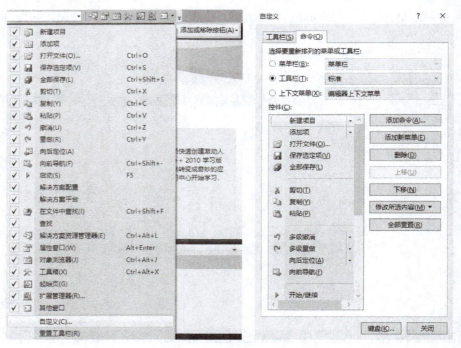

图 1-3　单击"添加或移除按钮"弹出自定义对话框

然后单击图1-3对话框中的"添加命令"按钮，弹出图1-4所示的"添加命令"对话框，在"类别"列表中选择"调试"项，在"命令"列表中选择"开始执行（不调试）"项，单击"确定"按钮，即可实现向工具栏中添加"开始执行（不调试）"按钮；用同样的方法，在"类别"列表中选择"生成"项，在"命令"列表中分别选择"生成选定内容"项和"编译"项，实现向工具栏添加"连接"按钮和"编译"按钮。这样就在工具栏的左侧增加了"编译"按钮、"连接"按钮和"开始执行（不调试）"按钮，如图1-5所示。

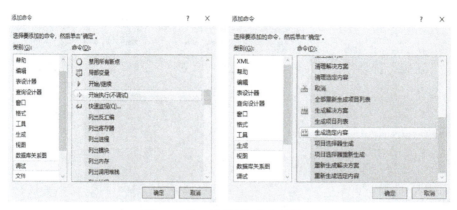

图1-4 在工具栏中添加命令按钮

图1-5 添加命令按钮之后的工具栏

2）新建项目。单击图1-1"起始页"窗口中的"新建项目"命令，或单击菜单中的"文件"→"新建"→"项目"命令，弹出图1-6所示的界面。

图1-6 选择项目类型和项目保存路径、输入项目名称

首先，选择项目类型为"Win32 控制台应用程序"；然后，在"位置"下拉列表框中选择项目的保存路径；随后，在"名称"文本框中输入项目名称，此时"解决方案名称"文本框中的内容与输入的项目名称同步变化；最后，单击"确定"按钮，弹出图 1-7 所示的向导界面。

图 1-7　Win32 应用程序向导界面

在图 1-7 所示的界面中单击"应用程序设置"命令或"下一步"按钮，弹出图 1-8 所示的界面，在"附加选项"选项组中选中"空项目"复选框；然后单击"完成"按钮，弹出图 1-9 所示的界面，这样一个空的项目就创建完成了。至此，系统会自动在指定的项目保存路径下生成一个以"项目名称"为名的文件夹。

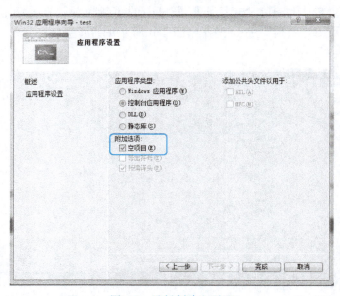

图 1-8　选择创建空项目

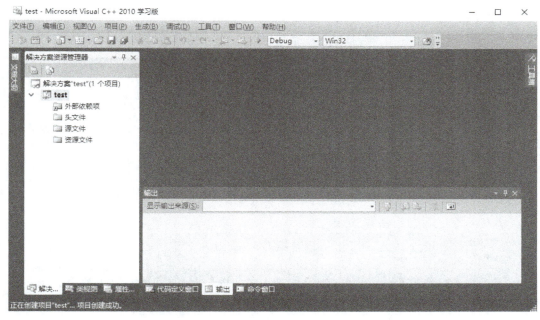

图 1-9 空项目创建完成

3）在已建项目下，添加新建 C 源文件。在图 1-10 所示的界面中，右击"解决方案资源管理器"窗口中的"源文件"文件夹，然后在弹出的快捷菜单中单击"添加"→"新建项"命令，弹出图 1-11 所示的界面。首先，选择文件类型为"C++ 文件"；然后，在"名称"文本框中输入 C 文件的名称（**注意：扩展名为 .c**）；最后，单击"添加"按钮，弹出图 1-12 所示的界面。至此，新建的 C 文件成功添加到已建项目中。

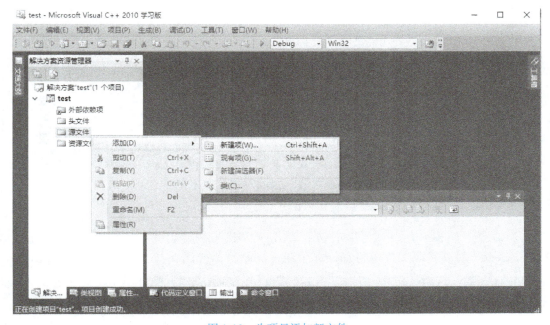

图 1-10 为项目添加新文件

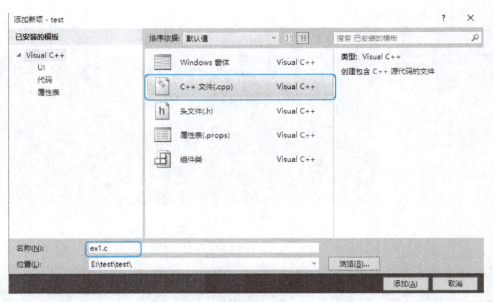

图1-11 选择新建文件类型、输入新建 C 文件名称

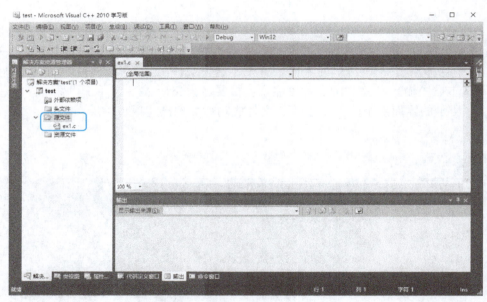

图1-12 将新建 C 文件添加到已建项目中

4) 在程序代码编辑区中，编辑程序代码，如图1-13所示。

5) 编译、连接、运行程序。首先，单击工具栏中的"编译"按钮 ，系统通过编译器 (cl.exe) 对项目源文件进行编译，生成二进制目标代码 .obj 文件（例如 E：\test\test\Debug\ex1.obj）；然后，单击"连接"按钮 ，系统通过连接器 (link.exe) 连接多个目标程序，生成可执行 .exe 文件（例如 E：\test\Debug\test.exe）；最后，单击"开始执行（不调试）"按钮 ，运行程序。在 VC++ 2010 中，也可以直接单击"开始执行（不调试）"

按钮 ▷ ，然后在弹出的对话框中单击"是"按钮，系统将自动完成对项目文件的编译、连接和运行。

图 1-13　程序代码编辑界面

在上述过程中，编译、连接的结果将在"输出"窗口中显示，如图 1-14 所示。当编

图 1-14　编译、连接结果

译结果或连接结果中存在警告或错误提示时，可双击对应的提示，将警告或错误定位到对应的代码行，然后对程序进行修改和完善（必要时可上网查询警告或错误提示的含义及解决办法）。需要注意的是，对程序进行修改后，必须重新对其进行编译、连接和运行。

6）在项目关闭后，可双击项目保存路径中的"*.sln"文件重新打开已建项目，对其中的 C 文件进行修改、编译、连接和运行，也可以灵活向项目添加 C 文件或从项目中移除已有的 C 文件，因此在学习过程中不必每次重复新建项目。

如前所述，C 语言程序设计一般要经过 4 个基本步骤：①编辑源程序（.c 文件或 .h 文件）；②对源程序进行编译，生成二进制目标文件（.obj 文件）；③连接若干个源文件和库文件对应的多个目标文件，生成可执行文件（.exe 文件）；④运行程序。

1.1.2　初识简单的 C 程序

请读者上机在 VC++ 2010 开发环境中编写和运行下面给出的简单 C 程序，然后分析对应的程序代码。

【例 1.1】　在 PC 屏幕上显示一串字符。

```
/* 程序功能 : 在 PC 屏幕上显示一串字符 */
#include <stdio.h>                           //(1) 预处理命令 : 包含输入输出头文件
int main(void)                               //(2) 主函数
{
    printf(" 这是我写的第 1 个 C 程序 \n");    //(3) 原样输出一串字符
    return   0;                              //(4) 如程序正常结束 , 返回函数值 0
}
```

运行结果：这是我写的第1个C程序

程序分析：

每行代码后面的 // 是 C 语言中的行注释符，行注释符后面的内容是对该行代码的注释，注释部分是既不参加编译，也不被执行的，仅仅为了增加程序的可读性和可维护性。在开发环境中，注释部分一般显示为绿色。建议读者要善于借助注释部分理解程序代码，同时要养成对代码添加注释的好习惯。

第（1）行代码：include 前面的 #，是预处理命令的标记，关于预处理命令，将在任务 2.5 中详细介绍。

第（2）行代码：在 C 语言中，一个名字后面紧跟一对英文圆括号，表示这是一个函数。main（）是 C 语言中的主函数。main 前面的 int 表示主函数的类型是整型，圆括号中的内容是函数参数（function parameter），void 表示主函数中没有参数。一个函数包括两部分：函数首部（function header）和函数体（function body）。本行代码就是主函数的首部，函数首部包括 3 部分内容：函数类型、函数名和函数参数[一]。关于函数的类型和参数将在第 4 单元中详细介绍。接下来的第（3）～（4）行代码都是隶属于主函数的内容，即

[一]　本书的 main 函数采用 C99 的标准格式：函数类型为 int；没有函数参数时记作 void。

主函数的函数体，需要用花括号括起来，表示主函数所做的具体事情。

第（3）行代码：printf后面也是紧跟了一对英文括号，表示这也是一个函数，printf函数是系统标准输入输出函数库中的一个格式输出函数，用户使用printf函数时，需要在程序的开头添加第（1）行代码，即包含输入输出头文件。本行代码是通过调用printf函数，向PC屏幕上原样输出英文双撇号中的一串字符，双撇号中最后的 \n 表示换行符（new line），也就是输出"这是我写的第1个C程序"这一串字符之后，光标换行。该行代码最后的英文分号是C语句的结束标记，在C语言中，每一条语句都以英文分号结尾，这类似于我们用中文写完一句话之后要加一个句号。

第（4）行代码：主函数的最后一行代码是主函数的返回值，如果返回0，代表程序正常退出，否则代表程序异常退出。该语句也可以不写。

说明：

1）一个C程序必须有且只能有一个主函数。在主函数中，可以调用其他函数。

2）可以用注释符"//"或"/*…*/"对C语言程序进行注释，增加程序的可读性。注释内容是不被程序执行的，因此注释符还可以用来屏蔽程序中某行或某段代码的执行，用于程序调试。通常，用作对代码的注释时，在相应代码的上一行或后面加"//"注释符；用作屏蔽某行代码的执行时，可在该行语句的前面加"//"注释符；而用作屏蔽某段代码的执行时，可将欲屏蔽的代码段放在"/*"和"*/"之间。

【同步练习1-1】

编程输出4行信息：第1行输出"自己的学号、姓名和手机号码"对应字符串；第2～4行分别输出社会主义核心价值观的字符串："国家层面：富强、民主、文明、和谐" "社会层面：自由、平等、公正、法治" 和 "公民层面：爱国、敬业、诚信、友善"。

任务1.2 掌握数据的基本类型及其表现形式

在各种数据运算过程中，都需要对数据进行操作。在程序设计中，要指定数据的类型和数据的组织形式，即指定数据结构。数据类型是按数据的性质、表示形式、占据存储空间的大小、构造特点来划分的。在C语言中，数据类型可分为基本类型、构造类型、指针类型和空类型4大类，如图1-15所示。

在程序中对用到的所有数据都必须指定其数据类型。数据又有常量与变量两种表现形式，例如整型数据有整型常量和整型变量。

利用以上数据类型还可以构成更复杂的数据结构，例如利用指针和结构体类型可以构成表、树、栈等复杂的数据结构。在此主

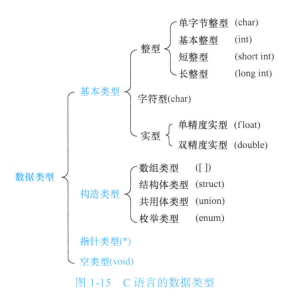

图1-15 C语言的数据类型

要介绍数据的基本类型及其常量和变量。

【同步练习 1-2】

请写出 C 语言的基本数据类型及两种表现形式。

1.2.1 常量与变量

1. 常量

在程序执行过程中，其值不发生改变的量称为常量。根据书写方式，常量可分为直接常量和符号常量。

1）直接常量：从字面形式上可以判别数据类型的常量。如整型常量：12、0、-3；实型常量：4.6、-1.23；字符常量：'a'、'b'；字符串常量："CHINA"、"123"。

2）符号常量：用 #define 指令，指定一个标识符代表一个常量。

例如，#define　PI　3.1415926　　　//定义符号常量 PI

经过以上定义，本文件中从此行开始，所有的 PI 都代表常量 3.1415926。关于 #define 指令的使用方法，将在任务 2.5 中详细介绍。

需要说明的是，标识符是用来标识变量名、符号常量名、宏名、函数名、数组名、类型名、文件名的有效字符序列。简单地说，标识符就是一个名字。C 语言规定标识符只能由字母、数字、下画线 3 种字符组成，且第 1 个字符必须是字母或下画线。用户定义的标识符不能与系统提供的关键字（参见附录 B）同名，如 int、void 等都不能作为用户标识符。另外，标识符区分大小写，如 Sum 和 sum 是两个不同的标识符。

【同步练习 1-3】

1）以下不能作为 C 语言标识符的是（　　　）。
A. ABC　　　　　B. abc　　　　　C. a_bc　　　　　D. ab.c

2）下列字符串能作为 C 语言用户标识符的是（　　　）。
A. _HJ　　　　　B. 9_student　　　C. long　　　　　D. LINE 1

2. 变量

在程序执行过程中，其值可以改变的量称为变量。变量必须"先定义，后使用"，定义变量时需要指定该变量的类型和变量名。定义变量后，编译系统为每个变量名分配对应的内存地址，即一个变量名对应一个存储单元。从变量中取值，实际上是通过变量名找到相应的内存地址，从该存储单元中读取数据。变量名和变量值是两个不同的概念，应加以区分，如图 1-16 所示。

图 1-16　变量示意图

1.2.2 整型数据

1. 整型常量

整型常量即整型常数。在 C 语言中，整型常数有十进制、八进制、十六进制 3 种表示形式。

1）**十进制整数**，如 123、–456、7。

2）**八进制整数**，以 0 开头的数是八进制数，如 0123 表示八进制数 123，即 $(123)_8 = 1 \times 8^2 + 2 \times 8^1 + 3 \times 8^0 = (83)_{10}$。

3）**十六进制整数**，以 0x 开头的数是十六进制数，如 0x123 表示十六进制数 123，即 $(123)_{16} = 1 \times 16^2 + 2 \times 16^1 + 3 \times 16^0 = (291)_{10}$。

2. 整型变量

（1）整型变量的分类　根据数值的范围，有 5 类整型变量：①单字节整型（char）；②基本整型（int）；③短整型（short int 或 short）；④长整型（long int 或 long）；⑤长长整型（long long int 或 long long）。

根据数值是否有正、负区分，整型变量又分为**有符号数（signed）**和**无符号数（unsigned）**。归纳起来，共有 10 种整型变量，它们在 VC++ 系统中对应的数值范围如表 1-1 所示。

表 1-1　VC++ 系统中整型变量的类型及数值范围

类型	类型标识符	占用字节数	数值范围
无符号单字节整型	unsigned char	1	$0 \sim 2^8-1$
有符号单字节整型	[signed] char		$-2^7 \sim 2^7-1$
无符号基本整型	unsigned int	4	$0 \sim 2^{32}-1$
有符号基本整型	[signed] int		$-2^{31} \sim 2^{31}-1$
无符号短整型	unsigned short [int]	2	$0 \sim 2^{16}-1$
有符号短整型	[signed] short [int]		$-2^{15} \sim 2^{15}-1$
无符号长整型	unsigned long [int]	4	$0 \sim 2^{32}-1$
有符号长整型	[signed] long [int]		$-2^{31} \sim 2^{31}-1$
无符号长长整型	unsigned long long [int]	8	$0 \sim 2^{64}-1$
有符号长长整型	[signed] long long [int]		$-2^{63} \sim 2^{63}-1$

注：1. 表中的方括号表示其中的内容是可选的，可有可无。

2. 对于单字节整型变量，参见 1.2.3 小节"字符型数据"。

3. 各种类型的数据在内存中所占用的字节数（可通过 sizeof 运算符测试），与编译系统有关，如基本整型的数据在有的系统（例如嵌入式 Keil C51 中）占用 2 字节。但总的原则是，短整型的字节数≤基本整型的字节数≤长整型的字节数。

4. 在一个整型常量后面加一个字母 l 或 L，则认为是 long int 型常量，例如 123L、0L。

（2）整型变量在内存中的存放形式　数据在内存中是以二进制形式存放的。其中，单字节整型数据的二进制、十六进制和十进制之间的对应关系如表 1-2 所示。

表 1-2　单字节整型数据的二进制、十六进制和十进制之间的对应关系

二进制	十六进制	十进制	
		无符号	有符号
0000 0000	0x00	0	0
0000 0001	0x01	1	1

(续)

二进制	十六进制	十进制	
		无符号	有符号
0000 0010	0x02	2	2
0000 0011	0x03	3	3
...			
0111 1110	0x7e	126	126
0111 1111	0x7f	127	127
1000 0000	0x80	128	–128
1000 0001	0x81	129	–127
1000 0010	0x82	130	–126
...			
1111 1101	0xfd	253	–3
1111 1110	0xfe	254	–2
1111 1111	0xff	255	–1

实际上，有符号的数值在计算机系统（包括嵌入式系统）内存中是以补码形式存储的。

为便于理解补码的含义，下面以时钟调整为例说明，如图1-17所示，表盘一圈是12个格（模是12），现需要从1点调整到11点，有几种办法？①将时针顺向调整10个格（+10）；②将时针逆向调整2个格（–2）。可见，对于钟表而言，10与–2互补，–2的补码是10。计算方法是$[-2]_{补}=12-|-2|=10$。

图1-17 钟表表盘

在计算机系统中，对于有符号的整数：正数的补码与原码相同；负数的补码$=2^n-$负数的绝对值，其中n是二进制位数，2^n代表n位二进制数的模。例如8位二进制整数，$[-1]_{补}=2^8-|-1|=0xff$，$[-128]_{补}=2^8-|-128|=0x80$。

从表1-2中可以看出，对于有符号的单字节整型数据，0～127对应的二进制数最高位为0，表示为正数；–1～–128对应的二进制数最高位为1，表示为负数。

（3）定义整型变量的方法

1）若定义一个变量，定义格式为：类型标识符 变量名；

例如：int   i;   // 定义有符号基本整型变量i
　　　 unsigned int j;   // 定义无符号基本整型变量j

2）若同时定义多个同类型的变量，定义格式如下：
类型标识符 变量名1，变量名2，变量名3，…；

例如：int i, j, k;   // 同时定义3个基本整型变量i、j、k

定义变量后，系统将根据变量类型给变量分配对应大小的内存空间，用于存储该变量。例如：定义短整型变量i，然后对其赋值。

```
short int    i;              // 定义短整型变量 i
i=10;                        // 给变量 i 赋值
```

计算机系统为变量 i 分配 2 字节的内存空间，以二进制的形式存放其值：

0	0	0	0	0	0	0	0	0	0	0	0	1	0	1	0

【同步练习 1-4】

请写出定义无符号单字节整型变量 i、有符号基本整型变量 j 的语句。

_____

【例 1.2】 整型变量的定义、赋值和输出。

```
#include <stdio.h>                    //(1) 预处理命令：包含输入输出头文件
int main(void)                        //(2) 主函数
{
    int i;                            //(3) 定义变量
    i=1234;                           //(4) 给变量赋值
    printf(" 这是我写的第 2 个 C 程序 \n");  //(5) 原样输出一串字符
    printf("i=%d\n",i);               //(6) 输出变量的值
}
```

运行结果：
```
这是我写的第2个C程序
i=1234
```

由于几乎每个程序都要用到 printf 函数，因此有必要简单介绍下 printf 函数的有关知识。在 C 语言程序中，printf 函数的作用是向显示器输出若干个任意类型的数据，因此可用于输出程序执行结果，给用户一个交代，同时也便于对程序进行调试。printf 函数是一个标准输入输出库函数，使用 printf 函数时，需要在 C 源文件的开头加一条预处理命令：
#include   <stdio.h>

printf 函数的一般形式为：printf（格式控制字符串，输出列表）

括号内包含以下两部分：

（1）格式控制字符串   格式控制字符串是由一对双撇号括起来的一个字符串，它包含两种信息：①由 % 开头的格式符，用于指定数据的输出格式。例如 %d 是以十进制形式输出带符号整数，%c 是输出单个字符，%x 是以十六进制形式输出无符号整数，%s 是输出字符串，%f 是以小数形式输出实数。②原样输出的字符，在显示中起提示作用。

（2）输出列表   输出列表是需要输出的一些数据，可以是常量、变量或表达式。多个数据之间要用逗号隔开。使用 printf 函数时，要求格式控制字符串中必须含有与输出项一一对应的格式符，并且类型要匹配。printf 函数也可以没有输出项，即输出列表可以没有内容。

例如第（5）行代码" printf（" 这是我写的第 2 个 C 程序 \n")；"，printf 函数没有输

出项，仅原样输出双撇号中的内容。第（6）行代码" printf（"i=%d\n"，i）；"，双撇号中的 %d 表示以十进制形式输出变量 i 的值，而双撇号中的其他部分都是原样输出，即运行结果的第 2 行信息。

1.2.3　字符型数据

1. 字符常量

在 C 语言中，字符常量是用一对单撇号括起来的一个字符，如 'a'、'A'、'6'、'='、'+'、'?' 等都是字符常量。

除了以上形式的字符常量外，C 语言还有一种特殊形式的字符常量，就是以一个字符 "\" 开头的字符序列，意思是将反斜杠 "\" 后面的字符转换成为另外的含义，称为 "转义字符"。常用的转义字符及其含义如表 1-3 所示。

表 1-3　常用的转义字符及其含义

转义字符	含　　义	ASCII 码
\n	换行，将当前位置移到下一行开头	10
\t	横向跳到下一 Tab 位置	9
\r	回车，将当前位置移到本行开头（不换行）	13
\\	代表反斜杠符 "\"	92
\'	代表单撇号字符	39
\"	代表双撇号字符	34
\xhh	1 ～ 2 位十六进制 ASCII 码所代表的字符（hh 表示十六进制的 ASCII 码）	

例如：'\x42' 表示 ASCII 码为十六进制数 42 的字符 'B'，十六进制数 42 相当于十进制数 66。

2. 字符变量

字符变量用来存放字符，并且只能存放 1 个字符，而不可以存放由若干个字符组成的字符串。

字符变量的类型标识符是 char。定义字符变量的格式与整型变量相同，例如：

char c1,c2;　　　　// 定义字符变量 c1、c2
c1='a'; c2='b';　　// 给变量 c1 赋值 'a'，变量 c2 赋值 'b'

3. 字符型数据在内存中的存储形式及使用方法

在所有的编译系统中都规定一个字符变量在内存中占一个字节。

将一个字符常量赋给一个字符变量，实际上并不是把字符本身放到内存单元中去，而是将该字符对应的 ASCII 码放到存储单元中。例如字符 'a' 的 ASCII 码为十进制 97，'b' 的 ASCII 码为十进制 98，它们在内存中实际上是以二进制形式存放的，如图 1-18 所示。

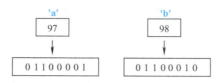

图1-18　字符型数据在内存中的存储形式

字符型数据在内存中以 ASCII 码形式存储，其存储形式与单字节整型数据的存储形式相同。因此，**字符型可以当作单字节整型**。

【同步练习1-5】

1）在 C 语言中，字符型数据在内存中的存储形式是_____码。
2）请参考附录 A 给出的常用字符与 ASCII 代码对照表，填写下列常用字符的十进制 ASCII 码值。0～9:_____～_____；A～Z:_____～_____；a～z:_____～_____。

【例1.3】　向字符变量赋整数。

```
#include <stdio.h>
int main(void)
{
    char c1;              // 定义字符变量
    c1=97;                // 给变量 c1 赋整数（将 ASCII 码值 97 赋给变量 c1）
    printf("%c\n",c1);    // 以字符形式输出变量 c1 的值 (ASCII 码值对应的字符)
    printf("%d\n",c1);    // 以整数形式输出变量 c1 的值（字符对应的 ASCII 码）
}
```

运行结果：
a
97

【例1.4】　输出给定小写字母对应的大写字母。

根据大写字母和对应小写字母的 ASCII 码值相差 32 的关系（小写字母的 ASCII 码值比对应大写字母的 ASCII 码值大 32），可通过对 ASCII 码值的减法运算实现题目的要求。

```
#include <stdio.h>
int main(void)
{
    char c1,c2;                    // 定义字符变量
    c1='a';   c2='b';              // 给字符变量赋字符常量⊖
    c1=c1-32;   c2=c2-32;          // 将字符变量对应的 ASCII 码值更新
    printf("%c,%c\n",c1,c2);       // 以字符形式输出变量 c1、c2 的值
}
```

运行结果：A,B

⊖　C 语言程序书写格式自由，一行内可以写多条语句，一条语句可以分写在多行。

在本程序中，"c1=c1-32；"表示将变量 c1 减去 32 之后的结果重新赋给变量 c1，这要与数学中的等号区分开。

4. 字符串常量

字符串常量是由一对双撇号括起来的字符序列，例如 "CHINA"、"C program"、"a"、"$12.5" 等都是合法的字符串常量。

字符串常量和字符常量是不同的量，它们之间主要有以下区别：

1）字符常量是由单撇号括起来，而字符串常量是由双撇号括起来。

2）字符常量只能是一个字符，而字符串常量则可以含一个或多个字符。

3）可以把一个字符常量赋予一个字符变量，但不能把一个字符串常量赋予一个字符变量。在 C 语言中没有专门的字符串变量，但是可以用一个字符数组来存放一个字符串常量，相关内容将在任务 3.3 中介绍。

4）字符常量占用一字节空间，而字符串常量占用的字节数取决于串中字符的个数。下面以 "CHINA" 为例说明字符串常量占用的字节数，"CHINA" 在内存中的存储情况如下：

| C | H | I | N | A | \0 |

字符串末尾的 '\0' 是系统自动加上去的，是"字符串结束标志"。'\0' 的 ASCII 码为 0，表示空操作字符，既不引起任何控制动作，也不是一个可显示的字符。

因此，字符串常量 "CHINA" 在内存中占用 6 个字节。

【同步练习 1-6】

字符常量 'a' 和字符串常量 "a" 有何区别？

1.2.4 实型数据

1. 实型常量

实型常量也称实数，在 C 语言中，实数有两种表示形式：

1）十进制小数形式，它由数字和小数点组成（**注意，必须要有小数点**），如 0.123、123.、123.0、0.0 都是十进制小数形式。

2）指数形式，如 123e3 或 123E3 都代表 123×10^3。要注意字母 e（或 E）之前必须要有数字，且 e 后面的指数必须为整数，如 e2、4e2.5、.e3、e 都不是合法的指数形式。

一个实数可以有多种指数表示形式，例如 123.456 可以表示为 123.456e0、12.3456e1、1.23456e2、0.123456e3、0.0123456e4、1234.56e-1、12345.6e-2 等形式，其中 1.23456e2 称为"规范化的指数形式"，即在字母 e（或 E）之前的小数部分中，小数点前有且只有一位非零数字。在程序中以指数形式输出一个实数时，会以规范化的指数形式输出。

可见，在实数 123.456 的多种指数表示形式中，小数点的位置是可以在 123456 几个数字之间、之前或之后（加 0）浮动的，只要在小数点位置浮动的同时改变指数的值，就可以保证它的值不会改变。由于小数点的位置可以浮动，因此实数的指数形式又称为浮点数。

2. 实型变量

根据实型数据的数值范围和精度，实型变量的类型主要有单精度（float）型和双精度（double）型。在 VC++ 系统中常用的实型数据如表 1-4 所示。需要注意的是，实型数据在计算机内存中的存储精度有限，不可能得到完全精确的数值。

表 1-4　实型数据的类型及数值范围

类型标识符	字节数	有效数字位数	数值范围
float	4	6	$-3.4 \times 10^{-38} \sim 3.4 \times 10^{38}$
double	8	15	$-1.7 \times 10^{-308} \sim 1.7 \times 10^{308}$

【例 1.5】　实型变量的定义、赋值和输出。

```c
#include <stdio.h>
int main(void)
{
    float x;              // 定义实型变量 x
    x=12.3;               // 将实型常数 12.3 赋给变量 x
    printf("%f\n",x);     // 以小数形式输出变量 x 的数值
    printf("%e\n",x);     // 以指数形式输出变量 x 的数值
}
```

运行结果：
```
12.300000
1.230000e+001
```

编译后，会出现警告：warning C4305：'='：从"double"到"float"截断。原因是：VC++ 编译系统将十进制小数形式的实型常量按照双精度型常量处理。如果在十进制小数形式的实型常量后面加字母 F 或 f，则表示此常量为单精度实数，如 12.3F 或 12.3f。请读者上机实验，查看编译结果。

【同步练习 1-7】

1）在 C 语言中，实数有两种表示形式，即_____和_____。

2）在 C 语言中，实型变量的两种类型分别是_____和_____。

1.2.5　变量的初始化

C 语言允许在定义变量的同时，对变量赋初值，即变量的初始化，例如：

```c
int a=3;            // 定义整型变量 a, 并赋初值 3
float b=1.23;       // 定义实型变量 b, 并赋初值 1.23
char c='a';         // 定义字符变量 c, 并赋初值 'a'
```

当一次定义同类型的多个变量时，可以给全部变量或部分变量赋初值，例如：

int a,b,c=5;　　　　　　　　// 定义 a、b、c 三个整型变量，只给 c 赋初值 5
int a=1,b=2,c=3;　　　　　　// 定义 a、b、c 三个整型变量，并赋不同的初值
int a=3,b=3,c=3;　　　　　　// 定义 a、b、c 三个整型变量，并赋相同的初值 3

注意：对 3 个变量赋相同的初值 3 时，不能写成：int a=b=c=3；

1.2.6　常变量

在定义变量并对变量初始化时，如果加上关键字 const，则变量的值在程序运行期间不再改变，这种变量称为常变量（constant variable）。例如：

const int a=5;　　　　　　　// 用 const 声明整型变量 a 为常变量，其值始终是 5

如前所述，定义变量后，编译系统为每个变量名分配对应的内存单元。一般变量对应内存单元中的值是可以变化的，但常变量对应内存单元中的值被限定不变，因此常变量也称为只读变量。

任务 1.3　利用基本的运算符解决简单问题

C 语言运算符有以下几类：
（1）算术运算符　　　+　-　*　/　%　++　--
（2）关系运算符　　　>　<　==　>=　<=　!=
（3）逻辑运算符　　　&&　||　!
（4）位运算符　　　　&　|　^　~　<<　>>
（5）赋值运算符　　　= 及其扩展赋值运算符
（6）条件运算符　　　?:
（7）逗号运算符　　　,
（8）指针运算符　　　*　&
（9）求变量、表达式或数据类型的存储字节数运算符　　sizeof
（10）强制类型转换运算符　　（类型）
（11）分量运算符　　　.　->
（12）下标运算符　　　[ ]
（13）其他　如函数调用运算符（）等

本单元只介绍算术运算符、强制类型转换运算符、赋值运算符、关系运算符、逻辑运算符、位运算符，其他运算符将在后续单元中介绍。

1.3.1　算术运算符及其表达式

1. 基本的算术运算符

（1）+　　加法运算符，或正值运算符，如 2+3、+5。
（2）-　　减法运算符，或负值运算符，如 7-2、-4。

（3）* 乘法运算符，如 2*3。

（4）/ 除法运算符，如 5/2、5.0/2。

（5）% 模运算符，或称**求余**运算符，% 两侧均应为**整型数据**，如 5%2 的值为 1。

说明：

1）参与 +、−、*、/ 运算的操作数可以是任意算术类型的数据。若参与 +、−、*、/ 运算的两个数中有一个数是实型数据（float 型或 double 型），则系统会自动将参与运算的整型数据和实型数据统一转换为 double 型，然后进行运算，运算结果是 double 型。

2）若字符型数据和整型数据进行算术运算，则系统会自动将字符的 ASCII 码与整型数据进行运算。例如 5+'a'，在计算过程中，系统会自动将字符 'a' 转换为整数 97，其运算结果是 102。若字符型数据和实型数据进行算术运算，则系统将字符的 ASCII 码转换为 double 型数据，然后进行运算。

3）若参与上述 5 种算术运算的两个数都是整数，则运算结果也是整数，如 5/2 的结果为 2，舍去小数部分。而 −5/2 或 5/−2 的结果取决于具体的编译系统（舍入方向不同），在 VC++ 系统中，其结果是 −2，而有的编译系统中，其结果是 −3，因此建议读者尽量避免这样的运算。

【**例 1.6**】 将两位十进制整数的十位数和个位数分离。

```
#include <stdio.h>
int main(void)
{
    int a=23,b,c;           // 定义 a、b、c 三个变量，并对变量 a 赋初值
    b=a/10;                 // 求变量 a 的十位数
    c=a%10;                 // 求变量 a 的个位数
    printf("a=%d\n",a);     // 输出变量 a 的值
    printf(" 十位 =%d\n",b); // 输出变量 a 对应的十位数
    printf(" 个位 =%d\n",c); // 输出变量 a 对应的个位数
}
```

运行结果：

```
a=23
十位=2
个位=3
```

【**同步练习 1-8**】

1）C 语言中运算对象必须是整型的运算符是（   ）。

A. %   B. /   C. =   D. ==

2）设变量 a 是 int 型，f 是 float 型，i 是 double 型，则表达式 "10+'a'+i*f" 值的数据类型为（   ）。

A. int   B. float   C. double   D. 不确定

3）在嵌入式软件设计中，有时需要将多位十进制数的各位数字分别送至不同位数码管显示，请利用 / 和 % 运算符将一个 3 位十进制整数的百位、十位、个位分离。

汽车计算机基础

4）假设 m 是一个三位数，请写出将 m 的个位、十位、百位反序而成的三位数的 C 语言表达式，例如 123 反序为 321。

2. 自增、自减运算符

1）自增运算符：记为"++"，使变量的值自增 1，相当于 i=i+1。

2）自减运算符：记为"－－"，使变量的值自减 1，相当于 i=i-1。

具体而言，有以下 4 种形式的表达式：

i++　　表达式先用 i 的值，然后对 i 的值加 1　　　　　　（先用后加）

++i　　先对 i 的值加 1，然后表达式用 i 加 1 的值　　　　（先加后用）

i－－　　表达式先用 i 的值，然后对 i 的值减 1　　　　　　（先用后减）

－－i　　先对 i 的值减 1，然后表达式用 i 减 1 的值　　　　（先减后用）

【例 1.7】　自增、自减运算符的应用。

```
#include <stdio.h>
int main(void)
{
    int i=3,j=3,k=3,x=3;              // 定义变量 i、j、k、x,并赋相同的初值
    printf("%d\t",i++);      printf("i=%d\n",i);
    printf("%d\t",++j);      printf("j=%d\n",j);
    printf("%d\t",k－－);      printf("k=%d\n",k);
    printf("%d\t",－－x);      printf("x=%d\n",x);
}
```

运行结果：
```
3       i=4
4       j=4
3       k=2
2       x=2
```

从例 1.7 可以看出，由自增（自减）运算符构成不同形式的表达式时，对变量而言，自增 1（自减 1）都具有相同的效果，但对表达式而言却有着不同的值。

说明：

1）自增、自减运算符只能用于变量，不能用于常量或表达式，如 5++ 或（a+b）++ 都是不合法的。

2）自增、自减运算符常用在循环语句中，使循环变量自动加 1、减 1；也常用于指针变量，使指针指向下一个地址，这将在后续单元中介绍。

3. 算术表达式和运算符的优先级与结合性

用算术运算符和括号将运算对象连接起来的、符合 C 语法规则的式子，称为 C 算术表达式，运算对象包括常量、变量、函数等，例如：a+b*c-5/2+'a'。

C 语言规定了运算符的优先级和结合性。在表达式求值时，先按运算符的优先级高低次序执行，例如先乘除后加减，表达式 x-y*z 相当于 x-（y*z）。如果在一个运算对象两侧的运算符的优先级相同，如 a+b-c，则按照 C 语言规定的运算符的"结合方向（结合性）"处理。算术运算符的结合方向为"自左向右（左结合性）"，即先左后右，因此表达

式 a+b-c 相当于（a+b)-c。

附录 C 给出了 C 语言运算符的优先级和结合性，供读者查询参考。

1.3.2 强制类型转换运算符及其表达式

可以利用强制类型转换运算符将一个表达式转换成所需要的类型，其一般形式如下：

（类型标识符）（表达式）

例如：（int）i　　　　　将 i 转换为整型
　　　（float）（x+y）　将 x+y 的结果转换为 float 型
　　　（int）x+y　　　　将 x 转换成整型后，再与 y 相加

【例 1.8】 将实型数据强制转换为整型。

```
#include <stdio.h>
int main(void)
{
    int i;                      // 定义整型变量 i
    float x=2.4F;               // 定义实型变量 x, 并赋初值
    i=(int)x;                   // 将实型变量 x 强制转换为 int 型
    printf("x=%f,i=%d\n",x,i);  // 输出变量 x 和 i 的值
}
```

运行结果：`x=2.400000,i=2`

【思考与总结】数值类型转换有几种方式？

数值类型转换有两种方式：

1）系统自动进行的类型转换，如 2+3.5，系统自动将整数 2 转换为实型。

2）强制类型转换。当自动类型转换不能满足需要时，可用强制类型转换。如 % 运算符要求其两侧均为整型量，若 i 为 float 型，则 i%3 不合法，必须用（int）i%3。C 语言规定强制类型转换运算优先于 % 运算，因此先进行（int）i 的运算，然后再进行求余运算。另外，在函数调用时，有时为了使实参和形参类型一致，也需要用强制类型转换运算符进行转换。

【同步练习 1-9】

若有定义"int a=7；float x=2.5，y=4.7；"，则表达式"x+a%3*（int)（x+y）%2/4"的值是（　　）。

A. 2.5　　　　　　B. 2.75　　　　　　C. 3.5　　　　　　D. 0

1.3.3 赋值运算符及其表达式

1. 简单赋值运算符及其表达式

由简单赋值运算符"＝"将一个变量和一个表达式连接起来的式子称为赋值表达式，

其一般形式为：**变量 = 表达式**

其功能：将表达式的值赋给左边的变量。如 a=5、a=3*5、i=a+b 都是赋值表达式。一个表达式应该有一个值，例如赋值表达式 a=5 的值是 5，执行赋值运算后，变量 a 的值也是 5。根据附录 C，**赋值运算符的优先级仅高于逗号运算符，而低于其他运算符**，因此 a=3*5 等价于 a=（3*5），i=a+b 等价于 i=（a+b）。

赋值表达式中的"表达式"，又可以是一个赋值表达式。例如 a=（b=5），括号内的 b=5 是一个赋值表达式，它的值等于 5，因此执行赋值运算后，整个赋值表达式 a=（b=5）的值是 5，a 的值也是 5。C 语言规定，**赋值运算符的结合顺序是"自右向左"**，因此 a=（b=5）与 a=b=5 等价。

【同步练习 1-10】

请分别写出下面 4 个赋值表达式中变量 a 的值。

a=b=c=3、a=5+（c=7）、a=（b=2）+（c=5）、a=（b=6）/（c=2）

_____、_____、_____、_____

2. 复合的赋值运算符及其表达式

在简单赋值运算符"="**之前**加上其他运算符（+、-、*、/、%、<<、>>、&、^、| 等），可构成复合的赋值运算符。例如：

a+=3	等价于 a=a+3
a-=3	等价于 a=a-3
a*=3	等价于 a=a*3
a/=3	等价于 a=a/3
a%=3	等价于 a=a%3
a*=b+2	等价于 a=a*（b+2）

下面以"a*=b+2"为例，说明复合赋值表达式的执行过程：

① a*= b+2　　（其中 a 为变量，b+2 为表达式）

② a*= b+2　　（将"a*"移到"="右侧）

③ a = a*（b+2）　（在"="左侧补上变量名 a，并且需要对 b+2 **外加括号**）

C 语言采用复合赋值运算符，可以简化程序，提高编译效率并产生质量较高的目标代码。

需要注意的是，**在赋值运算中，需要根据数据的类型和数值的范围为变量指定合适的类型，必要时还需要借助强制类型转换运算符，以防出错**。

【思考与实验】

如果赋值运算符"="两侧的数据类型不一致，但同为数值型数据，在赋值时，系统会**自动进行类型转换**。请上机编程，输出下列各种情况下变量的值，并思考其原因。

1）将无符号的整数（如 255）赋给有符号的单字节整型变量。

2）将有符号的整数（如 -1）赋给无符号的单字节整型变量。

3）将大的整数赋给小空间的整型变量（如将 256 赋给无符号的单字节整型变量）。

4）将实数（如 123.456）赋给整型变量。

5）将整数（如 123）赋给实型变量。

1.3.4 关系运算符及其表达式

用于比较两个数据大小关系的运算符称为"关系运算符"。

1. 关系运算符及其优先级次序

C 语言提供了 6 种关系运算符，并规定了它们的优先级：

（1）<　　　　　　小于　　　　　　⎫
（2）<=　　　　　　小于或等于　　　⎬ 优先级相同（高）
（3）>　　　　　　大于　　　　　　⎪
（4）>=　　　　　　大于或等于　　　⎭
（5）==　　　　　　等于　　　　　　⎫ 优先级相同（低）
（6）!=　　　　　　不等于　　　　　⎭

根据附录 C，关系运算符的优先级低于算术运算符，高于赋值运算符。例如：
c>a+b　等价于　c>(a+b)　　　a>b==c 等价于 (a>b)==c
a==b<c 等价于　a==(b<c)　　　a=b>c　等价于　a=(b>c)

2. 关系表达式

用关系运算符将两个表达式连接起来的式子，称为关系表达式。例如：a>b、a+b>c+d、(a=3)>(b=5)、'a'<'b'、a==3、a!=3 都是合法的关系表达式。

关系表达式的值是一个逻辑值："真"或"假"。例如关系表达式"5==3"的值为"假"，"5>=0"的值为"真"。**关系运算结果，以"1"代表"真"，以"0"代表"假"**。

【同步练习 1-11】

若 a=3，b=2，c=1，请填写表 1-5 所示的关系表达式的值。

表 1-5　关系表达式的值

关系表达式	逻辑值（真、假）	关系表达式的值（1、0）	关系表达式	逻辑值（真、假）	关系表达式的值（1、0）
a>b			a!=b+c		
a>b+c			a>b>c		

1.3.5 逻辑运算符及其表达式

1. 逻辑运算符及其优先级次序

C 语言提供了 3 种逻辑运算符：
（1）&&　　　　逻辑与
（2）||　　　　逻辑或

（3）! 逻辑非

"&&"和"||"均为双目运算符，有两个操作数。"!"为单目运算符，只要求一个操作数。逻辑运算的真值表如表1-6所示。

表1-6 逻辑运算的真值表

a	b	a&&b	a||b	!a
真	真	真	真	假
真	假	假	真	假
假	真	假	真	真
假	假	假	假	真

根据附录C，几种运算符的优先级次序如图1-19所示。
例如以下逻辑表达式：
a>b&&c>d　　　　等价于　(a>b)&&(c>d)
!a==b||c<d　　　　等价于　((!a)==b)||(c<d)
a+b>c&&x+y<d　　等价于　((a+b)>c)&&((x+y)<d)

2. 逻辑表达式的值

C语言规定，参与逻辑运算的操作数以非0代表"真"，以0代表"假"。逻辑表达式的值，即逻辑运算结果，以数值1代表"真"，以0代表"假"。

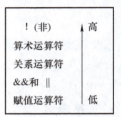

图1-19 运算符的优先级次序

例如：

1）若a=3，则!a的值为0。因为参与逻辑运算的操作数a为非0，代表"真"。

2）若a=3、b=4，则a&&b的值为1。因为参与逻辑运算的两个操作数a、b均非0，代表"真"。同理，a||b的值为1。

3）3&&0||-4的值为1。

4）'a'&&'b'的值为1。

在逻辑表达式的求解过程中，有时并非所有的运算都被执行。例如：

1）a&&b只有当a为真（非0）时，才需要判断b的值。只要a为假，就不必判断b的值，此时整个表达式已确定为假。

2）a||b只要a为真（非0），就不必判断b的值。只有a为假，才判断b。

即对"&&"运算符而言，只有a≠0，才继续进行右面的运算；对"||"运算符而言，只有a=0，才继续进行右面的运算。

【同步练习1-12】

请分别写出数学表达式"80≤i<89""i<0或i>100""i≠0"对应的C语言表达式。

_____　_____　_____

1.3.6 位运算符及其表达式

在嵌入式软件设计中，经常用到位运算符。所谓位运算符是指对二进制位的运算。C 语言提供了表 1-7 所示的位运算符。

表 1-7 位运算符及其含义

位运算符	含义	位运算符	含义
&	按位与	~	按位取反
|	按位或	<<	左移
^	按位异或	>>	右移

说明：
1）位运算符中除"~"以外，均为二目运算符，即要求两侧各有一个运算量。
2）运算量只能是整型或字符型数据，不能是实型数据。

1. "按位与"运算符（&）

参与运算的两个数据，按二进制位进行"与"运算，即 0&0=0、0&1=0、1&0=0、1&1=1。例如，0x23 与 0x45 按位与：

```
    00100011   （0x23）
&)  01000101   （0x45）
    00000001   （0x01）
```

特殊用途："与 0 清零、与 1 保留"，即可以通过这种方式对数据的某些位清零，某些位保留不变。例如，将 0x23 的高 4 位清零，低 4 位保留不变。

```
    00100011   （0x23）
&)  00001111   （0x0f）
    00000011   （0x03）
```

2. "按位或"运算符（|）

参与运算的两个数据，按二进制位进行"或"运算，即 0|0=0、0|1=1、1|0=1、1|1=1。例如，0x23 与 0x45 按位或：

```
    00100011   （0x23）
|)  01000101   （0x45）
    01100111   （0x67）
```

特殊用途："或 1 置 1、或 0 保留"，即可以通过这种方式对数据的某些位置 1，某些位保留不变。例如，将 0x23 的高 4 位置 1，低 4 位保留不变。

```
    00100011   （0x23）
|)  11110000   （0xf0）
    11110011   （0xf3）
```

3. "按位异或"运算符（^）

参与运算的两个数据，按二进制位进行"异或"运算，两者相异为 1，相同为 0，即 0^0=0、0^1=1、1^0=1、1^1=0。例如，0x23 与 0x45 按位异或：

```
                  0 0 1 0 0 0 1 1    （0x23）
               ^) 0 1 0 0 0 1 0 1    （0x45）
                  0 1 1 0 0 1 1 0    （0x66）
```

特殊用途："异或 1 取反（0 变 1、1 变 0），异或 0 保留"，即可以通过这种方式对数据的某些位取反，某些位保留不变。例如，将 0x23 的高 4 位取反，低 4 位保留不变。

```
                  0 0 1 0 0 0 1 1    （0x23）
               ^) 1 1 1 1 0 0 0 0    （0xf0）
                  1 1 0 1 0 0 1 1    （0xd3）
```

4. "按位取反"运算符（～）

用来对一个二进制数按位取反，即将 0 变 1，将 1 变 0。例如，将 0x55 按位取反：

```
                  0 1 0 1 0 1 0 1    （0x55）
               ~)          ↓
                  1 0 1 0 1 0 1 0    （0xaa）
```

5. "左移"运算符（<<）

用来将一个数的各二进制位全部左移若干位。例如 a<<3，表示将 a 的二进制数左移 3 位，高位溢出后丢弃，低位补 0，如图 1-20 所示。

例如，将 0x23 左移 3 位：

```
                  0 0 1 0 0 0 1 1    （0x23）
             <<3)          ↓
                  0 0 0 1 1 0 0 0    （0x18）
```

6. "右移"运算符（>>）

用来将一个数的各二进制位全部右移若干位。例如 a>>3，表示将 a 的二进制数右移 3 位，低位溢出后丢弃，对于无符号数，高位补 0，如图 1-21 所示。

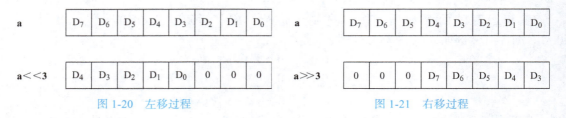

图 1-20　左移过程　　　　　　　　图 1-21　右移过程

例如，将 0x23 右移 3 位：

```
                  0 0 1 0 0 0 1 1    （0x23）
             >>3)          ↓
                  0 0 0 0 0 1 0 0    （0x04）
```

【同步练习 1-13】

请写出下面 6 个位运算表达式的值（用十六进制数表示）。

0x34&0x56、0x34 | 0x56、0x34 ^ 0x56、~ 0x1245、0xFF<<3、0xFF>>3

【例 1.9】 利用位运算符实现对寄存器的位操作。

在嵌入式软件设计中，经常需要对寄存器进行位操作。现以 8 位寄存器 R（$D_7 D_6 D_5 D_4 D_3 D_2 D_1 D_0$）为例说明对寄存器的某位进行置位（置 1）、清零、取反、获取某位的值等位操作的实现方法，以 16 位寄存器 R' 为例说明高低字节分离的实现方法，如表 1-8 所示，其方法也适用于 32 位寄存器的位操作。

表 1-8 寄存器的位操作及实现方法

位操作	举例	实现方法
置位	将 R 的 D_2 位置 1，其他位不变	R=R	00000100$_B$，即 R = R |(1<<2) 或 R |=(1<<2)
	将 R 的 D_i 位置 1，其他位不变	R = R |(1<<i) 或 R |=(1<<i)
清零	将 R 的 D_2 位清 0，其他位不变	R = R&11111011$_B$，即 R = R& ~ (1<<2) 或 R&= ~ (1<<2)
	将 R 的 D_i 位清 0，其他位不变	R = R& ~ (1<<i) 或 R&= ~ (1<<i)
取反	将 R 的 D_2 位取反，其他位不变	R = R ^ 00000100$_B$，即 R = R ^(1<<2) 或 R ^=(1<<2)
	将 R 的 D_i 位取反，其他位不变	R = R ^(1<<i) 或 R ^=(1<<i)
获取某位的值	获取 R 的 D_2 位的值	(R>>2)&00000001$_B$，即 (R>>2)&1
	获取 R 的 D_i 位的值	(R>>i)&1

高低字节分离	将 16 位寄存器 R' 的高 8 位和低 8 位分离，如 0x1234 分离出 0x12 和 0x34	unsigned char i,j; // 定义单字节整型变量 i 和 j
		i = R'>>8; // 将 R' 的高 8 位赋给变量 i
		j = R'; // 将 R' 的低 8 位赋给变量 j

第 2 单元

利用三种程序结构解决简单问题

学号		姓名		小组成员		
特别注意	造成用电安全或人身伤害事故的，本单元总评成绩计 0 分			单元总评成绩		
素质目标	1）基本职业素养：遵守工作时间，使用实践设备时注意用电安全，实践设备使用完毕后要断电并放于指定位置，程序设计要注重工程规范，养成良好的工作习惯 2）团结协作素养：小组内成员互查程序代码书写规范性、准确性和完整性，取长补短，具有责任意识、团队意识与协作精神 3）自主学习素养：能根据任务要求，查找相关资料解决实际问题；能自主完成同步练习，培养自主学习的意识与一丝不苟、实事求是的工作作风 4）人文素养：具有一定的辩证唯物主义运用能力、安全意识、劳动意识、创新意识、创新能力和强烈的爱国主义精神			学生自评 （2分）		
				小组互评 （2分）		
				教师考评 （6分）		
				素质总评 （10分）		
知识目标	1）熟悉算法及其表示方法 2）熟悉 C 语句及其分类 3）掌握常用的数据输入输出函数的应用方法 4）掌握顺序、选择和循环 3 种结构程序设计方法 5）掌握预处理命令的应用方法			学生自评 （10分）		
				教师考评 （20分）		
				知识总评 （30分）		
能力目标	1）能在 VC++ 2010 集成开发环境下，编写、运行和调试 C 语言程序 2）能利用 C 语言的三种结构程序设计方法进行简单的应用程序设计			学生自评 （10分）		
				小组互评 （10分）		
				教师考评 （40分）		
				能力总评 （60分）		

▶ 单元导读

在现实生活中，经常遇到顺序执行、选择执行和循环执行的问题，这些问题可通过 C 语言程序来解决。本单元的学习目标是：能利用 C 语言中的顺序结构、选择结构、循环结构解决实际问题，并在此基础上，能利用预处理命令提高编程效率。

第 2 单元　利用三种程序结构解决简单问题

任务 2.1　知识储备

用计算机程序解决实际问题，需要考虑用到哪些数据以及这些数据的类型和数据的组织形式，即数据结构；还要考虑计算机为解决问题而采用的方法和步骤，即算法，同一个问题，采用不同的数据结构时，对应的算法也不尽相同；最后需要通过具体的程序代码实现算法。

2.1.1　算法及流程图表示

1.算法的概念

为解决问题而采用的方法和步骤称为算法。对于同一个问题可以有不同的算法，在程序设计中，应尽量选择占用内存小、执行速度快的算法。

2.算法的特征

一个正确的算法，必须满足以下 5 个重要特征：

（1）有穷性　一个算法应包含有限的操作步骤，并且每个步骤都能在有限的时间内完成。

（2）确定性　算法中的每一个步骤都应该是确定的，而不应模糊和具有二义性，这就像到了十字路口，只能选择向其中的一个方向走。

（3）可行性　算法的每一个步骤都是切实可行的，即每一个操作都可以通过已经实现的基本操作运算有限次来实现。

（4）有输入　一个算法可有零个或多个输入。所谓输入是指算法从外界获取数据，可以从键盘输入数据，也可以从程序其他部分传递给算法数据。

（5）有输出　一个算法必须有一个或多个输出，即算法执行后必须要交代结果，结果可以显示在屏幕上，也可以将结果数据传递给程序的其他部分。

3.算法的流程图表示

可以用不同的方法表示一个算法，常用的算法表示方法有自然语言描述法、流程图法、计算机语言描述法。在此，只介绍最常用的流程图法。所谓流程图法，是用一些图框表示各种操作，用箭头表示算法流程，该方法直观形象、容易理解。常用的流程图符号如表 2-1 所示。

表 2-1　常用的流程图符号

符号	形状	名称	功能
	圆角矩形	起止框	表示算法的起始和结束
	平行四边形	输入输出框	表示一个算法输入和输出的操作
	矩形	处理框	赋值、运算等操作处理
	菱形	判断框	根据判断结果，选择不同的执行路径
	带箭头的线段	流程线	表示流程的走向
	圆圈	连接点	在圈内使用相同的字母或数字，将相互联系的多个流程图进行连接

33

流程图的具体使用方法将在后续学习任务中逐步介绍。

2.1.2 程序的三种基本结构

从程序流程的角度来看，C 程序可分为 3 种基本结构，即顺序结构、选择结构和循环结构，这 3 种基本结构可以组成各种复杂程序。

1. 顺序结构

顺序结构是按照程序语句书写的顺序一步一步依次执行，这就像一个人顺着一条直路走下去，不回头不转弯，其流程如图 2-1 所示，先执行 A 语句，再执行 B 语句。

2. 选择结构

选择结构是根据条件判断的结果，从多种路径中选择其中的一种路径执行，这就像一个人到了十字路口，从多个方向中选择其中的一个方向走，其流程如图 2-2 所示，若条件 P 成立，则执行 A 语句，否则执行 B 语句。

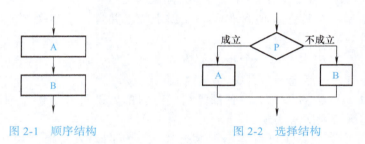

图 2-1　顺序结构　　　　　　　　图 2-2　选择结构

3. 循环结构

循环结构是将一组操作重复执行多次，这就像一个人绕跑道跑圈，其流程如图 2-3 所示。其中"当型"循环结构是先对条件 P 进行判断，若条件成立，则执行循环体 A，否则退出循环（见图 2-3a）。"直到型"循环结构是先执行循环体 A，再判断条件 P 是否成立，若条件成立，则继续执行循环体，否则退出循环（见图 2-3b）。

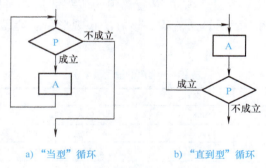

a)"当型"循环　　　　　b)"直到型"循环

图 2-3　循环结构

2.1.3　C 语句及其分类

在 C 语言中，分号是语句的结束标志。C 语句分为 6 类：声明语句、表达式语句、函数调用语句、控制语句、复合语句和空语句。

1. 声明语句

声明语句包括对变量、函数、类型（如结构体类型）等的声明语句。例如：

例 1.2 中的变量声明语句：int i;

2. 表达式语句

表达式语句由表达式加分号"；"组成。例如：

a=3	赋值表达式
a=3;	赋值语句
i++	自增 1 表达式
i++;	自增 1 语句

3. 函数调用语句

函数调用语句由函数调用表达式加分号"；"组成。例如：

例 1.1 中的 printf 函数调用语句：printf（" 这是我写的第 1 个 C 程序 \n"）;

4. 控制语句

控制语句用于控制程序的流程，以实现程序的各种结构方式。C 语言有 9 种控制语句，可分成以下 3 类：

1）条件语句：if 语句、switch 语句。

2）循环语句：while 语句、do…while 语句、for 语句。

3）转向语句：break 语句、continue 语句、return 语句、goto 语句。

5. 复合语句

把多条语句用花括号括起来组成的一个语句，称为复合语句，其中的各条语句都必须以分号"；"结尾。复合语句中可以包含声明语句，例如：

```
{
    int i = 2,j=3,k;        // 声明语句
    k = i + j;              // 执行语句
    …
}
```

6. 空语句

只有一个分号"；"的语句称为空语句，空语句是什么也不执行的语句。在程序中空语句可用作空循环体，例如下面的 for 循环体是空语句，表示什么都不做，仅实现倒计数，在嵌入式软件设计中常用作软件延时。

```
for(i=10000;i>0;i- -)
{
    ;               // 空语句
}
```

任务 2.2　利用顺序结构程序解决实际问题

2.2.1　数据输入输出函数

1. 数据输入输出的概念及在 C 语言中的实现

1）所谓输入输出是相对计算机内存而言的。从计算机内存向输出设备（如显示器、打印机等）传送数据称为输出，从输入设备（如键盘、鼠标、扫描仪等）向计算机内存传送数据称为输入。

2）C 语言本身不提供输入输出语句，而在 C 标准函数库中提供了一些输入输出函数，例如 printf 函数和 scanf 函数，用户可以直接调用这些输入输出库函数进行数据的输入输出。

3）在使用 C 语言库函数时，要用预处理命令 #include 将有关的"头文件"包含到源文件中。使用标准输入输出库函数时要用到"stdio.h"文件，因此源文件开头应有预处理命令：

　　　　#include < stdio.h >　　　或　　　#include "stdio.h"

stdio 是 standard input&outupt 的意思。

2. 字符输出函数——putchar（）

putchar 函数的功能是向显示器输出一个字符，其一般形式为：putchar（c）
其作用是向显示器输出字符变量 c 对应的字符。

【例 2.1】 输出一个字符。

```
#include <stdio.h>                        // 包含输入输出库函数头文件
int main(void)
{
    char a,b,c;
    a='H'; b='X'; c='Y';
    putchar(a); putchar(b); putchar(c); putchar('\n');   // 在屏幕上显示字符
}
```

运行结果：HXY

由例 2.1 可以看出，putchar 函数既可以输出能在屏幕上显示的字符，也可以输出转义字符，如 putchar（'\n'）的作用是输出一个换行符。

3. 字符输入函数——getchar（）

getchar 函数的功能是从键盘上输入一个字符，其一般形式为： getchar（）

通常将键盘上输入的字符赋予一个字符变量，构成赋值语句，如：

```
char c;
c=getchar(   );
```

【例 2.2】 从键盘输入一个字符，并在屏幕上显示。

```
#include <stdio.h>                  // 包含输入输出库函数头文件
int main(void)
{
    char c;
    printf(" 请输入一个字符 :");     // 原样输出一串字符,增加人机互动性
    c=getchar(   );                 // 从键盘输入一个字符
    putchar(c);                     // 在屏幕上显示输入的字符
    putchar('\n');                  // 换行

}
```

运行结果： 请输入一个字符：a

说明：getchar 函数只能接收一个字符，输入数字也按字符处理。输入多个字符时，计算机只接收第一个字符。

【**同步练习 2-1**】

编程，利用 putchar、getchar 这两个函数实现: 在键盘上输入 5 个字符 'C'、'H'、'I'、'N'、'A'，然后依次输出这 5 个字符，并换行。

4. 格式输出函数——printf（）

前面在任务 1.1 中介绍过 printf 函数，并且在前面已经多次使用了 printf 函数，其作用是向显示器输出若干个任意类型的数据，其一般形式为：

printf（格式控制字符串，输出列表）

例如：printf（"%d，%c\n"，i，c）

括号内包含以下两部分：

（1）**格式控制字符串** 格式控制字符串是由双撇号括起来的一个字符串，它包含两种信息：①由 % 开头的格式符，如 %d、%c、%x 等，用于指定数据的输出格式。printf 函数常用的格式符如表 2-2 所示。②原样输出的字符，在显示中起提示作用。

（2）**输出列表** 输出列表是需要输出的一些数据，可以是常量、变量或表达式。多个数据之间要用逗号隔开。

使用 printf 函数时，要求格式控制字符串中必须含有与输出项一一对应的格式符，并且类型要匹配。printf 函数也可以没有输出项，即输出列表可以没有内容。

汽车计算机基础

表 2-2　printf 函数常用的格式符

格式符	含义
%d 或 %i	以十进制形式输出带符号整数（正数不输出符号），%I64d 用于输出长长整型数据
%u	以十进制形式输出无符号整数
%o	以八进制形式输出无符号整数（不输出前缀 0）
%x 或 %X	以十六进制形式输出无符号整数（%x 对应输出小写字母，%X 对应输出大写字母，且不输出前缀 0x 或 0X）
%c	输出单个字符
%s	输出字符串
%f	以小数形式输出单、双精度实数，隐含输出 6 位小数
%e 或 %E	以指数形式输出实数
%g 或 %G	由系统决定采用 %f 格式还是 %e（或 %E）格式输出，以使输出宽度最小
%%	输出一个 %

【例 2.3】 printf 函数的使用：格式化输出数据。

```
#include <stdio.h>                          // 包含输入输出库函数头文件
int main(void)
{
    int    a=5,b=-1;
    float   c=1.2;
    char   d='a';
    printf("a=%d,b=%d,c=%f,d=%c'\n",a,b,c,d);  // 依次按指定的格式将多个数据输出
    printf(" 字母 a 的 ASCII 码 :%d\n",d);      // 以十进制格式输出字母 a 的 ASCII 码
    printf(" 字母 a 的 ASCII 码 :%x\n",d);      // 以十六进制格式输出字母 a 的 ASCII 码
    printf(" 输出字符串 :%s\n","CHINA");        // 输出字符串 "CHINA"
    printf(" 今年的增长率 =");                   // 原样输出一串字符
    printf("50%%\n");                          // 输出 50%
}
```

运行结果：

```
a=5,b=-1,c=1.200000,d='a'
字母a的ASCII码:97
字母a的ASCII码:61
输出字符串:CHINA
今年的增长率=50%
```

需要说明的是，在实际的 C 语言程序中，printf 函数可用于输出程序执行结果，给用户一个交代，同时也便于对程序进行调试。在嵌入式软件设计中，可通过异步串行通信（UART）接口实现 printf 输出功能，这将在第 11 单元中介绍。

【同步练习 2-2】

1）下面程序的输出结果为（　　　　）。

第 2 单元　利用三种程序结构解决简单问题

```c
#include <stdio.h>
int main(void)
{    int a=2,b=5;
     printf("a=%d,b=%d\n",a,b);
}
```

A. a=%2，b=%5 　　　 B. a=2，b=5 　　　 C. a=d，b=d 　　　 D. a=%d，b=%d

2）执行下面两个语句后，输出的结果为（　　　）。

```c
char c1=97,c2=98;
printf("%d  %c",c1,c2);
```

A. 97　98 　　　　　　 B. 97　b 　　　　　 C. a　98 　　　　　　 D. a　b

5. 格式输入函数——scanf（ ）

scanf 函数称为格式输入函数，即按用户指定的格式从键盘把数据输入到指定的变量地址中，其一般形式为：scanf（格式控制字符串，地址列表）

其中，格式控制字符串的作用与 printf 函数类似，如表 2-3 所示。地址列表是由若干个地址组成的列表，可以是变量的地址、数组的首地址、字符串的首地址。变量的地址是由地址运算符 "&" 后跟变量名组成的。多个地址之间要用逗号隔开。

表 2-3　scanf 函数常用的格式符

格式符	含义
%d	用来输入有符号的十进制整数
%u	用来输入无符号的十进制整数
%o	用来输入无符号的八进制整数
%x 或 %X	用来输入无符号的十六进制整数
%c	用来输入单个字符
%s	用来输入字符串，将字符串送到一个字符数组中
%f、%e 或 %E （%lf、%le 或 %lE）	用来输入实数，可以用小数形式或指数形式输入（单精度数用 %f、%e 或 %E，双精度数用 %lf、%le 或 %lE）

【例 2.4】　用 scanf 函数输入多个数值数据。

```c
#include <stdio.h>                          // 包含输入输出库函数头文件
int main（void）
{
    int i，j;
    float k;
    double x;
    printf(" 请输入两个整数和两个实数 :\n");   // 提示输入四个数据
    scanf("%d%d%f%lf",&i,&j,&k,&x);          // 输入四个数据分别赋给四个变量
```

39

```
        printf("%d,%d,%f,%f\n",i,j,k,x);              // 将四个变量的数值输出
}
```

&i、&j、&k、&x 中的"&"是"取地址运算符",&i 表示变量 i 在内存中的地址。上面 scanf 函数的作用是将输入的 4 个数值数据依次存入变量 i、j、k、x 的地址中去。

说明：

用 scanf 函数一次输入多个数值或多个字符串时，在两个数据之间可用一个（或多个）空格、换行符（按 Enter 键产生换行符）或 Tab 符（按 Tab 键产生 Tab 符）作分隔。换言之，用 scanf 函数输入数据时，系统以空格、换行符或 Tab 符作为一个数值或字符串的结束符。

例如，例 2.4 的运行情况：

① 用空格作输入数据之间的分隔：
```
请输入两个整数和两个实数：
12   34   56.5   78.1234567
12,34,56.500000,78.123457
```

② 用换行符作输入数据之间的分隔：
```
请输入两个整数和两个实数：
12
34
56.5
78.1234567
12,34,56.500000,78.123457
```

③ 用 Tab 符作输入数据之间的分隔：
```
请输入两个整数和两个实数：
12      34      56.5    78.1234567
12,34,56.500000,78.123457
```

注意： 用 "%d%d%f%lf" 格式输入数据时，不能用逗号作输入数据间的分隔符。若实在想用逗号作输入数据间的分隔符，可改为 "%d,%d,%f,%lf" 格式，但不提倡这样做。

【同步练习 2-3】

若变量已正确声明为 int 类型，要通过语句"scanf("%d%d%d", &a, &b, &c);"给 a 赋值 3、b 赋值 4、c 赋值 5，不正确的输入形式是（   ）。

A. 3<换行>　　　　　　　　　　B. 3，4，5<换行>
   4<换行>
   5<换行>

C. 3<换行>　　　　　　　　　　D. 3   4<换行>
   4   5<换行>   5 <换行>

2.2.2 顺序结构程序设计应用

顺序结构程序比较简单，前面所有的例题都是顺序结构程序，在此利用前面所介绍的输入输出函数，通过一个简单实例来说明程序设计的思想和编程规范。

【例 2.5】 将输入的两个整数交换，然后再输出这两个整数。

算法分析：军训时，往往按照同学的身高进行排队。试想，若有 A、B 两名同学没有按照要求排序，需要调换位置，如何实现？

本例给出的问题类似于上述的两名同学互换位置，需要借助一个临时变量实现两数的交换。其程序设计流程如图 2-4 所示。

参考程序：
```
//========================================
// 程序功能：输入两个整数，交换后再输出
// 设计日期：2022-09-25
//========================================
#include <stdio.h>              // 包含头文件
int main(void)
{
    int    x,y,t;               // 定义三个变量
    printf(" 请输入两个整数 ( 用空格隔开 ):");
    scanf("%d%d",&x,&y);        // 输入两个数据给 x 和 y
    t=x;   x=y;   y=t;          // 将数 x 和 y 交换
    printf(" 将输入的两个整数交换之后 :");
    printf("%d%d\n",x,y);       // 输出 x 和 y 两个数
}
```

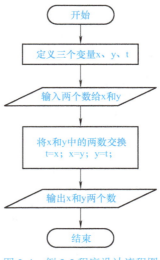

图 2-4　例 2.5 程序设计流程图

运行情况：
```
请输入两个整数<用空格隔开>: 5 3
将输入的两个整数交换之后      3 5
```

以上这个例题较简单，在此主要说明，在程序设计中，要养成良好的编程习惯和规范：①用流程图表示程序设计的思路，根据流程图进行编程；②在程序前加注关于程序的说明（程序功能、函数名称、设计日期等）；③在代码中加注释。

这样做会大大增加程序的可读性和可移植性，对程序设计者和程序阅读者均有益。

【同步练习 2-4】

同学之间针对某个问题的看法不同，有时可能会导致相互误解甚至发生矛盾，此时，最好是换位思考，把自己的想法告诉对方，以便相互理解，避免不愉快的事情发生。假设用字符 'A' 代表你的想法，用字符 'B' 代表同学的想法，请依次输出换位思考前后，你和同学的想法。

任务 2.3　利用选择结构程序解决实际问题

在实际生活中，我们经常遇到根据不同的条件选择不同道路的情况。在 C 语言程序设计中，也会遇到同样的问题，那就是根据不同的条件，执行不同的语句，这就是**选择结构程序**。C 语言提供了两种选择语句：**if 语句**和 **switch 语句**。

2.3.1　if 语句及应用

if 语句根据给定的条件进行判断，以决定执行某个分支程序段。

1. if 语句的三种形式

（1）if 基本形式

   if（表达式）语句

其语义：若表达式的值为真，则执行其后的语句，否则不执行该语句，其流程图如图 2-5a 所示。

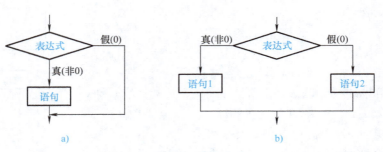

图 2-5　if 语句流程图

【例 2.6】用 if 语句判断考试结果。

```
#include <stdio.h>
int main（void）
{
    int score;
    printf（"请输入成绩："）;
    scanf（"%d", &score）;
    if（score>=60）    printf（"恭喜，通过!\n"）;
}
```

在运行例 2.6 时，若输入的成绩小于 60 时，则没有任何提示。为此，可以用下面介绍的 if…else 基本形式对程序进行完善。

（2）if…else 基本形式

   if（表达式） 语句 1
   else   语句 2

其语义：若表达式的值为真，则执行语句 1，否则执行语句 2，其流程图如图 2-5b 所示。

【例 2.7】用 if…else 语句判断考试结果。

```
#include <stdio.h>
int main(void)
{
    int score;
    printf(" 请输入成绩 :");
    scanf("%d",&score);
```

第 2 单元　利用三种程序结构解决简单问题

```c
    if(score>=60)        printf(" 恭喜 , 通过 !\n");
    else                 printf(" 未通过 , 继续努力 !\n");
}
```

【例 2.8】　用 if…else 语句判断输入的数据是否为 0。

```c
#include <stdio.h>
int main(void)
{
    int num;
    printf(" 请输入一个整数 :");
    scanf("%d",&num);
    if(num)        printf(" 该数不为 0.\n");
    else           printf(" 该数为 0.\n");
}
```

【同步练习 2-5】

1）输入两个数，输出其中的最大值。

2）输入一个整数，判断它能否被 5 整除，若能被 5 整除，输出"输入的整数能被 5 整除"；否则，输出"输入的整数不能被 5 整除"。

3）输入一年份，判断该年是否是闰年（闰年的判断条件是：年份能被 4 整除，而不能被 100 整除，或能被 400 整除）。

以上两种 if 语句形式，一般都用于两个分支选择的情况。对于更多分支选择时，可采用第三种方式：if…else 嵌套形式。

（3）if…else 嵌套形式　可结合判断条件，灵活采用适当的嵌套形式解决实际问题，如下面几种都是合法的 if 语句嵌套形式。

```
① if（表达式 1）              语句 1      ② if（表达式 1）
   else                                       if（表达式 2）          语句 1
      if（表达式 2）          语句 2            else                   语句 2
         else                语句 3      else                        语句 3
③ if（表达式 1）                          ④ if（表达式 1）
      if（表达式 2）          语句 1            if（表达式 2）
         else                语句 2               if（表达式 3）       语句 1
   else                                          else                语句 2
      if（表达式 3）          语句 3            else                   语句 3
         else                语句 4      else                        语句 4
```

可以看出，用 if…else 嵌套形式可以解决多分支问题。需要说明的是，在 if…else 嵌套形式中，要注意 if 与 else 的配对关系，else 总是与它上面最近的未配对的 if 配对。

另外，在上述第①种嵌套结构中，如果有更多层嵌套时，还可采用下面虚线右侧所示的更加紧凑的代码书写形式，其流程如图 2-6 所示。

43

```
if（表达式1）语句1              if（表达式1）          语句1
else                            else if（表达式2）     语句2
    if（表达式2）语句2          else if（表达式3）     语句3
    else                        else if（表达式4）     语句4
        if（表达式3）语句3      else                   语句5
        else
            if（表达式4）语句4
            else        语句5
```

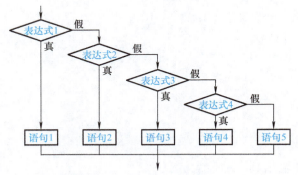

图 2-6　第①种 if…else 嵌套流程图

程序执行时，首先判断表达式 1 的值，若表达式 1 的值为真（非 0），则只执行语句 1；否则继续判断表达式 2 的值，若表达式 2 的值为真，则只执行语句 2；否则继续判断表达式 3 的值，……，依次类推。在此过程中，若某一表达式的值为真，则只执行对应的语句，并且不再继续判断后续 else if 的表达式，否则需要继续判断下一个 else if 条件。

【例 2.9】 根据符号函数，编程实现输入一个 x 值，输出 y 值。

$$y=\begin{cases}-1 & (x<0)\\ 0 & (x=0)\\ 1 & (x>0)\end{cases}$$

参考程序如下：

```c
#include <stdio.h>
int main(void)
{
    int x,y;
    printf(" 请输入 x 的值 :");
    scanf("%d",&x);
    if(x<0)         y=-1;
    else if(x==0)   y=0;
    else            y=1;
    printf("x=%d,y=%d\n",x,y);
}
```

【同步练习 2-6】

1）输入两个整数分别赋给变量 a 和 b，如果 a 和 b 相等，则输出 "a=b"；如果 a 大于 b，则输出 "a>b"；如果 a 小于 b，则输出 "a<b"。

2）输入月份，判断该月份对应的季节。

3）有一个函数：

$$y = \begin{cases} x & (0 \leqslant x < 2) \\ 2x-2 & (2 \leqslant x < 4) \\ 3x-6 & (x \geqslant 4) \end{cases}$$

输入 x 的值，输出 y 的值。

4）理论与实践是辩证统一的，扎实的理论基础能很好地指导实践，提高实践水平；通过实践，又可发现和弥补理论学习中的不足。对于专业课学习，学无技而不显，技无学而不跃，因此要同时注重理论学习和实践训练。请利用 if…else 嵌套结构进行编程：程序运行时，提示输入一门课的理论成绩和实践成绩，若这两部分成绩均及格（不低于 60 分），则输出 "恭喜，通过！"；若理论成绩不及格而实践成绩及格，则输出 "请加强理论学习"；若理论成绩及格而实践成绩不及格，则输出 "请加强实践训练"；若理论和实践这两部分成绩均不及格，则输出 "请同时加强理论学习和实践训练"。

2. 条件运算符和条件表达式

条件运算符（?:）是一个三目运算符，即有三个参与运算的量。由条件运算符组成条件表达式的一般形式如下：

表达式 1? 表达式 2：表达式 3

条件表达式的求解过程：如果表达式 1 的值为真，则以表达式 2 的值作为整个条件表达式的值，否则以表达式 3 的值作为整个条件表达式的值。其执行流程如图 2-7 所示。

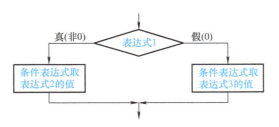

图 2-7　条件表达式执行流程图

条件表达式通常用于赋值语句之中。
例如条件语句：　　if(a>b)　max=a;
　　　　　　　　　else　　max=b;
可用条件表达式写为：　　max=(a>b)?a:b;
执行该语句的语义是：若 a>b 为真，则把 a 赋给 max，否则把 b 赋给 max。

说明：

1）条件运算符的运算优先级低于关系运算符和算术运算符，但高于赋值运算符。因此，表达式 "max=(a>b)?a:b" 等价于 "max=a>b?a:b"。

2）条件运算符的结合方向是自右至左。因此，表达式" a>b?a：c>d?c:d"等价于" a>b?a：(c>d?c:d)"，这也就是条件表达式嵌套的情形，即其中的表达式 3 又是一个条件表达式。

【例 2.10】 利用条件运算符求两数的最大值。

```c
#include <stdio.h>
int main(void)
{
    int a,b,max;
    printf(" 请输入两个整数 :");
    scanf("%d%d",&a,&b);
    max= a>b?a:b;
    printf("max=%d\n",max);
}
```

【同步练习 2-7】

用条件运算符实现：输入两个整数，输出它们的差值（绝对值）。

3. if 语句应用

【例 2.11】 输入两个整数，要求按由大到小的顺序输出。

本例给出的问题类似于前面遇到的两数交换问题。参考程序如下：

```c
#include <stdio.h>
int main(void)
{
    int a,b,t;
    printf(" 请输入两个整数 :");
    scanf("%d%d",&a,&b);
    if(a<b)
    {
        t=a;    a=b;    b=t;
    }
    printf(" 由大到小 :%d,%d\n",a,b);
}
```

【同步练习 2-8】

输入三个整数，要求按由大到小的顺序输出。

```c
#include <stdio.h>
int main(void)
```

第 2 单元　利用三种程序结构解决简单问题

```c
{
    int a,b,c,t;
    printf(" 请输入三个整数 :");
    scanf("%d%d%d",&a,&b,&c);
    if(a<b)
    {
        _____
    }
    if(a<c)
    {
        _____
    }
    if(b<c)
    {
        _____
    }
    printf(" 由大到小 :%d,%d,%d\n",a,b,c);
}
```

三个数进行比较时，实际上需要比较两轮：第 1 轮，选出三个数中最大的数，赋给变量 a；第 2 轮，在剩余的两个数中选出最大的数，赋给变量 b；最后剩下的数最小，赋给变量 c。

对多个数进行排序时，仍可采用"选择法"这个思想。

【例 2.12】　根据输入的课程成绩（整数），判断并输出相应的等级。输入成绩与输出结果的对应关系：90 ～ 100，优秀；80 ～ 89，良好；70 ～ 79，中等；60 ～ 69，及格；0 ～ 59，不及格；其他值，提示"输入有误！"。

```c
#include <stdio.h>
int main(void)
{
    int score;
    printf(" 请输入课程成绩 ( 整数 ):");
    scanf("%d",&score);
    // 请读者补充完成 , 并上机运行测试
    …
}
```

处理多分支选择问题时，可采用 if…else 嵌套形式，还可采用 C 语言提供的另外一种用于多分支选择的 switch 语句。

47

2.3.2 switch 语句及应用

switch 语句可用于图 2-8 所示的多分支选择结构。

switch 语句的一般形式：

switch(表达式)
{
    case 常量表达式 1： 语句 1;[break;]
    case 常量表达式 2： 语句 2;[break;]
                  ⋮
    case 常量表达式 n： 语句 n;[break;]
    [default   ： 语句 n+1;]
}

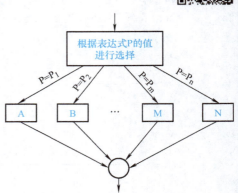

图 2-8　switch 语句流程图

switch 语句的语义是：计算 switch 括号内"表达式"的值，并逐个与 case 后面"常量表达式"的值进行比较，当 switch 括号内"表达式"的值与某个 case 后面"常量表达式"的值相等时，即执行该行对应的语句，后面的 break 语句可用来终止 switch 语句的执行。若 switch 括号内"表达式"的值与所有 case 后面的"常量表达式"均不相等时，则执行 default 后面的语句。

说明：

1）switch 括号内的"表达式"，其值的类型应为整型或字符型。

2）case 后面的表达式必须是常量表达式，不能是变量。

3）每一个 case 后面的常量表达式必须互不相同。

4）多个 case 可以共用一组执行语句。

5）在 case 后面，允许有多个语句，可以不用 {} 括起来。

6）带有 [ ] 的部分为可选部分。

【例 2.13】 用 switch 语句实现例 2.12 的功能：根据输入的课程成绩（整数），判断并输出相应的等级。输入成绩与输出结果的对应关系：90～100，优秀；80～89，良好；70～79，中等；60～69，及格；0～59，不及格；其他值，提示"输入有误！"。

分析：若将每一种课程成绩（如 0～100、大于 100 或小于 0 的任何整数）作为 switch 语句中的一个 case 后面的"常量表达式"，则程序代码会很长。那有没有更加简捷的解决办法呢？

不难找出各个分数段的共同特点，比如 80～89，这 10 个数据对应的十位数是相同的，都是 8，因此可以用"输入的成绩除以 10"这个取整运算表达式作为 switch 括号内的"表达式"。

参考程序如下：

```
#include <stdio.h>
int main(void)
{
```

```c
int score;
printf(" 请输入课程成绩（整数 ):");
scanf("%d",&score);
if(score>=0&&score<=100)
{
    switch(score/10)
    {
        case 10:
        case  9:    printf(" 优秀 !\n");break;
        case  8:    printf(" 良好 !\n");break;
        case  7:    printf(" 中等 !\n");break;
        case  6:    printf(" 及格 !\n");break;
        default:    printf(" 不及格 !\n");
    }
}
else
    printf(" 输入错误 !\n");
}
```

【实验】 请将例 2.13 代码中的某个 break 语句去掉，观察程序运行结果，以体会 break 语句的作用。

从例 2.13 可以看出，if 语句和 switch 语句的区别在于 if 语句可以对关系表达式或逻辑表达式进行测试，而 switch 语句只能对等式进行测试。能否用 switch 解决多分支选择结构问题，关键是要找出 switch 括号内的"表达式"与 case 后面的"常量表达式"的对应关系。

【同步练习 2-9】

用 switch 语句编程实现：输入一个正整数，输出该整数除以 5 的余数。

任务 2.4　利用循环结构程序解决实际问题

在许多问题中需要用到循环控制，即重复执行同种性质的任务。例如，在测试例 2.13 所编写的程序时，需要多次单击运行命令，输入不同的数据，以测试程序的正确性和可靠性。这就让人不难想到：如果系统能够自动重复运行程序（循环控制），那就方便多了。再如嵌入式智能设备，只要上电工作，主函数就要反复执行一段程序，这将在第二篇中具体应用。

C 语言提供了多种循环语句，最基本的是 while 语句、do…while 语句、for 语句。

2.4.1　while 循环结构程序设计

while 语句的一般形式为：　　　while（循环条件表达式）循环体语句

其执行过程为：当循环条件表达式为真（非0）时，执行循环体语句；当循环条件表达式为假（0）时，终止循环。其流程图如图2-9所示。可见，while循环是先判断条件表达式，再决定是否执行循环体语句。

【例2.14】 用while语句实现1+2+3+…+100的和。

程序设计流程如图2-10所示，参考程序如下：

```
#include <stdio.h>
int main(void)
{
    int i=1,sum=0;
    while(i<=100)
    {
        sum=sum+i;          // 或者写成 :sum += i;
        i++;
    }
    printf("sum=%d\n",sum);
}
```

运行结果：sum=5050

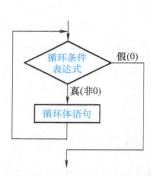

图2-9 while循环结构流程图

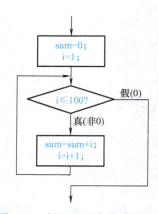

图2-10 例2.14程序设计流程图

说明：

1) while语句中的表达式一般是关系表达式或逻辑表达式，只要表达式的值为真（非0），即可继续执行循环体语句。如嵌入式系统软件的主函数一般用while（1）构成无限循环结构。请读者将例2.13程序的执行语句作为while（1）的循环体语句，运行程序并体会循环结构的作用。

2) 若循环体包含多条语句，则必须用{}括起来，组成复合语句。

【同步练习2-10】

1) 分别实现：1+3+5+…+99的和；2+4+6+…+100的和；1+2+3+…+n的和（n的数

值由键盘输入）。

2）下面程序的输出结果为（　　　）。

```c
#include <stdio.h>
int main(void)
{
    int x=1;
    while(x<20)
    {
        x=x*x;
        x=x+1;
    }
    printf("%d",x);
}
```

A. 1　　　　　　B. 20　　　　　　C. 25　　　　　　D. 26

2.4.2　do…while 循环结构程序设计

do…while 语句的一般形式为：
   do
    循环体语句
   while（表达式）;

执行过程：先执行循环体语句，然后再判断表达式是否为真。若表达式为真，则继续执行循环体语句；若表达式为假，则终止循环。因此，do…while 循环至少要执行一次循环体语句，其流程图如图 2-11 所示。

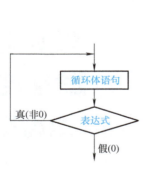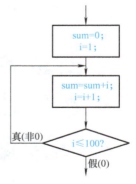

图 2-11　do…while 循环流程图　　　　图 2-12　例 2.15 程序设计流程图

若循环体包含多条语句，则必须用 {} 括起来，组成复合语句。

【例 2.15】用 do…while 语句实现 1+2+3+…+100 的和。

程序设计流程如图 2-12 所示，参考程序如下：

```c
#include <stdio.h>
int main(void)
{
    int i=1,sum=0;
    do
    {
        sum=sum+i;
        i++;
    }while(i<=100);
    printf("sum=%d\n",sum);
}
```

运行结果：`sum=5050`

【例 2.16】 while 和 do…while 循环的比较。

（1）
```c
#include  <stdio.h>
int main（void）
{
    int i;
    printf(" 请输入 1 个整数：");
    scanf（"%d", &i）;
    while （i<3 ）
    {
        i++;
    }
    printf （"i=%d\n", i）;
}
```

运行一次： `请输入1个整数：1`
`i=3`

再运行一次： `请输入1个整数：2`
`i=3`

再运行一次： `请输入1个整数：3`
`i=3`

（2）
```c
#include  <stdio.h>
int main（void）
{
    int i;
    printf(" 请输入 1 个整数：");
    scanf（"%d", &i）;
    do
    {
        i++;
    }while （i<3 ）;
    printf （"i=%d\n", i）;
}
```

运行一次： `请输入1个整数：1`
`i=3`

再运行一次： `请输入1个整数：2`
`i=3`

再运行一次： `请输入1个整数：3`
`i=4`

可见，当输入 i<3 时，两者运行结果相同；但当输入 i ≥ 3 时，运行结果则不同。

【同步练习 2-11】

若有如下程序段，则以下说法中正确的是（　　　）。

int k=5;
do
{
    k--;
}while(k<=0);

A．循环执行 5 次　　　　　　　　　　　B．循环是无限循环
C．循环体语句一次也不执行　　　　　　D．循环体语句执行一次

【例 2.17】 统计输入的非负整数的位数。

```
#include <stdio.h>
int main（void）
{
    int num;
    int digit;                // 整数位数
    digit=0;
    printf(" 请输入一个非负整数："); 
    scanf（"%d", &num）;
    printf（"%d 的位数是 ", num）;
    do
    {
        num=num/10;        // 整数右移 1 位，或者写成:num/= 10;
        digit++;            // 整数位数加 1
    }while（num>0）;
    printf（"%d\n", digit）;
}
```

请读者思考本程序能否将 do…while 语句改为 while 语句。

2.4.3　for 循环结构程序设计

在 C 语言中，for 语句使用最为灵活，它在很多场合可以代替 while 语句，其一般形式为：

for（表达式 1；表达式 2；表达式 3）循环体语句

执行过程如下：

1）计算表达式 1。

2）计算表达式 2，若其值为真（非 0），则执行 for 语句中的循环体语句，然后执行下面第 3）步；若其值为假（0），则结束循环，转到第 5）步。

3）计算表达式 3。

4）转回上面第2）步继续执行。
5）循环结束，执行for语句下面的一个语句。
其流程图如图2-13a所示。

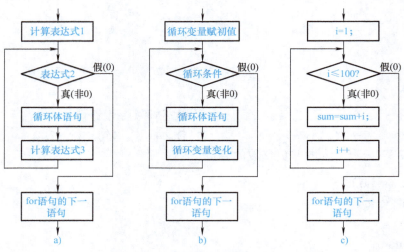

图2-13 for循环流程图

for语句最常用、最容易理解的应用形式如下：
  for(循环变量赋初值 ; 循环条件 ; 循环变量变化) 循环体语句
对应的流程图如图2-13b所示。

【例2.18】 用for语句实现1+2+3+…+100的和。
程序设计流程如图2-13c所示，参考程序如下：

```
#include <stdio.h>
int main(void)
{
    int i,sum=0;         int i=1,sum=0;       int i=1,sum=0;       int i,sum;
    for(i=1;i<=100;i++)  for(;i<=100;i++)     for(;i<=100;)        for(sum=0,i=1;i<=100;i++)
        sum=sum+i;           sum=sum+i;           {sum=sum+i;           sum=sum+i;
                                                   i++;
                                                  }
    printf("%d\n",sum);
}
        ①                    ②                    ③                    ④
```

说明：
第①种形式是常用的书写形式，其中第4～6行程序代码与②、③、④形式等效。
第②种形式，说明for语句中的"循环变量赋初值"项可以放在for语句之前。
第③种形式，说明for语句中的"循环变量变化"项可以放在for循环体中。
第④种形式，说明for语句中的"循环变量赋初值"项可以同时给多个变量赋初值

(要用逗号隔开)。

嵌入式软件设计中常用的两种 for 语句形式如下：

1) for 循环体可以是空语句，常用于软件延时。例如：

    for(i=0;i<1000;i++);　　或　　for(i=1000;i>0;i--);

2) for（;;）与 while（1）等价，表示无限循环。主函数一般为无限循环结构。

【同步练习 2-12】

1) 分别实现：1+3+5+…+99 的和；2+4+6+…+100 的和；1+2+3+…+n 的和（n 的数值由键盘输入）。

2) 编写程序，打印出所有的"水仙花数"。"水仙花数"是指一个 3 位数，其各位数字的三次方和等于该数本身。例如，$153=1^3+5^3+3^3$。

3) 一个工厂的厂长利用"传帮带（乐于助人，利人利己）"的途径培养一批合格的技术工人，先由技术骨干在第 1 个月培养出 2 名技术工；在第 2 个月，再由第 1 个月培养出的 2 名技术工培养出 4 名技术工；在第 3 个月，再由第 2 个月培养出的 4 名技术工培养出 8 名技术工，……，以此类推。请用 for 循环结构计算出在 1 年内一共培养出的技术工人数。

2.4.4 循环嵌套

一个循环体内又包含另一个完整的循环结构，称为循环嵌套。

【例 2.19】 循环次数统计。

```
#include <stdio.h>
int main(void)
{
    int i,j;                    // 定义两个循环变量
    int k=0;                    // 存放循环次数
    for(i=1;i<=5;i++)
    {
        for(j=1;j<=10;j++)
            k++;
    }
    printf(" 循环次数 :%d\n",k);
}
```

运行结果： 循环次数：50

说明：

1) 本例用了两个 for 循环构成循环嵌套，对应程序第 6 ～ 10 行，这几行代码其实是一条语句，因此可以不加 {}，但为了程序的规范性和可读性，建议加 {}。

2) 在嵌入式软件设计中，常用此方式实现更长时间的软件延时。

【同步练习 2-13】

1）例 2.19 程序执行后，变量 i 和 j 的值分别是多少？

2）九九乘法表是中国古代对世界贡献很大的一个发明，请利用循环嵌套编程输出下面的九九乘法表。

```
1*1=1
1*2=2   2*2=4
1*3=3   2*3=6   3*3=9
1*4=4   2*4=8   3*4=12  4*4=16
1*5=5   2*5=10  3*5=15  4*5=20  5*5=25
1*6=6   2*6=12  3*6=18  4*6=24  5*6=30  6*6=36
1*7=7   2*7=14  3*7=21  4*7=28  5*7=35  6*7=42  7*7=49
1*8=8   2*8=16  3*8=24  4*8=32  5*8=40  6*8=48  7*8=56  8*8=64
1*9=9   2*9=18  3*9=27  4*9=36  5*9=45  6*9=54  7*9=63  8*9=72  9*9=81
```

2.4.5　break 语句和 continue 语句

1. break 语句

一般形式为：　　break；

break 语句常用于循环结构和 switch 选择结构。当 break 语句用于 switch 选择结构时，可使程序跳出 switch 结构而执行 switch 下面的语句，这已在 "2.3.2 switch 语句及应用"中介绍过。当 break 语句用于循环结构中时，可使程序提前结束"整个"循环过程，接着执行循环结构下面的语句。

2. continue 语句

一般形式为：　　continue；

continue 语句常用于循环结构，其作用是提前结束"本次"循环（跳过循环体中下面尚未执行的语句），接着执行下次循环。

下面通过例 2.20 理解和体会 break 语句和 continue 语句的执行过程及区别。

【例 2.20】 break 语句和 continue 语句在循环结构中的应用。

（1）程序 1
```c
#include <stdio.h>
int main(void)
{
    int i;
    for(i=1;i<=5;i++)
    {
        if(i==3) break;
        printf("%d\n",i);
    }
}
```
运行结果：
```
1
2
```

（2）程序 2
```c
#include <stdio.h>
int main(void)
{
    int i;
    for(i=1;i<=5;i++)
    {
        if(i==3) continue;
        printf("%d\n",i);
    }
}
```
运行结果：
```
1
2
4
5
```

这个例题类似于一名同学计划从周一到周五天天到操场上跑步（对应执行 printf 函数语句），程序 1 相当于如果到了周三，执行 break 语句，周三到周五这 3 天都不用跑了；而程序 2 相当于如果到了周三，执行 continue 语句，周三当天不用跑，但周四和周五还要继续跑。

break 语句和 continue 语句的执行过程可用以下两个循环结构及其对应的流程图（见图 2-14）说明。

（1）while（表达式 1）
　　{　…
　　　if（表达式 2）break;
　　　…
　　}

（2）while（表达式 1）
　　{　…
　　　if（表达式 2）continue;
　　　…
　　}

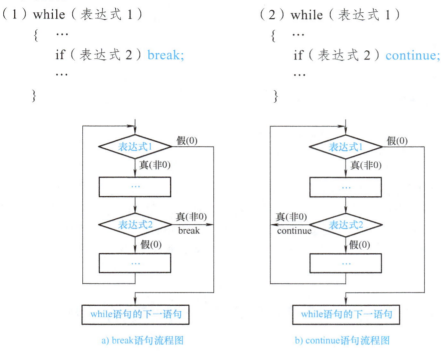

图 2-14　break 和 continue 语句流程图

【同步练习 2-14】

1）使 1+2+3+…+i 的累加和 sum 大于 1000 为止，输出 sum 和 i 的值。

```
#include <stdio.h>
int main(void)
{
    int i,sum=0;
    for(i=1;;i++)
    {
        sum+=i;
        if(sum>1000) _____
    }
```

```
            printf("sum=%d,i=%d\n",sum,i);
}
```

2）输出 1 ～ 100 之间能被 7 整除的整数。

```
#include <stdio.h>
int main(void)
{
    int i;
    for(i=1;i<=100;i++)
    {
        if(i%7!=0)     _____
        printf("%3d",i);
    }
    printf("\n");
}
```

3）某商店对顾客实行优惠购物，规定如下：购物额为 1000 元以上（含 1000 元，下同）者，八折优惠；500 元以上、1000 元以下者，九折优惠；200 元以上、500 元以下者，九五折优惠；200 元以下者，九七折优惠；100 元以下者不优惠。编程实现：可以反复由键盘输入一个购物额，计算应收的款额。当输入值为负值时，提示"输入有误，请重新输入！"。

任务 2.5　利用预处理命令提高编程效率

几乎所有的 C 语言程序，都使用以 " # " 开头的预处理命令，例如包含命令 #include、宏定义命令 #define 等。在源程序中，这些命令称为预处理部分。预处理是 C 语言的一个重要功能，它由预处理程序负责完成。当对一个源文件进行编译时，系统将自动引用预处理程序对源程序中的预处理部分做处理，处理完毕自动进入对源程序的编译。

在 C 语言中，有多种预处理命令，在此介绍 3 种常用的预处理功能：文件包含、宏定义、条件编译。需要注意，预处理命令不是 C 语句。为了与一般 C 语句相区别，这些命令均以符号 " # " 开头。灵活使用预处理命令，可以提高编程效率。

2.5.1　宏定义

1. 不带参数的宏定义

不带参数的宏定义，一般形式如下：

　　　#define　宏名

或

　　　#define　宏名　替换文本

"宏名"是用户定义的标识符，要符合标识符的命名规则。

第一种形式的宏定义，仅说明宏名对应的标识符被定义。

第二种形式的宏定义，是用一个简单且见名知意的"宏名"代表"替换文本"，"替换文本"可以是常数、表达式、格式串等。该形式的宏定义可以提高编程效率，例如：若用简单的"PI"代表"3.1415926"，可用宏定义"#define PI 3.1415926"，则在编译预处理时，对程序中所有的宏名"PI"，都用宏定义中的替换文本 3.1415926 去替换，此过程称为"宏替换"。

2. 带参数的宏定义

C 语言允许宏带有参数，在宏定义中的参数称为形式参数，在宏调用中的参数称为实际参数。带参宏定义的一般形式为： #define 宏名（形参表） 替换文本

其中，在替换文本中含有形参表中的各个形参。

带参宏调用的一般形式为： 宏名（实参表）

在宏调用时，不仅要宏展开，而且要用实参去代换宏定义的形参。

【例 2.21】 使用宏定义：根据输入的半径，求圆的面积。

```
#include <stdio.h>
#define  PI   3.14159        // 宏定义 PI 符号常量 ( 不带参数 )
#define  S(r)  PI*(r)*(r)     // 宏定义面积计算公式 ( 带参数 )
int main(void)
{
    float a,area;              // 定义半径、面积变量
    while(1)
    {
        printf(" 请输入半径 :");
        scanf("%f",&a);
        if(a<0) break;         // 若输入的半径是负值，则退出循环
        area=S(a);             // 宏调用
        printf(" 半径 =%6.2f\n",a);
        printf(" 面积 =%6.2f\n",area);
    }
}
```

本例同时用了两个宏定义：一是符号常量"PI"的无参宏定义，二是面积计算公式的带参宏定义。这两个宏定义一起配合使用，使得赋值语句"area=S（a）;"经宏展开后变为"area=3.14159*（a）*（a）;"。宏调用（宏展开）过程如图 2-15 所示。

图 2-15 带参宏调用过程

运行情况：

本例 printf 函数中的"%6.2f"表示以实型数据格式输出，输出的数据最小宽度是6，并且保留2位小数。

对宏定义的几点说明：

1）宏定义不是 C 语句，不必在行末加分号。

2）宏定义在编译预处理时仅做简单替换，而不做任何语法检查。如果写成"#define　PI　3.141s9"，即把数字5错写成s，编译预处理时仅做简单替换，只有在编译宏替换后的源程序时才会发现语法错误并报错。

在嵌入式软件设计中，经常用到对寄存器的位操作。根据表1-8，可将寄存器的位操作表达式改为见名知意的带参宏定义：

#define　　BSET(R,bit)　　　((R)|=(1<<(bit)))　　　// 将寄存器 R 的第 bit 位置 1
#define　　BCLR(R,bit)　　　((R)&= ~ (1<<(bit)))　　// 将寄存器 R 的第 bit 位清 0
#define　　BGET(R,bit)　　　(((R)>>(bit))&1)　　　　// 获取寄存器 R 的第 bit 位的值
#define　　BRVS(R,bit)　　　((R)^=(1<<(bit)))　　　 // 将寄存器 R 的第 bit 位取反

最后需要说明两点：

1）无论是带参数还是不带参数的宏定义，宏定义中的宏名一般都用大写字母。

2）带参宏定义，对其替换文本中的参数和表达式外加括号是为了不引起歧义，提高程序设计的可靠性。

【同步练习 2-15】

请分别写出求两数 x、y 的最大值和最小值的带参数的宏定义。

2.5.2　文件包含

文件包含命令行的一般形式如下：

　　#include < 文件名 >　　 或　　#include " 文件名 "

在前面已多次使用此命令包含库函数的头文件，例如：

　　#include <stdio.h>

文件包含命令的功能是在编译预处理时，将指定的文件插入该命令行位置取代该命令行，从而将指定的文件和当前的源程序文件连成一个源文件，其含义如图2-16所示。

在程序设计中，文件包含是很有用的。一个大的程序可以分成多个模块，由多个程序员分别编程。可将一些公用的宏定义等单独组成一个文件，在其他文件的开头用包含命

令包含该文件即可使用，这样可避免在每个文件开头都去书写那些公用量，从而节省时间，并减少出错。

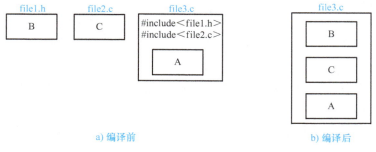

图 2-16　文件包含的示意图

例如，在软件设计中，若多个源文件均用到下面的宏定义：

　　#define　PI　3.1415926

　　#define　S(r)　PI*(r)*(r)

可将这些宏定义做成一个公用的文件"common.h"（文件名可根据需要灵活设定），其他源文件若需使用这两个宏定义，则只需在该源文件开头处加一行代码即可：

#include "common.h"

有关文件包含命令的几点说明：

1）在 #include 命令中，文件名可以用尖括号或双撇号括起来。例如：

　　#include <stdio.h>　　或　　#include "stdio.h"

二者的区别：用尖括号时，系统到存放 C 库函数头文件的"包含目录"中查找要包含的文件，这称为标准方式。用双撇号时，系统先在"用户当前的源文件目录"中查找要包含的头文件；若找不到，再到"包含目录"中去查找。

一般来说，如果要包含的是库函数，则用尖括号；如果要包含的是用户自己编写的文件（这种文件一般在用户当前目录中），一般用双撇号。若文件不在当前目录中，在双撇号内应给出文件路径，如 #include "D：\zhang\file1.c"。

2）一个 include 命令只能指定一个被包含文件，若要包含多个文件，则需要使用多个 include 命令。

3）文件包含允许嵌套，即在一个被包含的文件中又可以包含另一个文件。

2.5.3　条件编译

预处理程序提供了条件编译的功能，可以按不同的条件去编译不同的程序部分，因而产生不同的目标代码文件，这对程序的移植和调试是很有用的。

在此介绍 4 种常见形式的条件编译：

1. 第 1 种形式

#ifdef 标识符
程序段 1
#else
程序段 2
#endif

其功能是，若所指定的标识符已被 #define 命令定义过，则对程序段 1 进行编译，否则对程序段 2 进行编译。

如果没有程序段 2（它为空），本形式中的 #else 可以没有，即可以写为如下形式：

#ifdef 标识符
程序段
#endif

2. 第 2 种形式

#ifndef 标识符
程序段 1
#else
程序段 2
#endif

与第 1 种形式的区别是将"ifdef"改为"ifndef"。其功能是，如果标识符未被 #define 命令定义过，则对程序段 1 进行编译，否则对程序段 2 进行编译，这与第 1 种形式的功能正好相反。

3. 第 3 种形式

#if 常量表达式
程序段 1
#else
程序段 2
#endif

其功能是，若常量表达式的值为真（非 0），则对程序段 1 进行编译，否则对程序段 2 进行编译，因此可以使程序在不同条件下完成不同的功能。

4. 第 4 种形式

#if 常量表达式 1
程序段 1
#elif 常量表达式 2
程序段 2
#elif 常量表达式 3
程序段 3

第 2 单元　利用三种程序结构解决简单问题

⋮

```
#elif  常量表达式 n
       程序段 n
#endif
```

这是多分支条件编译形式，其功能是，首先判断常量表达式 1 的值，若常量表达式 1 的值为真（非 0），则只编译程序段 1；否则需要判断常量表达式 2 的值，若常量表达式 2 的值为真，则只编译程序段 2；否则需要判断常量表达式 3 的值，……，依次类推。在此过程中，若某一常量表达式的值为真，则只编译对应的程序段，并且不再继续判断后续 #elif 的常量表达式，否则需要继续判断下一个 #elif 条件。

【例 2.22】　预处理命令的综合应用。

```
#include <stdio.h>              // 包含输入输出头文件
#define   ZK1      9           // 宏定义符号常量：商品 1 的折扣
#define   ZK2      8           // 宏定义符号常量：商品 2 的折扣
#define   ZK3      0           // 宏定义符号常量：商品 3 的折扣
#define   CJ       65          // 宏定义符号常量：考试成绩
int main（void）
{
    float i=10,j=20,k=30;       // 三个商品的原价

    #ifdef   ZK1               // 若定义过常量 ZK1,则只编译下行代码
      printf(" 商品 1 的价格 =%.2f\n",i*ZK1*0.1);
    #else                      // 若未定义过常量 ZK1,则只编译下行代码
      printf(" 商品 1 的价格 =%.2f\n",i);
    #endif

    #ifndef   ZK2              // 若未定义过常量 ZK2,则只编译下行代码
      printf(" 商品 2 的价格 =%.2f\n",j);
    #else                      // 若定义过常量 ZK2,则只编译下行代码
      printf(" 商品 2 的价格 =%.2f\n",j*ZK2*0.1);
    #endif

    #if   ZK3>0                // 若常量 ZK3 的值大于 0,则只编译下行代码
      printf(" 商品 3 的价格 =%.2f\n",k*ZK3*0.1);
    #else                      // 若常量 ZK3 的值不大于 0,则只编译下行代码
      printf(" 商品 3 的价格 =%.2f\n",k);
    #endif

    #if   CJ>= 60&&CJ<=100     // 若常量 CJ 的值为 60 ～ 100，则只编译下行代码
      printf(" 考试成绩 =%d, 通过 !\n",CJ);
```

```
#elif   CJ>=0&&CJ<60          // 若常量 CJ 的值为 0 ～ 59，则只编译下行代码
    printf(" 考试成绩 =%d, 不通过 !\n",CJ);
#elif   CJ<0 || CJ>100          // 若常量 CJ 的值为其他值，则只编译下行代码
    printf(" 考试成绩 =%d, 错误 !\n",CJ);
#endif
}
```

运行结果：

```
商品1的价格=9.00
商品2的价格=16.00
商品3的价格=30.00
考试成绩=65,通过!
```

需要说明的是，从表面上看，条件编译与 if 语句的功能差不多，但它们的本质区别在于通过条件编译可以使编译生成的目标代码文件变小。

第 3 单元

利用数组处理同类型的批量数据

学号			姓名		小组成员		
特别注意	造成用电安全或人身伤害事故的，本单元总评成绩计 0 分				单元总评成绩		
素质目标	1）基本职业素养：遵守工作时间，使用实践设备时注意用电安全，实践设备使用完毕后要断电并放于指定位置，程序设计要注重工程规范，养成良好的工作习惯 2）团结协作素养：小组内成员互查程序代码书写规范性、准确性和完整性，取长补短，具有责任意识、团队意识与协作精神 3）自主学习素养：能根据任务要求，查找相关资料解决实际问题；能自主完成同步练习，培养自主学习的意识与一丝不苟、实事求是的工作作风 4）人文素养：具有一定的辩证唯物主义运用能力、安全意识、劳动意识、创新意识、创新能力和强烈的爱国主义精神				学生自评 （2 分）		
					小组互评 （2 分）		
					教师考评 （6 分）		
					素质总评 （10 分）		
知识目标	1）掌握数组的定义、初始化和引用的方法 2）了解数组在嵌入式系统中的应用 3）理解并掌握冒泡排序算法 4）掌握字符数组的输入输出方法以及字符串处理函数的应用方法				学生自评 （10 分）		
					教师考评 （20 分）		
					知识总评 （30 分）		
能力目标	1）能在 VC++ 2010 集成开发环境下，编写、运行和调试 C 语言程序 2）能利用数组解决实际问题 3）能利用冒泡排序法对多个数据进行排序				学生自评 （10 分）		
					小组互评 （10 分）		
					教师考评 （40 分）		
					能力总评 （60 分）		

▶ **单元导读**

　　请读者根据前面所学过的基本数据类型，思考如何解决 20 个整型数据的存放问题。可能有读者会想到如果定义 20 个整型变量，就可以分别存放 20 个整型数据。从理论上来说这种思路是可以的，但有没有更简捷的方法呢？

在 C 语言中，数据类型除了在第 1 单元中学习的基本类型（整型、实型、字符型），还有构造类型，包括数组类型、结构体类型、共用体类型和枚举类型。其中，数组是将相同类型的若干数据按序组合在一起，即数组是有序同类型数据的集合。按数组元素的类型不同，数组又可分为数值数组、字符数组、指针数组、结构体数组等各种类别。本单元主要学习数值数组和字符数组，其他类别的数组将在后续单元中陆续学习。

本单元的学习目标是：能利用一维数组、二维数组和字符数组处理同类型的批量数据。

任务 3.1 利用一维数组处理同类型的批量数据

3.1.1 定义一维数组的方法

在 C 语言中，数组和变量一样，要先定义后使用。
定义一维数组的一般形式为：

   类型标识符　数组名 [常量表达式]；

说明：
1）类型标识符可以是基本类型或构造类型。
2）数组名是用户定义的数组标识符。
3）方括号中的常量表达式表示数组元素的个数，也称为数组长度。
例如：　int a[10];
表示定义了一个整型数组，数组名为 a，此数组有 10 个元素。每个元素都有自己的编号，第 1~10 个元素对应的编号依次是：a[0]、a[1]、a[2]、a[3]、a[4]、a[5]、a[6]、a[7]、a[8]、a[9]。由于元素编号是从 0 开始，因此不存在数组元素 a[10]。

定义数组之后，系统会为数组 a 分配连续的 10 个整型内存空间，用来存储 10 个数组元素，如图 3-1 所示。数组元素 a[0] 的内存地址是数组的首地址，C 语言规定，数组名可以代表数组的首地址（数组首元素的地址）。

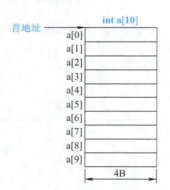

图 3-1　一维数组在内存中的存储形式

3.1.2 一维数组的初始化

C 语言允许在定义数组时，对数组元素初始化赋值。初值用 {} 括起来，初值之间用逗号隔开。

（1）对全部元素赋初值 例如：

$$\text{int a[5]=\{1，3，5，7，9\}；}$$

表示定义的数组 a 有 5 个元素，花括号内有 5 个初值，初始化后：a[0]=1，a[1]=3，a[2]=5，a[3]=7，a[4]=9。此时，对数组的全部元素赋初值，由于数据的个数已经确定，因此可以不指定数组长度（由系统自动计算），即可写成：

$$\text{int a[ ]=\{1，3，5，7，9\}；}$$

（2）对部分元素赋初值 例如：

$$\text{int a[5]=\{1，3，5\}；}$$

表示定义的数组 a 有 5 个元素，但花括号内只给前 3 个元素赋初值，后 2 个元素由系统自动赋 0，即 a[0]=1，a[1]=3，a[2]=5，a[3]=0，a[4]=0。若数组 a 的全部元素初值都为 0，则可写成：int a[5]={0}；

注意：初值个数不能超过指定的元素个数 如语句"int a[5]={1，2，3，4，5，6}；"是错误的。

另外需要注意的是，在定义数组之后，不能一次性对整个数组的所有元素赋值，而只能对数组的每个元素逐个赋值。例如：

```
int a[5];                    // 定义数组
a[5]={1,3,5,7,9};            // 错误
a[0]=1;a[1]=3;a[2]=5;a[3]=7;a[4]=9;    // 正确
```

【同步练习 3-1】

1）关于数组元素类型的说法，下列（   ）项是正确的。

A.必须是整数类型   B.必须是整型或实型

C.必须是相同数据类型   D.可以是不同数据类型

2）C 语言中，数组名代表（   ）。

A.数组全部元素的值   B.数组首地址

C.数组第一个元素的值   D.数组元素的个数

3.1.3 一维数组元素的引用

数组要先定义，后使用。C 语言规定，只能引用某个数组元素而不能一次引用整个数组的全部元素。一维数组元素的引用形式为：**数组名 [下标]**

下标其实就是数组元素的编号，只能为整型常量或整型表达式。

【例 3.1】 一维数组元素的引用：将一组数据倒序输出。

```
#include <stdio.h>
int main(void)
```

```
{
    int a[10];              // 定义数组
    int i;                  // 数组的下标变量
    for(i=0;i<=9;i++)
        a[i]=i;
    for(i=9;i>=0;i- -)
        printf("%d",a[i]);
    printf("\n");
}
```

运行结果：9 8 7 6 5 4 3 2 1 0

通过此例可以看出，将数组和循环结构结合起来，可以有效处理同类型的批量数据，从而大大提高工作效率。

【同步练习 3-2】

1）下面程序的输出结果是（　　）。

```
int main(void)
{
    int  a[8]={2,3,4,5,6,7,8,9},i,r=1;
    for(i=0;i<=3;i++)
        r=r*a[i];
    printf("%d\n",r);
}
```

A. 720　　　B. 120　　　C. 24　　　D. 6

2）利用数组实现：输入 10 个整数，找出其中的最大值。

3.1.4　一维数组的应用

一维数组广泛应用于对多个同类型的数据进行存取、排序等操作的场合，用一维数组还可构造出软件设计中常用的堆栈、队列等数据结构。在嵌入式软件设计中，一维数组可用于数码管显示的笔形码、键盘的键码等编码的存取。

【例 3.2】　对 n 个数进行排序（由小到大）。

由于是对多个数进行排序，自然会想到利用数组来保存和管理参与排序的多个数据。排序算法有多种，在此主要介绍冒泡排序法。

冒泡排序法的思路是：从第 1 个数开始，和下邻数比较，小数上浮，大数下沉。

用冒泡法对 5 个数（比如 9、7、5、8、0）进行由小到大排序，排序过程如图 3-2 所示。

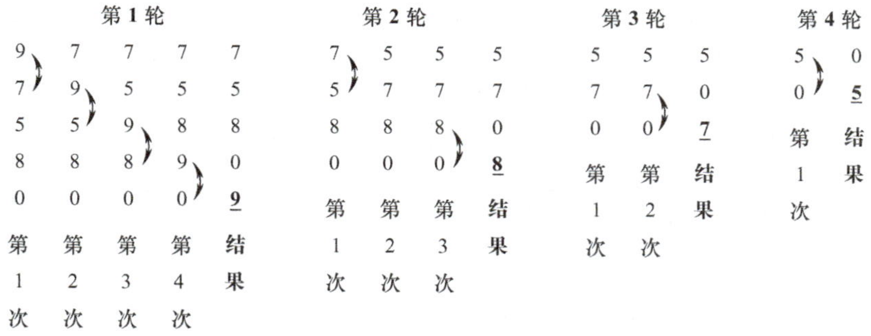

第 1 轮　　　　　**第 2 轮**　　　**第 3 轮**　　**第 4 轮**

```
9  7  7  7  7        7  5  5  5      5  5  5     5  0
7  9  5  5  5        5  7  7  7      7  7  0     0  5
5  5  9  8  8        8  8  8  0      0  0  7
8  8  8  9  0        0  0  0  8
0  0  0  0  9
```

第 1 轮各列下方标注：第1次 第2次 第3次 第4次 结果
第 2 轮各列下方标注：第1次 第2次 第3次 结果
第 3 轮各列下方标注：第1次 第2次 结果
第 4 轮各列下方标注：第1次 结果

图 3-2 冒泡排序法对 5 个数据进行排序（由小到大）的过程

对以上 5 个数排序，需要进行 5-1 轮比较：

第 1 轮（5 个数）要进行 4 次两两比较，将最大数 9 "沉底"；

第 2 轮（4 个数）要进行 3 次两两比较，将最大数 8 "沉底"；

第 3 轮（3 个数）要进行 2 次两两比较，将最大数 7 "沉底"；

第 4 轮（2 个数）要进行 1 次两两比较，将最大数 5 "沉底"。

可见，对 n 个数排序，需要进行 n-1 轮比较：

第 1 轮　　　　要进行 n-1 次两两比较；

第 2 轮　　　　要进行 n-2 次两两比较；

　　⋮

第 i 轮　　　　要进行 n-i 次两两比较；

　　⋮

第 n-1 轮 要进行 1 次两两比较。

根据上述分析，使用上述冒泡排序法对 n 个数进行排序的参考程序如下：

```c
#include <stdio.h>
#define   N   5                    // 宏定义参与排序的数据个数
int main(void)
{
    int a[N];                       // 定义数组，存放待排序的一组数据
    int i,j,t,swap_flag;
    printf(" 请输入 %d 个整数 :",N);
    for(i=0;i<N;i++)
        scanf("%d",&a[i]);          // 将 N 个数据存入数组
    printf(" 排序前 :");
    for(i=0;i<N;i++)
        printf("%5d",a[i]);         // 输出排序前的 N 个数据
    printf("\n");
    // 冒泡排序法 ( 由小到大 ): 小数在前面 , 大数在后面
    for(i=1;i<N;i++)                //N 个数 , 共需比较 N-1 轮
    {
```

```
        swap_flag=0;                    // 交换标志:0 表示无交换,1 表示有交换
        for(j=0;j<N-i;j++)              // 第 i 轮需要比较 N-i 次
        {
            if(a[j]>a[j+1])              // 依次比较两个相邻的数,将大数放后面
            {
                t=a[j];  a[j]=a[j+1];  a[j+1]=t;  swap_flag=1;        // 交换
            }
        }
        if(swap_flag==0)  break;        // 若本轮无交换,则结束比较
    }
    printf(" 排序后 :");
    for(i=0;i<N;i++)
        printf("%5d",a[i]);    // 输出排序后的 N 个数据,输出数据的最小宽度是 5
    printf("\n");
}
```

运行情况：

说明：

1）在本程序中，冒泡排序法用了 for 循环嵌套，其中外层 for 循环控制比较轮数，内层 for 循环控制第 i 轮的比较次数。

2）若参与排序的多个数据在某轮比较前，恰好已经按照由小到大排序，则通过变量 swap_flag 可实现本轮比较结束后，不再进行下一轮比较，从而提高程序执行效率。可见，如果在开始排序前，数据已经基本有序，只有少量数据无序，则冒泡排序法的效率会很高。

【同步练习 3-3】

请写出对 N 个整数进行由大到小排序对应的冒泡排序算法代码。

任务 3.2　利用二维数组处理同类型的批量数据

我们可用 1 个一维数组存放 1 名学生的语文、数学、英语 3 门课成绩，而如何存放多名学生的语文、数学、英语 3 门课成绩呢？在 C 语言中，可用二维数组解决此类问题。在嵌入式软件设计中，二维数组可用于点阵显示码、液晶显示码等编码的存取。

3.2.1　定义二维数组的方法

定义二维数组的一般形式如下：

　　类型标识符　数组名 [常量表达式 1][常量表达式 2];

其中，常量表达式 1 表示二维数组的行数，常量表达式 2 表示二维数组的列数。

例如： int a[3][4];

表示定义了一个 3 行 4 列的整型数组，共有 3×4 个元素，每个元素都有自己的编号：

	第 1 列	第 2 列	第 3 列	第 4 列
第 1 行：	a[0][0]	a[0][1]	a[0][2]	a[0][3]
第 2 行：	a[1][0]	a[1][1]	a[1][2]	a[1][3]
第 3 行：	a[2][0]	a[2][1]	a[2][2]	a[2][3]

定义数组之后，系统会为数组 a 分配连续的 12 个整型内存空间，用来存储 12 个数组元素。在 C 语言中，二维数组中元素排列的顺序是按“行”存放的，即在内存中先顺序存放第一行的元素，再顺序存放第二行的元素，如图 3-3 所示。

在 C 语言中，又可以把二维数组 a 看作是一个特殊的一维数组，如图 3-4 所示，它有 3 个行元素 a[0]、a[1]、a[2]，而每个行元素又是一个包含 4 个列元素的一维数组，此时把 a[0]、a[1]、a[2] 看作一维数组名，例如第一行元素：a[0][0]、a[0][1]、a[0][2]、a[0][3]。

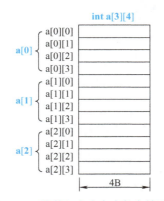

图 3-3 二维数组在内存中的存储形式

int a[3][4]

a[0]	a[0][0]	a[0][1]	a[0][2]	a[0][3]
a[1]	a[1][0]	a[1][1]	a[1][2]	a[1][3]
a[2]	a[2][0]	a[2][1]	a[2][2]	a[2][3]

图 3-4 二维数组看作一维数组

【同步练习 3-4】

数组 a[2][2] 的元素排列次序是（　　）。

A. a[0][0]、a[0][1]、a[1][0]、a[1][1]

B. a[0][0]、a[1][0]、a[0][1]、a[1][1]

C. a[1][1]、a[1][2]、a[2][1]、a[2][2]

D. a[1][1]、a[2][1]、a[1][2]、a[2][2]

3.2.2 二维数组的初始化

C 语言允许在定义二维数组时，对其元素初始化赋值。

（1）分行给二维数组赋初值

例如： int a[3][4]={{1, 2, 3, 4}, {5, 6, 7, 8}, {9, 10, 11, 12}};

这种赋初值方法比较直观，把第 1 个花括号内的数据赋给第 1 行的元素，第 2 个花括号内的数据赋给第 2 行的元素，……，即按行赋初值。

（2）将所有数据写在一个花括号内，按数组排列的顺序给元素赋初值

例如：int a[3][4]={1，2，3，4，5，6，7，8，9，10，11，12}；

效果与第（1）种方法相同，但建议用第（1）种方法，一行对一行，不易出错。

（3）可以给部分元素赋初值

例如： int a[3][4]={{1}，{5}，{9}}；

赋值后数组 a 中的元素为：
$$\begin{pmatrix} 1 & 0 & 0 & 0 \\ 5 & 0 & 0 & 0 \\ 9 & 0 & 0 & 0 \end{pmatrix}$$

（4）如果对全部元素都赋初值，则定义数组时，对第一维的长度（行数）可以不指定，但第二维的长度不能省略。

例如：int a[ ][4]={1，2，3，4，5，6，7，8，9，10，11，12}；

与第（2）种效果相同。

需要注意的是，和一维数组一样，在定义二维数组之后，不能一次性对整个数组的所有元素赋值，而只能对数组的每个元素逐个赋值。例如：

```
int a[3][4];                           //定义数组
a[3][4]={{1,2,3,4},{5,6,7,8},{9,10,11,12}};    //错误
```

3.2.3　二维数组元素的引用

C 语言规定，只能引用某个数组元素而不能一次引用整个数组的全部元素。二维数组元素的引用形式为：**数组名 [下标][下标]**

下标其实就是数组元素的编号，只能为整型常量或整型表达式。

【例 3.3】 二维数组元素的引用：二维数组元素的赋值和输出。

```
#include <stdio.h>
int main(void)
{
    int a[3][4];                   //定义二维数组
    int i,j;
    printf(" 请输入 12 个整数 :");
    for(i=0;i<3;i++)               //二维数组的行
    {
        for(j=0;j<4;j++)           //二维数组的列
            scanf("%d",&a[i][j]);   //向数组 a 赋值
    }
    for(i=0;i<3;i++)
    {
        for(j=0;j<4;j++)
```

```
                printf("a[%d][%d]=%d\n",i,j,a[i][j]);   // 输出数组 a 的 12 个元素值
        }
}
```

运行情况：

```
请输入12个整数:1  2  3  4  5  6  7 8 9  10  11  12
a[0][0]=1
a[0][1]=2
a[0][2]=3
a[0][3]=4
a[1][0]=5
a[1][1]=6
a[1][2]=7
a[1][3]=8
a[2][0]=9
a[2][1]=10
a[2][2]=11
a[2][3]=12
```

【同步练习 3-5】

1）下面程序的输出结果是（　　　　）。

```
int main(void)
{
    int a[3][3]={1,2,3,4,5,6,7,8,9},sum=0,i,j;
    for(i=0;i<3;i++)
    {
        for(j=0;j<3;j++)
        {
            if(i==j)      sum+=a[i][j];
        }
    }
    printf("%d\n",sum);
}
```

A. 14   B. 16   C. 18   D. 15

2）编程实现：利用二维数组存放 4 名学生的语文、数学、外语 3 门课的成绩 78、69、90，72、55、83，65、81、53，92、85、78。依次输出 4 行信息，分别对应这 4 名学生的 3 门课成绩及总分。

任务 3.3　利用字符数组处理多个字符或字符串

用来存放字符型数据的数组是字符数组，字符数组中的每个元素存放一个字符。在

嵌入式网络通信软件设计中，可用字符数组存放待发送或待接收的数据，这将在第 11 单元中具体应用。

3.3.1 定义字符数组的方法

定义字符数组的一般形式与前面介绍的数值数组相同。

例如： char c[10];

表示定义了一个一维的字符数组 c，有 10 个数组元素。定义数组之后，系统会为数组 c 分配连续的 10 个字节的内存空间，用来存储 10 个数组元素（字符型数据），如图 3-5 所示。同样地，数组名 c 代表该数组的首地址。

再如： char c[3][4];

表示定义一个二维的字符数组，共有 3×4 个元素，可用于存放 12 个字符型数据。

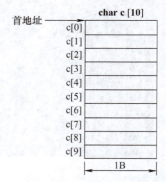

图 3-5 字符数组在内存中的存储形式

3.3.2 字符数组的初始化

在定义字符数组时，对其进行初始化有两种方法。

1. 逐个字符赋值法

（1）对全部元素赋初值　例如： char c[5]={'a','b','c','d','e'};

赋值后：c[0]='a', c[1]='b', c[2]='c', c[3]='d', c[4]='e'。此时，对数组的全部元素赋初值，由于数据的个数已经确定，因此可以不指定数组长度，即可写成：

　　char c[ ]={'a', 'b', 'c', 'd', 'e'};

（2）对部分元素赋初值　例如： char c[6]={'a', 'b', 'c', 'd', 'e'};

表示定义的数组 c 有 6 个元素，但花括号内只给前 5 个元素赋初值，最后 1 个元素由系统自动赋空字符 '\0'，如图 3-6 所示。

注意：初值个数不能超过指定的元素个数，如语句"char c[5]={'a','b','c','d','e','f'};"是错误的。

c[0]	c[1]	c[2]	c[3]	c[4]	c[5]
a	b	c	d	e	\0

图 3-6 字符数组 c 各元素的值

2. 字符串常量赋值法

将字符串常量赋给字符数组，例如： char c[ ]={"abcde"};

也可省略花括号，直接写成： char c[ ]="abcde";

通过 1.2.3 节的介绍，我们知道字符串常量 "abcde" 在内存中的存储情况如下：

a	b	c	d	e	\0

即在字符串常量的最后，由系统自动加上一个结束符 '\0'。因此，数组 c 的长度是 6，元素赋值情况如图 3-6 所示。

说明：

1）通过语句"char c[10]="abcde";"定义的字符数组 c 在内存中的存储情况如下：

a	b	c	d	e	\0	\0	\0	\0	\0

2）C 语言对字符串常量是按字符数组处理的，在内存中开辟一个字符数组来存放该字符串常量，这将在后续任务 5.4 "利用指针引用字符串"中进一步介绍。

【思考】 通过下面两种方式给字符数组 c 赋值，是否有区别？

① char c[   ]={'a', 'b', 'c', 'd', 'e'};

② char c[   ]="abcde";

最后需要注意的是，在定义字符数组之后，不能一次性对整个数组的所有元素赋值，而只能对数组的每个元素逐个赋值。例如：

```
char c[5];                    // 定义数组
c[5]={'a','b','c','d','e'};    // 错误
c[5]="abcd";                   // 错误
```

3.3.3 字符数组元素的引用

字符数组的引用形式与前面介绍的数值数组相同，可以引用字符数组中的一个元素而得到一个字符。

【例 3.4】 字符数组元素的引用：输出字符数组元素的值。

```
#include <stdio.h>
int main(void)
{
    char a[5]={'a','b','c','d','e'};    // 定义字符数组并初始化
    char b[6]="12345";
    int i;
    printf(" 字符数组 a:");
    for(i=0;i<5;i++)
        printf("%c",a[i]);              // 字符数组 a 元素的引用
    printf("\n");
    printf(" 字符数组 b:");
    for(i=0;i<6;i++)
        printf("%c",b[i]);              // 字符数组 b 元素的引用
    printf("\n");
}
```

运行结果： 字符数组a:abcde
字符数组b:12345

3.3.4 字符数组的输入、输出

字符数组的输入、输出有两种方法。

1. 用格式符"%c"逐个字符输入、输出

【例 3.5】 字符数组逐个字符的输入、输出。

```c
#include <stdio.h>
int main(void)
{
    int i;
    char c[5];                    // 定义字符数组
    printf(" 请输入 5 个字符 :");
    for(i=0;i<5;i++)
        scanf("%c",&c[i]);        // 逐个字符输入
    printf(" 字符数组元素 :");
    for(i=0;i<5;i++)
        printf("%c",c[i]);        // 逐个字符输出
    printf("\n");
}
```

运行情况： 请输入5个字符:abc12
字符数组元素： abc12

在输入字符时，系统将输入的空格、换行符作为有效字符赋给数组元素。例如：
请输入5个字符:a b c d e
字符数组元素： a b c

2. 用格式符"%s"对整个字符串一次输入、输出

【例 3.6】 字符串的格式化输入、输出。

```c
#include <stdio.h>
int main(void)
{
    char str[10];
    printf(" 请输入字符串 :");
    scanf("%s",str);              // 输入字符串
    printf("%s\n",str);           // 输出字符数组对应的字符串
}
```

运行情况： 请输入字符串:abcdef
abcdef

说明：

1）用"%s"格式符输出字符串时，printf 函数中的输出项是字符数组名，而不是数组元素名，并且输出的字符不包括结束符 '\0'。

2）用"%s"格式符输入字符串时，scanf 函数中的地址项是字符数组名，因为在 C 语言中，数组名就代表了数组的首地址。

3）用 scanf 函数输入字符串时，若输入空格或换行，系统则认为是字符串结束符 '\0'。例如在本例程序运行时，若输入字符串 "abc def"，运行结果如下：

```
请输入字符串:abc def
abc
```

可见，系统只将空格前的字符串 "abc" 送入数组 str 中。那如何将含有空格的字符串送给一个字符数组呢？最简单的办法是用后面介绍的 gets 函数来实现。

【同步练习 3-6】

1）合法的定义是（　　　）。

A．int a[ ]="string";

B．int a[5]={0,1,2,3,4,5};

C．char a="string";

D．char a[ ]={0,1,2,3,4,5};

2）编程：首先定义两个字符数组 str1、str2，并进行初始化赋值，用逐个字符赋值法将自己的姓名对应的拼音字母赋给字符数组 str1，用字符串常量赋值法将 "I love China!" 赋给字符数组 str2；然后分别用格式符 %c 和 %s 分行输出两个字符数组中的内容。

3）编程：首先定义若干个字符数组，然后从键盘上依次输入家长的称谓（字符串）和出生日期（出生年月日对应的字符串）并分别将其存放至不同的字符数组中，最后输出这些信息。家长培养我们不容易，我们一定要好好学习，让他们放心，并记得在他们生日的时候送去你的祝福。

3.3.5　字符串处理函数

C 语言提供了丰富的字符串处理函数，大致可分为字符串的输入、输出、合并、修改、比较、转换、复制、搜索几类，使用这些函数可大大减轻编程的负担。下面介绍几种常用的字符串处理函数。其中，字符串输入函数和输出函数，在使用前应包含头文件"stdio.h"；而其他字符串处理函数，在使用前应包含头文件"string.h"。

1. 字符串输出函数——puts 函数

调用形式为：　　puts（字符串或字符数组名）

其作用是将字符串或字符数组中存放的字符串输出到显示终端，并换行。

2. 字符串输入函数——gets 函数

调用形式为：　　gets（字符数组名）

其作用是从键盘输入一个字符串（可包含空格）到字符数组中，换行符作为字符串输入的结束符。

例如：char　str[6];

　　　gets(str);　　　　　　　//从键盘输入一个字符串，存放至数组 str 中

　　　puts(str);　　　　　　　//输出从键盘上输入的字符串，并换行

汽车计算机基础

```
puts(" 请输入一个整数 :");      // 输出一串字符，并换行
```

3. 字符串连接函数——strcat 函数

调用形式为：   **strcat（字符数组名 1，字符串或字符数组名 2）**

其作用是将字符串或字符数组 2 中的字符串连接到字符数组 1 中字符串的后面，结果放在字符数组 1 中，函数调用后得到一个函数值——字符数组 1 的地址。

说明：

1）字符数组 1 必须足够大，以便容纳连接后的新字符串。

2）连接前，两个字符串的最后都有结束符标志 '\0'，连接时将字符串 1 最后的 '\0' 取消，只在新字符串最后保留 '\0'。

```
例如：char   str1[10]="abc";
      char   str2[10]="XYZ";
      strcat(str1,str2);          // 将字符串 XYZ 连接到字符串 abc 的后面
      strcat(str2,"123");         // 将字符串 123 连接到字符串 XYZ 的后面
      puts(str1);                 // 输出数组 str1 的新字符串 abcXYZ，并换行
      puts(str2);                 // 输出数组 str2 的新字符串 XYZ123，并换行
```

4. 字符串复制函数——strcpy 函数

调用形式为：   **strcpy（字符数组名 1，字符串或字符数组名 2）**

其作用是将字符串或字符数组 2 中的字符串复制到字符数组 1 中。在复制前，若字符数组 1 已被赋值，则复制后，字符数组 1 中原来的内容全被覆盖掉。

说明：

1）字符数组 1 的长度必须大于字符串的长度，或不小于字符数组 2 的长度，以便容纳被复制的字符串。

2）字符数组在定义声明后，不能用赋值语句将一个字符串常量或字符数组直接赋给一个字符数组，而只能用 strcpy 函数将一个字符串常量或字符数组复制到另一个字符数组中去。用赋值语句只能将一个字符赋给一个字符变量或字符数组元素。

```
例如：char c[6];            // 定义字符数组 c
      char d[6]="abcde";    // 定义字符数组 d，同时将字符串常量 "abcde" 赋给数组 d
```

在定义字符数组 c 之后，若要实现将字符串常量 "abcde" 赋给字符数组 c，则下面的语句：

```
              c="abcde";              // 不合法
              c=d;                    // 不合法
              strcpy(c,"abcde");      // 合法
              strcpy(c,d);            // 合法
              c[0]='a';  c[1]='b';  c[2]='c';  c[3]='d';  c[4]='e';  c[5]='\0';  // 合法
```

5. 字符串比较大小函数——strcmp 函数

调用形式为：   **strcmp（字符数组名 1 或字符串 1，字符数组名 2 或字符串 2）**

其作用是比较两个字符串大小。字符串比较的规则是：对两个字符串自左至右逐个

字符相比较（按 ASCII 码值大小比较），直到出现不同的字符或遇到 '\0' 为止。

1）如果字符串 1= 字符串 2，则函数值为 0。

2）如果字符串 1> 字符串 2，则函数值是一个正整数 1。

3）如果字符串 1< 字符串 2，则函数值是一个负整数 -1。

两个字符串进行比较时，要注意：

不能用   if(str1 > str2)   printf("OK!");

而只能用   if((strcmp(str1,str2)> 0)   printf("OK!");

例如：char   str1[5]="abc";

          char   str2[5]="ABC";

          if(strcmp(str1,str2)> 0)   printf("str1 > str2\n");

          else if(strcmp(str1,str2)< 0)   printf("str1 < str2\n");

          else   printf("str1 = str2\n");

【思考】 执行上述代码后，输出结果如何？

6. 字符串长度测试函数——strlen 函数

调用形式为：   **strlen（字符串或字符数组名）**

其作用是测试字符串的实际长度（不包括 '\0' 在内）。

例如：char   str[6]="abcde";

      printf("%d\n",strlen(str));   // 输出数组 str 字符串的实际长度 5

      printf("%d\n",strlen("123"));   // 输出字符串 123 的实际长度 3

7. 字符串转换函数（大写转换为小写）——strlwr 函数

调用形式为：   **strlwr（字符数组名）**

其作用是将字符数组对应字符串中的大写字母转换成小写字母。

8. 字符串转换函数（小写转换为大写）——strupr 函数

调用形式为：   **strupr（字符数组名）**

其作用是将字符数组对应字符串中的小写字母转换成大写字母。

例如：char   str1[10]="ABc";

      char   str2[10]="xyZ";

      puts(strlwr(str1));   // 输出字符串 abc

      puts(strupr(str2));   // 输出字符串 XYZ

【同步练习 3-7】

1）下列语句错误的是（   ）。

A. char   s[7]={'s', 't', 'u', 'd', 'e', 'n', 't'};

B. char   s[8]="student";

C. char   s[8]; strcpy(s,"student");

D. char   s[8]; s="student";

2）下列哪个函数可以进行字符串比较？（　　　）

A. strlen（s）　　　　B. strcpy（s1，s2）　　　　C. strcmp（s1，s2）　　　　D. strcat（s1，s2）

3）下列关于输入、输出字符串的说法，哪一项是正确的？（　　　）

A. 使用 gets（s）函数输入字符串时，应在字符串末尾输入 \0

B. 使用 puts（s）函数输出字符串时，输出结束会自动换行

C. 使用 puts（s）函数输出字符串时，当输出 \n 时才换行

D. 使用 printf（"%s"，s）函数输出字符串时，输出结束会自动换行

4）若有语句 "char str[10]={"china"}；printf（"%d"，strlen（str））；"，则输出结果是（　　　）。

A. 10　　　　　　　　B. 5　　　　　　　　C. china　　　　　　　　D. 6

5）编程，利用数组实现：输入一个字符串，然后将其倒序输出。

第 4 单元

利用函数实现模块化程序设计

学号		姓名		小组成员	
特别注意	造成用电安全或人身伤害事故的，本单元总评成绩计 0 分			单元总评成绩	
素质目标	1）基本职业素养：遵守工作时间，使用实践设备时注意用电安全，实践设备使用完毕后要断电并放于指定位置，程序设计要注重工程规范，养成良好的工作习惯 2）团结协作素养：小组内成员互查程序代码书写规范性、准确性和完整性，取长补短，具有责任意识、团队意识与协作精神 3）自主学习素养：能根据任务要求，查找相关资料解决实际问题；能自主完成同步练习，培养自主学习的意识与一丝不苟、实事求是的工作作风 4）人文素养：具有一定的辩证唯物主义运用能力、安全意识、劳动意识、创新意识、创新能力和强烈的爱国主义精神			学生自评（2分）	
				小组互评（2分）	
				教师考评（6分）	
				素质总评（10分）	
知识目标	1）熟悉定义函数的方法 2）理解函数参数传递及函数返回值的概念 3）掌握函数的两种调用方法 4）掌握普通变量和数组作为函数参数进行信息传递的方法 5）理解并区别变量的类型 6）掌握内部函数和外部函数的概念			学生自评（10分）	
				教师考评（20分）	
				知识总评（30分）	
能力目标	1）能在 VC++ 2010 集成开发环境下，编写、运行和调试 C 语言程序 2）能利用一些功能函数进行主函数的程序设计 3）能编写一些功能函数，利用函数进行结构化、模块化的程序设计			学生自评（10分）	
				小组互评（10分）	
				教师考评（40分）	
				能力总评（60分）	

　　前几个单元的 C 程序都比较简单，只有一个源程序文件（.c 文件），并且在此源程序文件中只有一个函数（主函数）。但在设计复杂的 C 程序时，往往将其划分为若干个程序

模块，每个程序模块作为一个源程序文件，而每个源程序文件可包含多个函数。

本单元的学习目标是：熟悉 C 程序的结构和函数的分类，熟悉定义函数的方法，掌握函数的两种调用方式（一般调用和嵌套调用），能利用数组作为函数参数进行模块化程序设计，能根据问题的需求灵活设置变量的类型，能使用内部函数和外部函数进行模块化程序设计。

任务 4.1　熟悉 C 程序的结构和函数的分类

一个复杂的 C 程序可包括若干个源程序文件（.c 文件、.h 文件等）[一]，而每个源程序文件由预处理命令（文件包含、宏定义、条件编译等）、数据声明（全局变量、数据类型、函数等声明）以及若干函数组成，如图 4-1 所示。

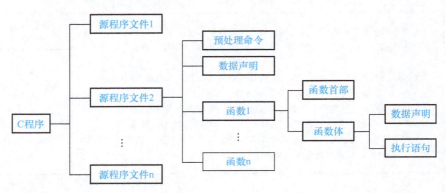

图 4-1　C 程序结构图

这样，在对 C 程序进行编译时，可以实现对每个源程序文件单独进行编译（分块编译），然后再将它们连接起来，形成一个可以执行的目标代码文件。分块编译的优点在于修改一个源文件的代码后，只对这一个文件进行编译，而不必对所有源文件都编译一遍，这样可以节省很多时间。

一个 C 程序必须有且只能有一个主函数，不论主函数在整个程序中的位置如何（main 函数可以放在程序的前面、中间或后面），C 程序总是从主函数开始执行，主函数可以调用其他函数，完成对其他函数的调用后再返回到主函数，最后在主函数中结束整个程序的运行。需要注意的是，主函数可以调用其他函数，而不允许被其他函数调用。

在实际应用的 C 程序中，可将主函数设计得简单些，主要负责调用各个功能函数，依次实现各项功能。这种结构化的程序设计，会使程序的层次结构清晰，便于程序的编写、阅读和调试。

在 C 语言中可从不同的角度对函数进行分类。

1. 从定义函数的角度进行分类

函数可分为库函数和用户自定义函数两种：

[一]　后续将在 7.4.2 节中具体学习。

（1）**库函数** 由 C 语言编译系统提供，用户不用定义，只要在源文件中包含库函数对应的头文件，即可在程序中直接调用库函数。例如，被包含在"stdio.h"头文件中的 printf、scanf、getchar、putchar、gets、puts 等函数，"math.h"头文件中的 abs、sin、cos、log 等函数，均属于库函数。应当说明，不同的 C 语言编译系统提供的库函数的数量和功能不尽相同。在程序设计中，可通过网络等手段查询了解库函数，并加以应用。

（2）**用户自定义函数** 用户根据需要，将实现某个功能的代码编写成相对独立的函数。

2. 从有无返回值的角度进行分类

函数可分为有返回值函数和无返回值函数两种：

（1）**有返回值函数** 此类函数被调用执行完后将向调用者返回一个执行结果，称为函数返回值，如数学函数即属于此类函数。由用户定义的这种要返回函数值的函数，必须在函数定义和函数声明中明确函数的类型（函数返回值的类型）。

（2）**无返回值函数** 此类函数用于完成某项特定的处理任务，执行完成后不向调用者返回函数值。由于函数不需要返回值，用户在定义此类函数时应指定它的函数类型为"空类型"，空类型的标识符为"void"。

3. 从主调函数和被调函数之间数据传递的角度进行分类

函数可分为无参函数和有参函数两种：

（1）**无参函数** 函数定义、函数声明及函数调用中均不带参数，主调函数和被调函数之间不进行参数传送。此类函数通常用来完成一组指定的功能，可以返回或不返回函数值。

（2）**有参函数** 有参函数也称为带参函数。在函数定义及函数声明时都有参数，称为形式参数（简称形参）或虚拟参数；在函数调用时，主调函数也必须给出参数，称为实际参数（简称实参）。进行函数调用时，主调函数将实参的值传递给形参，供被调函数使用。

【**同步练习 4-1**】

1）一个完整的 C 源程序是（　　　）。

A. 由一个主函数或一个及以上的非主函数构成

B. 由一个且仅由一个主函数和零个及以上的非主函数构成

C. 由一个主函数和一个及以上的非主函数构成

D. 由一个且只有一个主函数或多个非主函数构成

2）以下说法正确的是（　　　）。

A. C 语言程序总是从第一个函数开始执行

B. 在 C 语言程序中，可以有多个 main 函数

C. C 语言程序总是从 main 函数开始执行

D. C 语言程序中的 main 函数必须放在程序的开始部分

任务 4.2　熟悉定义函数的方法

在程序设计的过程中，用户经常会根据需要，将实现特定功能的一段程序定义为一个函数，下面介绍函数的定义形式。

4.2.1　定义无参函数

定义无参函数的一般形式如下：

　　类型标识符 函数名（void）
　　{
　　　　声明部分
　　　　执行部分
　　}

其中，类型标识符和函数名组成函数首部。类型标识符指明了函数的类型，即函数返回值的类型。函数名是由用户定义的标识符，函数名后加一对括号，括号内的 void 表示"空"，即函数没有参数，void 也可省略不写。

{}中的内容称为函数体。函数体由声明语句和执行语句两部分组成，其中，声明部分是对函数体内部所用到的变量、类型或其他函数的声明⊖。

例如，定义 fun 函数：

```
int fun(void)
{
    int i,j;
    int sum=0;
    i=2;j=3;
    sum=i+j;
    return  (sum);
}
```

其中 `int i,j;` 和 `int sum=0;` 为声明部分，`i=2;j=3;`、`sum=i+j;`、`return (sum);` 为执行部分。

上面定义的 fun 函数，函数类型为 int 型，实际是函数返回值（变量 sum）的类型。

说明：

1）书写函数体时，一般先写声明部分，后写执行部分。若将上述的 fun 函数体的前三行写成：

```
int i,j;           //声明语句
i=2;j=3;           //执行语句
int sum=0;         //声明语句
```

⊖ C 语言中的声明，分两种：一是定义性声明，如定义变量或数组等；二是非定义性声明，如对外部变量、类型、函数的声明等。

第4单元 利用函数实现模块化程序设计

则系统编译不通过。

若函数体中含有复合执行语句，则在复合执行语句中也可以有声明语句，这将在4.5.1 节的"局部变量"中举例说明。

2）若函数不需要返回值，则函数类型应定义为 void 类型。例如，定义 Hello 函数：

```
void Hello(   )
{
    printf("Hello world\n");
}
```

Hello 函数无返回值，当被其他函数调用时，输出 Hello world 字符串。

4.2.2 定义有参函数

定义有参函数的一般形式如下：

```
类型标识符 函数名（形参列表）
{
    声明部分
    执行部分
}
```

有参函数比无参函数多了一个内容，即形参列表。形参可以是各种类型的变量，若有多个形参，形参之间要用逗号分隔。在进行函数调用时，主调函数将实参的值传递给形参。形参既然是变量，因此必须在形参列表中给出形参的类型标识符。

例如，把"求两个数中的最大值"程序段定义成一个 max 函数：

```
int max(int x,int y)
{
    int z;
    if(x>y)    z=x;
    else       z=y;
    return    (z);
}
```

第一行是函数首部，声明 max 函数是一个整型函数，其函数返回值是一个整型数据。两个形参 x、y 均为整型变量，x、y 的具体值是由主调函数在调用时传递过来的。max 函数体中的 return 语句是把 z 的值作为函数值返回给主调函数。有返回值的函数中至少应有一个 return 语句。

▪ 任务 4.3 掌握函数的两种调用方式

函数被定义之后，即可被其他函数调用。下面将介绍函数的一般调用和嵌套调用。

4.3.1 函数的一般调用

函数的一般调用流程如图 4-2 所示，f1 函数在运行过程中，调用 f2 函数时，即转去执行 f2 函数，f2 函数执行完毕后返回 f1 函数的断点处，继续执行 f1 函数断点后的语句。

图 4-2 函数的一般调用流程

1. 函数的一般调用形式

无参函数的调用形式为： 函数名（）

例如，4.2.1 节中的 Hello 函数调用语句可写为：Hello（ ）;

有参函数的调用形式为： 函数名（实参列表）

调用有参函数时，主调函数将"实参"的值传递给被调函数的"形参"，从而实现主调函数向被调函数进行信息传递。如果实参列表包含多个实参，则各参数之间要用逗号隔开，实参与形参的个数应相等、类型应匹配，实参与形参按顺序对应，一一传递信息。

【例 4.1】 有参函数的一般调用：求两个数的最大值。

```c
#include <stdio.h>
int max(int x,int y);                  // 对 max 函数进行声明
int main(void)
{
    int a,b,c;
    printf(" 请输入两个整数：");
    scanf("%d%d",&a,&b);
    c=max(a,b);                         // 调用 max 函数
    printf("a=%d,b=%d,max=%d\n",a,b,c);
}
int max(int x,int y)                    // 定义有参函数
{
    int z;
    if(x>y)  z=x;
    else     z=y;
    return  (z);                        // 向主调函数返回 z 的值
}
```

运行情况：
请输入两个整数：3 2
a=3,b=2,max=3

主函数调用 max 函数时，将实参 a、b 的值分别传递给 max 函数的形参 x、y，max 函数最后通过 return 语句向主函数返回 z 的值，其调用过程如图 4-3 所示。

2. 关于函数调用时"参数传递"的几点说明

1) 形参变量只有在发生函数调用时才被临时

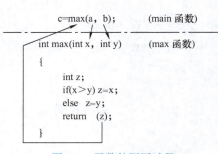

图 4-3 函数的调用过程

分配内存单元。在调用结束后，形参所占用的内存单元也被释放。实参与形参占用不同的存储空间。

2）实参向形参传递的信息，只能由实参传递给形参，而不能由形参传递给实参，即"**单向信息传递**"。在执行一个被调函数时，形参的值如果发生改变，并不会改变主调函数的实参值。

3）当形参为**普通变量**（基本类型的变量）时，实参可以是常量、变量或表达式，但必须有确定的值。

【例 4.2】 函数参数传递。

```
#include <stdio.h>
void fun(int x,int y);        // 对 fun 函数进行声明
int main(void)
{
    int a=1,b=3；
    fun(a,b);                 // 调用 fun 函数
    printf("a=%d,b=%d\n",a,b);
}
void fun(int x,int y)         // 定义有参函数
{
    x=x+1；
    y=y+1；
    printf("x=%d,y=%d\n",x,y);
}
```

运行结果： x=2,y=4
　　　　　a=1,b=3

函数调用时，实参变量 a、b 分别向形参变量 x、y 传递数值 1 和 3，如图 4-4a 所示；在执行被调函数过程中形参变量 x、y 的值变为 2 和 4，而实参变量 a、b 的值仍为 1 和 3，如图 4-4b 所示。

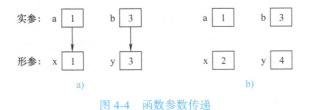

图 4-4　函数参数传递

3. 函数的值

函数的值是指函数被调用之后，执行函数体中的程序段所取得的并返回给主调函数的值，如在例 4.1 中，max（3，2）的值是 3。对函数的值（或称函数返回值）做下列说明：

1）函数的值只能通过函数中的 return 语句获得。return 语句的一般形式如下：

return 表达式；　　或　　　return （表达式）;

该语句的功能是计算表达式的值，并将其值返回给主调函数，如例 4.1 中 max 函数的"return（z);"语句。

需要说明的是，在函数中允许有多个 return 语句，但每次调用只能有一个 return 语句被执行，因此只能返回一个函数值。例如，前面的 max 函数也可以写成下面的形式，但 max 函数被调用时，只能执行其中的某一个 return 语句。

```
int max(int x，int y)
{
    if(x>y)   return (x);
    else   return (y);
}
```

return 语句也可以不含表达式，此时必须将函数定义为 void 类型，其作用只是使流程返回到主调函数，并没有确定的函数值。例如，下面的 fun 函数被调用时，如果 if 语句中的表达式为真，则直接返回到主调函数，否则将执行 if 语句之后的部分。

```
void fun （ ）
{
    if( 表达式 )   return;
    …
}
```

2）函数返回值的类型和定义函数时指定的函数类型应保持一致，若两者不一致，则以函数类型为准，对数值型数据，可自动进行类型转换。定义函数时若不指定函数类型，则 C 编译系统默认为整型。

3）没有返回值的函数，函数的类型应当明确定义为 void 类型，如例 4.2 中的 fun 函数并不向主调函数返回值。

4. 对被调函数的声明

在例 4.1 和例 4.2 的主调函数（主函数）的前面，都对被调函数进行了声明。如果不进行声明，编译系统对程序从上到下进行编译的过程中，遇到被调函数名时，就会认为是一个"陌生人"而报告错误，解决此问题的方法有两种。

1）在主调函数的函数体的开始，或者在源文件中所有函数的前面，对被调函数进行声明。提前向编译系统"打招呼"，让编译系统"提前认识"被调函数。

函数声明（也称为函数原型）的一般形式如下：

　　　类型标识符 函数名（形参类型 1　形参名 1，形参类型 2　形参名 2，…）;
或　　　类型标识符 函数名（形参类型 1，形参类型 2，…）;

其中第一种形式，是在函数首部的基础上加一分号。第二种形式，相比第一种形式，省略了形参名。实际上，编译系统在编译函数声明语句时，只关心形参的个数和类型，而不关心形参名，因此函数声明中的形参名可以省略或者和定义函数时的形参名不一致。尽管如此，在实际程序设计中，还是提倡使用上述第一种形式的函数声明，因为用户可以通过函数声明快速地获取函数的基本信息：函数类型、函数名和函数参数。

2）若在主调函数前面定义被调函数，则不需要额外对被调函数进行声明。

对例 4.1，可以写成下面①、②、③中的任意一种形式。尽管如此，在大型的模块化 C 语言程序设计中，一般提倡使用其中的第①种形式。

①	②	③
#include <stdio.h>	#include <stdio.h>	#include <stdio.h>
int max(int x,int y);	int main(void)	int max(int x,int y)
int main(void)	{	{
{	int max(int x,int y);	…
…	…	}
c=max(a,b);	c=max(a,b);	int main(void)
…	…	{
}	}	…
int max(int x,int y)	int max(int x,int y)	c=max(a,b);
{	{	…
…	…	}
}	}	

需要说明的是，对库函数的调用不需要再进行声明，但必须要把该函数的头文件用 #include 命令包含在源文件前部。

【同步练习 4-2】

1）以下关于函数的叙述，错误的是（　　　　）。

A. 函数未被调用时，系统将不为形参分配内存单元

B. 实参与形参的个数应相等，且实参与形参的类型必须对应一致

C. 当形参是变量时，实参可以是常量、变量或表达式

D. 形参可以是常量、变量或表达式

2）关于函数调用的叙述不正确的是（　　　　）。

A. 实参与其对应的形参共占存储单元

B. 实参与对应的形参分别占用不同的存储单元

C. 实参将其值传递给形参，调用结束时形参占用的存储单元被立即释放

D. 实参将其值传递给形参，调用结束时形参并不将其值回传给实参

3）C 语言中函数返回值的类型是由（　　　　）决定的。

A. return 语句中的表达式类型　　　　B. 调用函数的主调函数类型

C. 调用函数时临时　　　　D. 定义函数时所指定的函数类型

4）若在 C 语言中未指定函数的类型，则系统默认该函数的数据类型是（　　　　）。

A. float　　　　B. long　　　　C. int　　　　D. double

5）定义一个 void 型函数意味着调用该函数时，函数（　　　　）。

A. 通过 return 返回一个用户所希望的函数值

B. 返回一个系统默认值
C. 没有返回值
D. 返回一个不确定的值

6）若程序中定义函数：float fun(float a，float b)
{
return（a+b）;
}
以下对 fun 函数声明的语句中错误的是（   ）。

  A. float fun(float a，b);   B. float fun(float b，float a);
  C. float fun(float，float);   D. float fun(float a，float b);

7）根据例 4.1 程序，编程实现：在主函数运行时，从键盘上输入 3 个整数，然后通过调用 max 函数获得这 3 个整数的最大值，最后输出其最大值。

8）根据例 2.17 程序，编写一个计算非负整数位数的 int_digit 函数，其中，函数参数为待求位数的非负整数 num，函数返回非负整数的位数。

9）编写函数，计算 x 的 n 次方（x 为实数，n 为正整数）。在主函数中输入 x 和 n 的值，调用该函数，并输出结果。

4.3.2　函数的嵌套调用

在 C 语言中，所有函数（包括主函数）都是相互平行、相互独立的。在一个函数内不能再定义另一个函数，即函数不能嵌套定义。但 C 语言允许在调用一个函数的过程中，又调用另一个函数，这样就出现了函数的嵌套调用，如图 4-5 所示。

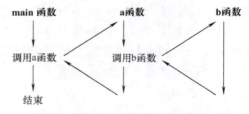

图 4-5　函数嵌套调用示意图

图 4-5 表示了两层嵌套的情形，其执行过程是，在 main 函数运行过程中调用 a 函数，即转去执行 a 函数，在 a 函数中调用 b 函数时，又转去执行 b 函数，b 函数执行完毕后返回 a 函数的断点继续执行，a 函数执行完毕后返回 main 函数的断点继续执行。

【例 4.3】　函数的嵌套调用：加、减、乘、除四则运算。

```
#include <stdio.h>
void add(float x,float y);        // 加法函数声明
void sub(float x,float y);        // 减法函数声明
void mul(float x,float y);        // 乘法函数声明
void div(float x,float y);        // 除法函数声明
void result(float i,float j);     // 四则运算函数声明
```

```c
int main(void)
{
    float a,b;
    printf(" 请输入两个实数 ( 用空格隔开 ):");
    scanf("%f%f",&a,&b);
    printf("a=%f,b=%f",a,b);
    result(a,b);                        // 调用 result 函数
}
void result(float i,float j)            // 定义四则运算函数
{
    add(i,j);                           // 调用加法函数
    sub(i,j);                           // 调用减法函数
    mul(i,j);                           // 调用乘法函数
    div(i,j);                           // 调用除法函数
}
void add(float x,float y)               // 加法函数
{
    printf("add=%f\n",x+y);
}
void sub(float x,float y)               // 减法函数
{
    printf("sub=%f\n",x-y);
}
void mul(float x,float y)               // 乘法函数
{
    printf("mul=%f\n",x*y);
}
void div(float x,float y)               // 除法函数
{
    printf("div=%f\n",x/y);
}
```

运行情况：

```
请输入两个实数（用空格隔开）:3.2 1.5
a=3.200000,b=1.500000
add=4.700000
sub=1.700000
mul=4.800000
div=2.133333
```

汽车计算机基础

在本例中，主函数调用 result 函数，在 result 函数中又调用 add、sub、mul、div 函数，实现了函数的嵌套调用。

需要说明的是，在本程序中，加、减、乘、除 4 个函数的内部使用了相同的变量名（形参变量名），C 语言允许在不同的函数内部使用相同的局部变量名，这个问题将在任务 4.5 中介绍。

【同步练习 4-3】

1）以下关于函数的叙述，错误的是（　　　）。
A. C 语言程序是函数的集合，包括标准库函数和用户自定义函数
B. 在 C 语言程序中，被调用的函数必须在 main 函数中定义
C. 在 C 语言程序中，函数的定义不能嵌套
D. 在 C 语言程序中，函数的调用可以嵌套

2）编程实现：在主函数运行时，从键盘上输入 3 个整数，然后通过调用 min_3 函数获得这 3 个整数的最小值，min_3 函数在执行时，又调用求两个整数最小值的 min 函数，最后在主函数中输出 3 个整数的最小值。

任务 4.4　利用数组作为函数参数进行模块化程序设计

数组可以作为函数的参数，进行数据传递。数组用作函数参数有两种形式：一种是把数组元素作为函数的实参；另一种是把数组名作为函数的实参和形参。

4.4.1　数组元素作为函数实参

数组元素就是下标变量，因此数组元素作为函数实参时与普通变量是一样的。在函数调用时，将实参的值（数组元素的值）传递给形参（变量），实现"单向的值传递"。

【例 4.4】 数组元素作为函数实参：根据学生课程成绩，判断考试结果。

```
#include <stdio.h>
void test(int x);                    // 函数声明
int main(void)
{
    int a[5]={62,57,70,48,85},i;     // 将课程成绩存入数组 a 中
    for(i=0;i<5;i++)
    {
        printf("a[%d]=%d:",i,a[i]);
        test(a[i]);                  // 调用成绩测试函数,数组元素 a[i] 作为实参
    }
}
```

92

第 4 单元　利用函数实现模块化程序设计

```c
void test(int x)                              // 成绩测试函数, 函数参数: 变量 x
{
    if(x>=60)    printf("Pass!\n");           // 通过
    else         printf("Fail!\n");           // 不及格
}
```

运行结果：
```
a[0]=62: Pass!
a[1]=57: Fail!
a[2]=70: Pass!
a[3]=48: Fail!
a[4]=85: Pass!
```

【同步练习 4-4】

编程实现：在主函数中定义一维数组，并将若干个整数存放至该数组，然后用数组元素作为函数实参，依次调用对 3 求余的 mod_3 函数，在 mod_3 函数中，输出一个整数对 3 求余的结果，例如：整数 11，对 3 求余的结果是 2。

4.4.2　数组名作为函数参数

数组名代表数组的首地址，因此数组名作为函数参数时，实参向形参传递的信息是数组的首地址，即**"单向的地址传递"**。

数组名作为函数的实参和形参时，应在主调函数和被调函数中分别定义实参数组和形参数组，并且类型要一致，其中形参数组在定义时可以不指定大小。

【例 4.5】　数组名作为函数的实参和形参。

```c
#include <stdio.h>
void change(int b[ ],int n);          // 函数声明
int main(void)
{
    int a[5]={1,3,5,7,9},i;
    printf(" 函数调用前 :");
    for(i=0;i<5;i++)
        printf("a[%d]=%d   ",i,a[i]);
    printf("\n");
    change(a,5);                      // 调用 change 函数, 实参: 数组名 a、数值 5
    printf(" 函数调用后 :");
    for(i=0;i<5;i++)
        printf("a[%d]=%d   ",i,a[i]);
    printf("\n");
}
void change(int b[ ],int n)           // 形参: 数组名 b、变量 n
```

93

```
{
    int i;
    for(i=0;i<n;i++)
        b[i]++;
}
```

主函数调用 change 函数时,将实参数组名 a 和数值 5 分别传递给形参数组名 b 和形参变量 n。

运行结果: 函数调用前: a[0]=1 a[1]=3 a[2]=5 a[3]=7 a[4]=9
         函数调用后: a[0]=2 a[1]=4 a[2]=6 a[3]=8 a[4]=10

可见,在函数调用之后,实参数组 a 元素的值发生了变化,下面探究其奥秘:

函数调用时,是将实参数组 a 的首地址传递给形参数组名 b,使形参数组名获得了实参数组的首地址,因此形参数组与实参数组为同一个数组,如图 4-6 所示。显然,a[0] 与 b[0] 共占同一存储单元,依次类推,a[i] 与 b[i] 共占同一存储单元,因此当形参数组各元素的值发生变化时,实参数组元素的值也随之变化,这一原理将在 5.3.3 节进一步讲述。

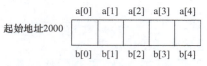

图 4-6　数组名作函数参数的传递过程

这一点与普通变量作函数参数的情况不同,在程序设计中,可以利用这一特点改变实参数组元素的值。

【同步练习 4-5】

1)若用数组名作为函数调用的实参,则传递给形参的是(　　)。
  A. 数组的首地址　　　　　　　　B. 数组中第一个元素的值
  C. 数组中全部元素的值　　　　　D. 数组元素的个数

2)在主函数中输入 5 名学生的语文课成绩并保存至一个数组,然后调用函数计算语文这门课的平均分(数组名作函数参数)。

3)编程,在主函数中依次:定义字符数组,用于存放由 6 位数字组成的密码字符串;输出该字符串;用数组名作为函数实参,调用 encrypt 函数对数字密码进行加密(加密规则是,数字 0、1、2、3、4、5、6、7、8、9 分别转换为字母 C、a、q、X、i、h、b、M、S、r);输出加密后的字符串。通过此题,希望各位同学加强安全防范意识。

【例 4.6】 以数组名作为函数的参数,编写冒泡法排序程序(由小到大)。

```
#include <stdio.h>
#define   N   5              // 宏定义参与排序的数据个数
```

第 4 单元　利用函数实现模块化程序设计

```c
void MPSort(int b[ ],int n)                // 冒泡排序函数 , 形参 : 数组名 b、变量 n
{
    int i,j,t,swap_flag;
    for(i=1;i<n;i++)                       //n 个数 , 共需比较 n-1 轮
    {
        swap_flag = 0;                     // 交换标志 :0 表示无交换 ,1 表示有交换
        for(j=0;j<n-i;j++)                 // 第 i 轮需要比较 n-i 次
        {
            if(b[j]>b[j+1])                // 依次比较两个相邻的数 , 将大数放后面
            {
                t=b[j];   b[j]=b[j+1];   b[j+1]=t;   swap_flag=1;   // 交换
            }
        }
        if(swap_flag==0)    break;         // 若本轮无交换 , 则结束比较
    }
}
int main(void)
{
    int a[N],i;
    printf(" 请输入 %d 个整数 :",N);
    for(i=0;i<N;i++)
        scanf("%d",&a[i]);                 // 将 N 个数据存入数组 a
    printf(" 排序前 :");
    for(i=0;i<N;i++)
        printf("%5d",a[i]);                // 输出排序前的 N 个数据
    printf("\n");
    MPSort(a,N);        // 调用冒泡排序函数 , 实参 : 数组名 a、数值个数 N
    printf(" 排序后 :");
    for(i=0;i<N;i++)
        printf("%5d",a[i]);                // 输出排序后的 N 个数据
    printf("\n");
}
```

运行情况：

```
请输入5个整数:5 -1  0  12  -6
排序前:    5   -1    0   12   -6
排序后:   -6   -1    0    5   12
```

【同步练习 4-6 】

写出以数组名作函数参数 , 由大到小的冒泡排序函数。

任务 4.5 灵活设置变量的类型

从变量的作用域（作用范围）角度，变量可分为局部变量和全局变量。从变量值存在的时间（生存期）角度，变量有静态存储和动态存储两种存储方式。

4.5.1 局部变量和全局变量

1. 局部变量

在函数或复合语句的内部定义的变量是内部变量，也称为"局部变量"，只在本函数或复合语句范围内有效，离开本函数或复合语句则无效。例如：

```
int f1(int a)                   // 函数 f1
{
    int b,c;        ┐b、c 有效  ┐
       ⋮            ┘           │ a 有效
}                                ┘

void f2(int x, int y)           // 函数 f2
{
    int z;          ┐z 有效    ┐
       ⋮            ┘          │ x、y 有效
}                               ┘

int main(void)                  // 主函数
{
    int i,j;                              ┐
       ⋮                                   │
    if(i>100)                              │
    {                                      │
        char s[30];  ┐                     │ i、j 有效
        gets(s);     │s 有效               │
        process(s);  ┘                     │
    }                                      │
}                                          ┘
```

在 f1 函数内定义的 3 个变量，a 为形参，b、c 为一般变量，只在 f1 函数范围内有效，即其作用域限于 f1 函数内。在 f2 函数中定义的 3 个变量 x、y、z，作用域限于 f2 函数内。在主函数内定义的两个变量 i、j，作用域限于主函数内；在复合语句中定义的字符数组 s，作用域仅限于复合语句内。

说明：

1）函数的形参是局部变量。

2）主函数中定义的变量也只能在主函数中使用，不能在其他函数中使用，并且主函数也不能使用其他函数中定义的变量。

3）允许在不同的函数中使用相同的局部变量名，它们代表不同的对象，分配不同的内存单元，互不干扰，也不会发生混淆，这就像在不同的教室可以有相同的垃圾篓一样。

4）在条件复合语句中定义局部变量的主要优点在于可以只在需要时才给它分配内存空间，这在嵌入式软件设计中内存不够宽裕时很有用。

2. 全局变量

大家知道，一个 C 源文件可以包含一个或若干个函数。在函数内部定义的变量是内部变量，也称"局部变量"；而在函数外部定义的变量是外部变量，也称"全局变量"。全局变量的有效范围是从定义变量的位置开始到本源文件结束。例如：

```
int m,n;                // 外部变量
int f1(int a)           // 函数 f1
{
    int   b，c；
    ⋮
}

char c1,c2;             // 外部变量
void f2(int x,int y)    // 函数 f2
{
    int   z；
    ⋮
}
int main(void)          // 主函数
{
    int i， j；
    ⋮
}
```

全局变量 c1、c2 的作用范围

全局变量 m、n 的作用范围

m、n、c1、c2 都是全局变量，但它们的作用范围不同。在 main 函数和 f2 函数中都可以使用全局变量 m、n、c1、c2，但在 f1 函数中只能使用全局变量 m、n，而不能使用变量 c1、c2。

说明：

1）在程序中设置全局变量，可以打通函数之间数据联系的通道，使多个函数共用全局变量的值，实现资源共享，并且通过函数调用可以得到一个以上的值。

【例 4.7】 输入正方体的棱长，输出其表面积和体积的大小。

```
#include <stdio.h>
float S,V;              // 定义全局变量 S 和 V，分别存放表面积和体积
```

```
void sv(float x)            // 求正方体的表面积和体积函数
{
    S=6*x*x;                // 计算表面积
    V=x*x*x;                // 计算体积
}
int main(void)
{
    float a;                // 定义变量a,存放正方体的棱长
    printf(" 请输入正方体的棱长 :");
    scanf("%f",&a);
    sv(a);                  // 调用求表面积和体积函数
    printf(" 棱长 =%6.2f, 表面积 =%6.2f, 体积 =%6.2f\n",a,S,V);
}
```

程序中定义了两个全局变量 S 和 V，主函数通过调用 sv 函数可以得到这两个全局变量的值。

运行结果：

```
请输入正方体的棱长: 2
棱长= 2.00,表面积= 24.00,体积= 8.00
```

2）如果在同一个源文件中，全局变量与局部变量同名，则在局部变量的作用范围内，全局变量因被"屏蔽"而失效。

【例 4.8】 全局变量与局部变量同名。

```
#include <stdio.h>
int a=1,b=2;                //a、b 为全局变量
int add(int a,int b)        //a、b 为局部变量    ⎫
{                                               ⎪
    int   c;                                    ⎬  形参变量 a、b
    c=a+b;                                      ⎪    的作用范围
    return   (c);                               ⎭
}
int main(void)
{
    int a=3;                //a 为局部变量        ⎫  局部变量 a 和全局变量 b
    printf("%d\n",add(a,b));                     ⎬      的作用范围
}                                                ⎭
```

运行结果： 5

主函数调用 add 函数时，a、b 的值分别是 3 和 2，因此 add 函数返回值应该是 5。

3）若定义全局变量时不赋初值，系统会自动赋初值数值 0 或空字符 '\0'。

最后需要说明的是，尽管使用全局变量有时会带来一些便利，但建议不是非常必要的情况下，尽量不要使用全局变量，其主要原因：①全局变量在程序执行过程中始终占用

内存单元，有时会白白浪费内存单元。②使用全局变量会降低程序的可读性和可靠性，稍不注意可能会因全局变量的值局部变化而引发程序全局乱套。为了实现程序的模块化设计（函数化），提倡通过"实参 – 形参"的方式实现函数之间的信息传递。如果为了实现在函数调用时得到多个值，那么可以使用数组名或指针变量作为函数参数得到多个值（关于指针变量作为函数参数，将在 5.2.3 节中介绍）。

【同步练习 4-7】

1）总结全局变量和局部变量的区别。
2）C 语言程序中各函数之间可以通过多种方式传递数据，下列不能用于实现数据传递的方式是（　　　）。
　A. 参数的形实（虚实）结合　　　　　　B. 函数返回值
　C. 全局变量　　　　　　　　　　　　　D. 不作为参数的同名的局部变量

4.5.2 变量的存储方式

从变量值存在的时间（生存期）角度，变量有静态存储和动态存储两种存储方式（存储类别）。静态存储，是指在程序运行期间分配固定的存储空间，即变量在程序整个运行时间内都存在。而动态存储，是指在程序运行期间根据需要（如调用函数时）临时分配存储空间。全局变量使用静态存储方式，而局部变量有静态存储和动态存储两种存储方式。

在 C 语言中，每个变量都有两个属性：存储类别和数据类型。C 语言中有 4 个存储类别标识符：自动的（auto）、静态的（static）、寄存器的（register）和外部的（extern）。在定义变量时，一般应同时指定其存储类别和数据类型。定义变量的完整格式如下：

存储类别　数据类型 变量名；

下面分别介绍局部变量和全局变量（外部变量）的存储类别声明方法。

1. 局部变量的存储类别声明

（1）用 auto 声明动态局部变量　　例如：

```
int f(int x)                    // 定义 f 函数，x 为形参变量
{
    auto int a,b;               // 定义 a、b 为自动局部变量
    ⋮
}
```

用 auto 声明的局部变量 a、b 为动态存储变量。在调用该函数时，系统临时为局部变量 x、a、b 分配存储空间，在函数调用结束时系统自动释放这些存储空间，因此这类局部变量称为自动局部变量，也称为动态局部变量。

实际上，程序中大多数局部变量以及函数的形参变量都是自动局部变量，其关键字"auto"通常省略不写。例如，上述函数体中的"auto int a，b；"通常简写成"int a，b；"。

（2）用 static 声明静态局部变量　　有时希望函数中局部变量的值在函数调用结束后，

其占用的存储单元不被释放，其值不消失而继续被保留，这就需要指定该局部变量为静态存储类型，用关键字 static 进行声明。

【例 4.9】 考察动态局部变量和静态局部变量的值。

```c
#include <stdio.h>
void lv(   );                    // 函数声明
int main(void)
{
    int i;
    for(i=1;i<=3;i++)
    {
        printf(" 第 %d 次调用 lv 函数后 :",  i);
        lv(   );                 // 调用 lv 函数
    }
}
void lv(   )                     // 局部变量函数
{
    auto    int a=1;             // 定义动态局部变量 a
    static  int b=1;             // 定义静态局部变量 b
    a++;
    b++;
    printf("a=%d   b=%d\n",  a,  b);
}
```

运行结果：
```
第1次调用lv函数后：a=2   b=2
第2次调用lv函数后：a=2   b=3
第3次调用lv函数后：a=2   b=4
```

根据运行结果不难看出，变量 a、b 在 3 次函数调用时的初值和函数调用结束时的值的变化情况，如表 4-1 所示。

表 4-1   变量 a、b 的值

第几次调用	函数调用时的初值		函数调用结束时的值	
	a	b	a	b
第 1 次	1	1	2	2
第 2 次	1	2	2	3
第 3 次	1	3	2	4

根据上述分析，用 static 声明的局部变量为静态存储变量，称为"静态局部变量"。

第 4 单元　利用函数实现模块化程序设计

【例 4.10】　考察静态局部变量和静态局部数组的系统默认初值。

```c
#include    <stdio.h>
int main(void)
{
    static int    a;          // 定义静态局部变量
    static char b;            // 定义静态局部变量
    static int    c[5];       // 定义静态局部数组
    int i;                    // 定义动态局部变量
    printf("i=%d\n",i);
    printf("a=%d\n",a);
    printf("b='%c'\n",b);
    for(i=0;i<5;i++)
        printf("c[%d]=%d\n",i,c[i]);

}
```

运行结果：

```
i=-858993460
a=0
b=' '
c[0]=0
c[1]=0
c[2]=0
c[3]=0
c[4]=0
```

从运行结果看，若定义静态局部变量时不赋初值，系统会自动赋初值数值 0 或空字符 '\0'；但若定义动态局部变量时不赋初值，系统则会随机赋予其不确定的值。

现对 static 声明的静态局部变量和 auto 声明的动态局部变量进行比较，如表 4-2 所示。

表 4-2　static 声明的静态局部变量与 auto 声明的动态局部变量的比较

	static 声明的静态局部变量	auto 声明的动态局部变量（auto 可省略）
存储类别	静态存储，在程序整个运行期间都不被释放	动态存储，函数调用结束后即被释放
变量的值	编译时赋初值，即只赋值一次。函数调用结束时，其值仍被保留。下次调用函数时，其值为上次函数调用结束时的值	在函数调用时临时赋初值，每次调用函数时重新赋初值
	若定义变量时不赋初值，系统会自动赋数值 0 或空字符 '\0'	若定义变量时不赋初值，其初值不确定

说明：虽然静态局部变量在函数调用结束后其值仍被保留，但仅限本函数（或复合语句）使用，而其他函数不能引用它。

静态局部变量常见的应用场合：需要保留上次函数调用结束时的值。

【例 4.11】　定义一个具有秒计数功能的 timer 函数，CPU 每隔 1s 执行 1 次该函数，对秒变量 snd 和分变量 min 进行更新，当分变量 min 的值增大到 60 时，min 的值恢复至 0。

101

参考程序如下：

```c
void timer(void)
{
    static int snd=0,min=0;      // 定义静态局部变量 snd、min, 分别存放秒、分钟的值
        snd ++;                  // 秒加 1
        if(snd == 60)
        {
            snd = 0;             // 秒清 0
            min++;               // 分钟加 1
            if(min == 60)   min = 0;    // 分钟清 0
        }
}
```

（3）用 register 声明寄存器变量　一般情况下，变量是存放在内存中的，当一个变量被频繁读写时，需要反复访问内存，花费大量的存取时间。为此，可用 register 将变量声明为"寄存器变量"，则变量将被存放在 CPU 的寄存器中，使用时可以直接从 CPU 的寄存器中读写（其读写速度远高于内存的读写速度），从而提高程序执行效率。对于循环次数较多的循环控制变量及循环体内反复使用的变量均可定义为寄存器变量，而循环计数是应用寄存器变量的首选。

【例 4.12】 使用寄存器变量，输出 1+2+3+…+1000 的值。

```c
#include <stdio.h>
int main(void)
{
    register long i,s=0;         // 定义寄存器变量 i、sum
    for（i=1;i<=1000;i++）
        s=s+i;
    printf（"sum=%ld\n",s）;
}
```

运行结果：sum=500500

说明：

1）由于寄存器变量采用动态存储方式，因此只有动态局部变量才可以定义为寄存器变量，而全局变量和静态局部变量都不能定义为寄存器变量。

2）寄存器变量只能用于整型变量和字符变量。

3）现在很多编译系统会自动识别读写频繁的内存变量，并将其优化为 CPU 寄存器变量（不需要程序设计者指定），以提高变量的存储和读写速度。但要注意的是，在实际应用中，却有一些内存变量是不希望被优化为寄存器变量的，此时需要在定义内存变量时使用关键字"volatile"进行限定。例如：volatile int i;

变量 i 被定义后，编译系统就不会将其优化为寄存器变量，程序执行过程中，始终通

过该变量的内存地址对变量进行操作。如果没有 volatile 关键字，则编译系统可能会暂时使用 CPU 寄存器来存储该变量，以提高存储和读写速度，这样，CPU 寄存器的值和变量内存地址中的值很可能出现不一致的情况。例如，如果编译系统将计算机 I/O 口的状态优化为寄存器变量，则当外设操作（如按键）引起 I/O 口的状态发生变化时，I/O 口对应的内存地址中的内容随之发生变化，但 CPU 寄存器的内容可能还是以前的历史值，即 CPU 认为 I/O 口的状态没有变化。可想而知，如果将 I/O 口的状态值作为选择程序或循环程序的判断条件时，程序执行就会乱套。因此为了使程序正确执行，需要对 I/O 口状态进行 volatile 限定，即防止被编译系统优化为寄存器变量。

常用的 volatile 变量使用场合有：设备的硬件寄存器、中断服务程序中访问到的非自动变量、操作系统环境下多线程应用中被多个任务共享的变量。

2. 全局变量（外部变量）的存储类别声明

（1）用 extern 声明已经定义的外部变量（扩展外部变量的作用域） 在实际的程序设计中，extern 主要用于下面介绍的在多个文件的程序中声明已经定义的外部变量。如果一个 C 程序包括两个文件，在两个文件中都要用到同一个外部变量 A，则不能在两个文件中同时定义这个外部变量，否则在进行程序连接时将会出现"重复定义"的错误。正确的做法是：在任一个文件中定义外部变量 A，而在另一个文件中用 extern 对 A 进行"外部变量声明"，即"extern A;"。

【例 4.13】 用 extern 将外部变量的作用域扩展到其他文件：输入一个数，求其二次方值。

● 文件 file1.c 中的内容：

```
#include <stdio.h>
int A;                      // 定义外部变量 A
int sq(   );                // 函数声明
int main(void)
{
    int y;
    printf(" 请输入一个整数 :");
    scanf("%d",&A);
    y=sq(   );              // 调用求二次方函数
    printf("%d^2=%d\n",A,y);
}
```

● 文件 file2.c 中的内容：

```
extern A;   // 声明 A 是一个已经定义的外部变量 , 也可以写成 :extern int A;
int sq （ ）
{
    return  （A*A）;
}
```

运行情况：
请输入一个整数: 5
5^2=25

汽车计算机基础

在本例中，file2.c 的开头对变量 A 进行了 extern 声明，将 file1.c 中的外部变量 A 的作用域扩展到 file2.c 中。

如果一个程序有 3 个源文件 file1.c、file2.c、file3.c，共用 file1.c 中的外部变量 A，则需要同时在 file2.c 和 file3.c 的开头添加 "extern A；" 声明。3 个源文件经过编译、连接后，生成一个可执行的文件。

（2）用 static 声明静态外部变量（缩小外部变量的作用域） 有时在程序设计中希望某些外部变量仅限于本文件引用，而防止被其他文件引用。此时，可以在定义外部变量时加 static 声明，将其声明为静态外部变量。例如：

● 文件 file1.c	● 文件 file2.c
static int A;　// 定义静态外部变量	extern int A;
int main(void)	void fun(int n)
{	{
⋮	return　(A*n);
}	}

在文件 file1.c 中定义了一个全局变量 A，但使用了 static 声明，因此变量 A 的作用域仅限于本文件。尽管文件 file2.c 中用了 "extern int A；"，但 file2.c 仍无法使用全局变量 A。

使用静态外部变量，可以避免其他文件对本文件中的外部变量进行干扰误用，这在模块化程序设计中常用到。

【思考与总结】

使用 static 既可以声明局部变量，也可以声明全局变量，其存储方式都是静态存储。当然需要注意的是，全局变量不论是否用使用 static 声明，它都是静态存储方式。对全局变量使用 static 声明，使该变量的作用域仅限于本文件中。而对局部变量使用 static 声明，主要使该变量在整个程序执行期间不被释放，其值得到保留。

【同步练习 4-8】

若在一个 C 语言源程序文件中定义了一个允许其他源文件引用的实型外部变量 a，则在另一文件中可使用的引用声明是（　　　）。

A. extern static float a;　　　　　　　　　　　　　B. float a;

C. extern auto float a;　　　　　　　　　　　　　　D. extern float a;

■ 任务 4.6　使用内部函数和外部函数进行模块化程序设计

根据函数能否被其他源文件调用，可将函数分为内部函数和外部函数。函数一般都是全局的，即外部函数，能被其他的源文件调用。但也可以通过冠名 static 将函数声明为内部函数，仅限于本文件中调用，而防止被其他文件调用。

定义内部函数的形式如下：

    static 类型标识符 函数名（形参列表）
    {
        ⋮
    }

定义外部函数的形式如下：

    [extern] 类型标识符 函数名（形参列表）
    {
        ⋮
    }

可见，若函数首部中冠名 static，则该函数为内部函数；若函数首部中冠名 extern 或省略冠名，则该函数为外部函数。

如在下面 file2.c 文件中，利用 static 使 sq 函数成为内部函数，使其作用域仅限于 file2.c 文件中。因此，尽管在 file1.c 文件中对 sq 函数进行了声明，但仍无法调用 sq 函数。

```
● 文件 file1.c                          ● 文件 file2.c
int sq(int n);         // 外部函数声明   static int sq(int n)   // 定义内部函数
int main（void）                        {
{                                          z=n*n;
    int x，y；                              return （z）；
        ⋮                               }
    y=sq(x);           // 调用外部函数
}
```

若想使 file1.c 文件中的主函数能够调用 file2.c 文件中的 sq 函数，只需将 file2.c 文件中的 sq 函数首部中的冠名"static"去掉或者改为"extern"。

使用内部函数，可以使函数的作用域仅限于所在的文件，在不同的文件中可以有同名的内部函数，互不干扰，这在模块化程序设计中常用到。

【同步练习 4-9】

请写出关键字 extern 和 static 在 C 语言中的作用。

第 5 单元

灵活使用指针处理问题

学号		姓名		小组成员		
特别注意	造成用电安全或人身伤害事故的，本单元总评成绩计 0 分			单元总评成绩		
素质目标	1）基本职业素养：遵守工作时间，使用实践设备时注意用电安全，实践设备使用完毕后要断电并放于指定位置，程序设计要注重工程规范，养成良好的工作习惯 2）团结协作素养：小组内成员互查程序代码书写规范性、准确性和完整性，取长补短，具有责任意识、团队意识与协作精神 3）自主学习素养：能根据任务要求，查找相关资料解决实际问题；能自主完成同步练习，培养自主学习的意识与一丝不苟、实事求是的工作作风 4）人文素养：具有一定的辩证唯物主义运用能力、安全意识、劳动意识、创新意识、创新能力和强烈的爱国主义精神			学生自评 （2分）		
				小组互评 （2分）		
				教师考评 （6分）		
				素质总评 （10分）		
知识目标	1）理解指针的概念 2）掌握指向普通变量的指针及其应用方法 3）掌握指向数组的指针及其应用方法 4）掌握指向字符串的指针及其应用方法 5）掌握指针数组的概念及应用方法			学生自评 （10分）		
				教师考评 （20分）		
				知识总评 （30分）		
能力目标	1）能在 VC++ 2010 集成开发环境下，编写、运行和调试 C 语言程序 2）能利用指针引用普通变量 3）能利用指针引用数组元素 4）能利用指针引用字符串 5）能利用指针数组引用多个数据			学生自评 （10分）		
				小组互评 （10分）		
				教师考评 （40分）		
				能力总评 （60分）		

指针是 C 语言中广泛使用的一种数据类型。通过指针，可以对计算机的硬件地址直接操作，在嵌入式系统与物联网软件设计中应用非常广泛，利用指针编写的嵌入式软件具

有精炼、高效的优点；另外，还可以利用指针和下一单元介绍的结构体类型构成表、树、栈等复杂的数据结构，因此很有必要学习指针知识。

本单元的学习目标是：理解指针的概念，能利用指针引用普通变量、数组元素和字符串，能利用指针数组引用多个数据。

任务 5.1 理解指针的基本概念

如果在程序中定义一个变量，系统在编译时将为这个变量分配内存单元，而每个内存单元都有一个编号，称为"地址"，每个变量名对应一个内存地址。

假如程序中定义了一个单字节整型变量 i，系统为它分配了地址为 2000 的内存单元，根据所学，对变量值的存、取都是通过变量的地址进行的。例如，输入函数语句 "scanf("%d", &i);" 在执行时，将键盘上输入的值送给地址为 2000 的内存单元中。再如，输出函数语句 "printf("%d", i);" 在执行时，根据变量名与地址的对应关系，从地址为 2000 的内存单元中取出变量 i 的值。

以上所讨论的直接按照变量名（对应一个内存地址）进行的访问，称为"直接访问"方式。

除了采用"直接访问"方式，还可以采用"间接访问"方式。将变量 i 的地址存放在另一个变量中，假设定义一个变量 p，用来存放变量 i 的地址，系统为变量 p 分配的地址为 3000，可以通过语句 "p=&i;" 将变量 i 的地址（2000）存放到变量 p 中。此时，变量 p 的值就是 2000，即变量 i 的内存单元地址。要读取变量 i 的值，可以先找到存放"变量 i 的地址"的变量 p，从中取出 i 的地址（2000），然后到地址为 2000 的内存单元取出 i 的值（3），如图 5-1 所示。通过变量 p 能够找到变量 i，可以说变量 p 指向了变量 i，因此在 C 语言中，将地址形象地称为"指针"。

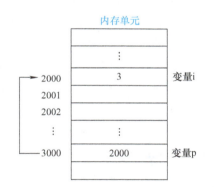

图 5-1 指针的概念

一个变量的地址，称为该变量的"指针"。例如，地址 2000 是变量 i 的指针，而变量 p 用来存放变量 i 的地址，称为"指针变量"。

综上所述，指针是一个地址，而指针变量是存放地址的变量。变量、数组、函数都有地址（其中函数的地址是函数的入口地址），因此相应地，就有指向变量的指针、指向数组的指针、指向函数的指针。

任务 5.2 利用指针引用普通变量

所谓普通变量，是指基本数据类型（整型、实型、字符型）的变量。

如前所述，变量的指针就是变量的地址。存放变量地址的变量是指针变量，用来指向另一个变量。

5.2.1 定义指针变量的方法

定义指针变量的一般形式为：　　　　　　**类型标识符　＊变量名；**

其中，*表示这是一个指针变量，变量名即为定义的指针变量名，类型标识符表示该指针变量所指向的变量的数据类型。

例如：　　int　＊p1；

表示 p1 是一个指针变量，它的值是某个整型变量的地址，或者说 p1 指向一个整型变量。至于 p1 究竟指向哪一个整型变量，应由向 p1 赋予的地址来决定。

再如：　　float　　＊p2；　　//p2 是指向实型变量的指针变量
　　　　　char　　＊p3；　　//p3 是指向字符变量的指针变量

应该注意的是，一个指针变量只能指向同类型的变量，如 p3 只能指向实型变量，不能时而指向一个实型变量，时而又指向一个字符变量。

5.2.2 指针变量的引用

请牢记：指针变量中只能存放地址（指针）。
两个有关的运算符：
1）&：取地址运算符。
2）*：指针运算符（或称"间接访问"运算符），取其指向单元的内容。
例如，在图 5-1 中，&i 表示变量 i 的地址，*p 表示指针变量 p 所指向的存储单元的内容（即 p 所指向的变量 i 的值 3）。

【例 5.1】 通过指针变量访问整型变量。

```
#include <stdio.h>
int main(void)
{
    int a=10,b=20;
    int *p1,*p2;                        // 定义两个指针变量,均指向整型变量
    p1=&a;                              // 取变量 a 的地址,赋给指针变量 p1
    p2=&b;                              // 取变量 b 的地址,赋给指针变量 p2
    printf("a=%d,b=%d\n",a,b);
    printf("a=%d,b=%d\n",*p1,*p2);      // 输出指针变量所指向单元的内容
    printf(" 变量 a 的地址 :%x\n",p1);    // 输出变量 a 的地址
    printf(" 变量 b 的地址 :%x\n",p2);    // 输出变量 b 的地址

}
```

指针变量 p1、p2 分别指向变量 a、b，如图 5-2 所示。

运行结果：
```
a=10,b=20
a=10,b=20
变量a的地址: 12ff44
变量b的地址: 12ff40
```

说明：

1）将整型变量 a 的地址赋给指针变量 p 的方法：

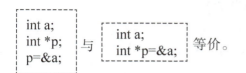 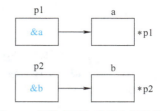

图 5-2 指针变量与变量之间的关系

2）不能直接将一个地址常数赋给一个指针变量，只有强制类型转换后才能赋值。

  int *p=0x12345600;   // 错误

  int *p=(int*)0x12345600; // 正确

3）注意"*p"在定义和引用中的区别：

  定义时，*p 的前面要有类型标识符，表示指针变量 p 是指向哪种类型数据的；

  引用时，*p 的前面没有类型标识符，表示指针变量 p 所指向的存储单元的内容。

4）如果已经执行了下面的语句：

  int a;

  int *p=&a;

则 &*p 和 *&a 的含义分别是什么？

  "&"和"*"优先级相同，并且按照"自右至左"的结合性，因此：

①对于 &*p，先执行 *p，表示变量 a，再执行 & 运算。因此 &*p 与 &a 相同，即变量 a 的地址。

②对于 *&a，先执行 &a，表示变量 a 的地址，也就是变量 p，再执行 * 运算。因此 *&a 与 *p 等价，表示变量 a。

5）在 VC++ 系统中，指针变量在内存中占用 4 字节的空间，读者可以通过 sizeof 运算符进行测试。

【例 5.2】 指针变量的应用：输入两个整数，按由大到小的顺序输出这两个整数。

```
#include <stdio.h>
int main(void)
{
    int a,b;
    int *p1,*p2,*p;
    printf(" 请输入两个整数 ( 用空格间隔 ):");
    scanf("%d%d",&a,&b);
    p1=&a;   p2=&b;
    if(a<b)
    {
        p=p1;   p1=p2;   p2=p;   // 交换指针变量的指向
    }
```

　　　　printf(" 由大到小 :%d,%d\n",*p1,*p2);
}

运行情况：请输入两个整数（用空格间隔）：2 5
　　　　　由大到小：5,2

程序执行时，使指针变量 p1 指向变量 a，p2 指向变量 b，如图 5-3a 所示。当输入 a=2，b=5 时，由于 a<b，将交换 p1 和 p2 的指向，使 p1 指向变量 b，p2 指向变量 a，如图 5-3b 所示。

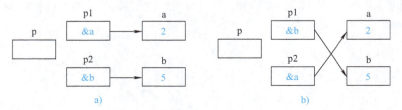

图 5-3　例 5.2 指针变量的指向

可见，变量 a 和 b 的值并未改变，而是指针变量 p1 和 p2 的指向发生了变化，这样在输出 *p1 和 *p2 的值时，就满足了按照由大到小的顺序将两个数输出的要求。

【同步练习 5-1】

1）若有语句 "int *p,a=4;" 和 "p=&a;"，则下面均代表地址的一组选项是（　　）。
A. a、p、*a　　　　　　　　　B. &*a、&a、*p
C. *&p、*p、&a　　　　　　　D. &a、&*p、p

2）若有定义 "int *p, m=5, n;"，则以下的程序段正确的是（　　）。
A. p=&n;　scanf ("%d", &p);　　B. p=&n;　scanf ("%d", *p);
C. scanf ("%d", &n);　*p=n;　　D. p=&n;　*p=m;

3）若有声明 "int i, j=2, *p=&i;"，则能完成 "i=j;" 赋值功能的语句是（　　）。
A. i=*p;　　　B. *p=*&j;　　　C. i=&j;　　　D. i=**p;

4）有下面的程序：

#include　<stdio.h>
int main（void）
{
　　int m=1,n=2,*p=&m,*q=&n,*r;
　　r=p;p=q;q=r;
　　printf ("%d,%d,%d,%d\n",m,n,*p,*q);
}

程序运行后的输出结果是（　　）。
A. 1,2,1,2　　　B. 1,2,2,1　　　C. 2,1,2,1　　　D. 2,1,1,2

5.2.3 指针变量作为函数参数

函数的参数不仅可以是基本类型（整型、实型、字符型）的数据，还可以是指针类型的数据。指针变量作为函数参数，其作用是将一个变量的地址传递到另一个函数中。

【例 5.3】 指针变量（变量的地址）作为函数参数。

```
#include <stdio.h>
void fun(int *p1,int *p2);        // 函数声明
int main(void)
{
    int a=1,b=5;
    int *pa=&a,*pb=&b;            // 定义指针变量
    printf(" 调用 fun 函数前：a=%d,b=%d\n",a,b);
    fun(pa,pb);                   // 调用 fun 函数，指针变量作函数实参
    printf(" 调用 fun 函数后：a=%d,b=%d\n",a,b);
}
void fun(int *p1,int *p2)         // 指针变量作形参
{
    (*p1)++;                      // 使 p1 指向的变量值加 1
    (*p2)++;                      // 使 p2 指向的变量值加 1
}
```

运行结果：

程序运行时，先执行 main 函数，将变量 a 和 b 的地址分别赋给指针变量 pa 和 pb，使 pa 指向 a，pb 指向 b，如图 5-4 所示。主函数调用 fun 函数时，将实参变量 pa 和 pb 的值（变量 a 和 b 的地址）分别传递给形参变量 p1 和 p2，使指针变量 pa 和 p1 都指向变量 a，指针变量 pb 和 p2 都指向变量 b，如图 5-5 所示。

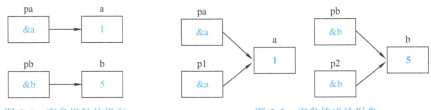

图 5-4 实参指针的指向　　　图 5-5 实参传递给形参

接着执行 fun 函数的函数体，使 *p1 和 *p2 的值都加 1，也就是使 a 和 b 的值都加 1，如图 5-6 所示。函数调用结束后，形参 p1 和 p2 不复存在（已释放），如图 5-7 所示。最后在 main 函数中输出的 a 和 b 的值都是已经变化了的值。

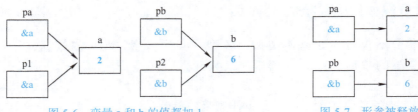

图 5-6 变量 a 和 b 的值都加 1　　　　　图 5-7 形参被释放

需要说明的是，当指针变量作为函数参数，在函数调用时，实参指针变量和形参指针变量指向同一个内存单元，但它们本身却占用不同的内存单元。

【思考与总结】

指针变量作函数参数时，传递的是变量的地址，即"**地址传递**"。函数调用时，使实参和形参指向同一个内存单元，因此当形参所指向单元的值发生变化时，实参所指向单元的值也随之变化。

利用上述特点，在函数调用时可得到多个要改变的值。由例 5.3 可以看出，若想通过函数调用得到 n 个要改变的值，可以在主调函数中设 n 个变量，将这 n 个变量的地址传递给被调函数的形参，通过形参指针变量改变这 n 个变量的值，这样在主调函数中就可以使用这些改变了值的变量。实际上，数组名作为函数参数，其本质也如此。

【例 5.4】 对输入的两个整数进行交换并输出，要求编写数据交换的函数，并要求用指针变量作函数参数。

参考程序如下：

```
#include <stdio.h>
void swap(int *p1,int *p2);           // 函数声明
int main(void)
{
    int a,b;
    printf(" 请输入两个整数 ( 用空格间隔 ):");
    scanf("%d%d",&a,&b);
    printf(" 调用 swap 函数前 :a=%d,b=%d\n",a,b);
    swap(&a,&b);                       // 调用 swap 函数 , 变量的地址作实参
    printf(" 调用 swap 函数后 :a=%d,b=%d\n",a,b);
}
void swap(int *p1,int *p2)    // 指针变量作形参
{
    int temp;
    temp=*p1;    *p1=*p2;    *p2=temp;
}
```

运行情况：
```
请输入两个整数（用空格间隔）：1 5
调用swap函数前: a=1,b=5
调用swap函数后: a=5,b=1
```

在本程序中，主函数调用 swap 函数时，直接将变量 a 和 b 的地址 &a 和 &b 作为函数实参传递给形参指针变量 p1 和 p2，使指针变量 p1 和 p2 分别指向变量 a 和 b。在执行 swap 函数时，p1 所指向单元的数据（a 的值）与 p2 所指向单元的数据（b 的值）进行了交换，即实现了变量 a 和 b 的值进行交换。

【同步练习 5-2】

1）已有变量定义和函数调用语句"int a=25；print_value（&a）；"，下面函数的正确输出结果是（　　）。

```
void print_value(int *x)
{
    printf ("%d\n", ++*x);
}
```

A. 23　　　　　B. 24　　　　　C. 25　　　　　D. 26

2）编程实现：在主函数中，首先定义两个整型变量用于存放键盘上输入的两个整数，然后用指针变量作为函数实参，调用对两个整数进行由大到小排序的 sort 函数，最后输出排序后的两个整数。

任务 5.3　利用指针引用数组元素

5.3.1　指向数组元素的指针

一个变量有一个地址，一个数组包含若干个元素，每个数组元素都在内存中占用存储单元，它们都有相应的地址。指针变量既然可以指向变量，当然也可以指向数组元素（把某一元素的地址存放到一个指针变量中）。数组元素的指针就是数组元素的地址。

定义一个指向数组元素的指针变量的方法，与前面介绍的定义指向普通变量的指针变量的方法相同。例如：

int a[10];　　　　// 定义 a 为包含 10 个整型数据的数组
int *p;　　　　　 // 定义 p 为指向整型数据的指针变量
p=&a[0];　　　　 // 对指针变量 p 赋值

将 a[0] 元素的地址赋给指针变量 p，使 p 指向数组 a 的第 0 号元素，如图 5-8 所示。

C 语言规定，数组名代表数组的首地址，即第 0 号元素的地址。因此，下面两个语句等价：

　　　　　　int *p=&a[0]；
　　　　　　int *p=a；

此时，p、a、&a[0] 均代表数组 a 的首地址（首元素 a[0] 的地址）。但要说明的是，p 是变量，而 a、&a[0] 都是常量，编程时要特别注意。

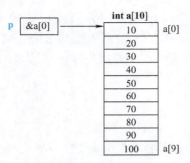

图 5-8 指向数组元素的指针变量

5.3.2 通过指针引用数组元素

C语言规定：如果指针变量p已指向数组中的某一元素，则p+1指向同一数组中的下一个元素，p-1指向同一数组中的上一个元素。如图5-9所示，如果p的初值为&a[0]，则：

1）p+i 和 a+i 就是 a[i] 的地址，即 &a[i]，或者说它们指向数组a的第i个元素。

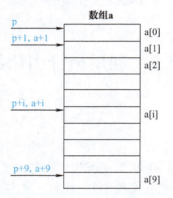

图 5-9 通过指针变量引用数组元素

注意：p+i 的实际地址为 a+i*d，其中 d 为数组的数据类型在内存中占用的字节数。比如在VC++系统中，char型占用1字节，int型占用4字节，因此如果数组a为int型，则p+i的实际地址为a+i*4。

2）*（p+i）或 *（a+i）就是 p+i 或 a+i 所指向的数组元素，即 a[i]。例如，*（p+5）或 *（a+5）就是 a[5]，即 *（p+5）、*（a+5）、a[5] 三者等价。实际上，在编译时，对数组元素 a[i] 就是按 *（a+i）处理的，即按照数组首元素的地址加上相对位移量得到要找的元素的地址，然后找出该单元中的内容。因此 [ ] 实际上是**变址运算符**，即将 a[i] 按 a+i 计算地址，然后找出该地址单元中的值。

3）指向数组的指针变量也可以带下标，如 p[i] 与 *（p+i）等价。

综上所述，引用一个数组元素有两种方法：

1）下标法，如 a[i] 形式。

2）指针法，即采用 *（a+i）或 *（p+i）形式，其中a是数组名，p是指向数组元素的指针变量，其初值 p=a。

【例 5.5】 输出数组中的全部元素。

假设有一个整型数组 a，它有 5 个元素，下面用两种方法输出 5 个元素的值。

（1）下标法

```
#include <stdio.h>
int main(void)
{
    int a[5]={1,3,5,7,9},i;
    for(i=0;i<5;i++)
        printf("%d   ",a[i]);
    printf("\n");
}
```

（2）用指针变量指向数组元素

```
#include <stdio.h>
int main(void)
{
    int a[5]={1,3,5,7,9},i,*p;
    for(p=a;p<a+5;p++)          // 也可写成 :for(p=a,i=0;i<5;i++,p++)
        printf("%d   ",*p);
    printf("\n");
}
```

顺序访问数组元素时，对上述两种方法进行比较：

第（1）种方法，C 语言编译系统是将 a[i] 转换为 *（a+i）处理的，即先计算元素的地址。第（2）种方法，用指针变量直接指向元素，不必每次都重新计算地址，这种有规律地改变地址值（p++）能大大提高执行效率。

在使用指针变量指向数组元素时，要特别注意：

1）可以通过改变指针变量的值（如 p++）而指向不同的元素，这是合法的；而 a++ 是错误的，因为 a 是数组名，它是数组的首地址，是常量。

2）要注意指针变量的当前值，请看下面例 5.6。

【例 5.6】 通过指针变量输入和输出数组 a 的 5 个元素。

```
#include <stdio.h>
int main(void)
{
    int i,a[5];
    int *p=a;
    printf(" 请输入 5 个整数 :");
    for(i=0;i<5;i++)
        scanf("%d",p++);
```

汽车计算机基础

```
    for(i=0;i<5;i++,p++)
        printf("%d   ",*p);
    printf("\n");
}
```

运行情况：`请输入5个整数：1 2 3 4 5`
`0  1245064  4199177  1  2363160`

从运行结果看，没有实现要求。请读者分析错误原因，并改正。

【例5.7】 通过指针变量找出数组元素的最大值和最小值。

```
#include <stdio.h>
int main(void)
{
    int a[5]={23,12,34,78,55};
    int *p,*max,*min;              // 定义3个指针变量
    p=max=min=a;                   // 将3个指针变量同时指向数组首元素
    for(p=a;p<a+5;p++)
    {
        if(*p>*max)   max=p;       // 更新max指向
        if(*p<*min)   min=p;       // 更新min指向
    }
    printf("max=%d,min=%d\n",*max,*min);
}
```

运行结果：`max=78,min=12`

【思考与分析】

有关指针变量的运算，如果指针变量p指向数组a的某元素，则：

1）*p++，由于++和*同优先级，结合方向自右至左，因此等价于*（p++）。

2）*（p++）与*（++p）作用不同。若p的初值为a，则*（p++）等价于a[0]，*（++p）等价于a[1]。

3）(*p)++表示p所指向的元素值加1。

4）若p当前指向数组a中的第i个元素，则：

（p− −）   先对p进行""运算，再使p自减，相当于a[i− −]。

（++p）   先对p自加，再做""运算，相当于a[++i]。

（− −p）   先对p自减，再做""运算，相当于a[− −i]。

5）若指针变量p1和p2都指向同一数组，则p2−p1代表什么含义呢？例如p1和p2分别指向数组元素a[2]和a[5]，即p1=a+2，p2=a+5，则p2−p1=3，可见p2−p1正好是它们所指元素的相对距离。

【同步练习5-3】

1）若有定义" int a[9],*p=a;"，并在以后的语句中未改变p的值，不能表示a[1]地

址的表达式是（　　）。

A. p+1　　　　B. a+1　　　　C. a++　　　　D. ++p

2）若已有定义"int a[5]={15,12,7,31,47},*p;"，则下列语句中正确的是（　　）。

A. for(p=a; a<(p+5); a++);　　　　B. for(p=a; p<(a+5); p++);

C. for(p=a,a=a+5; p<a; p++);　　　D. for(p=a; a<p+5; ++a);

3）类型相同的两个指针变量之间，不能进行的运算是（　　）。

A. <　　　　B. =　　　　C. +　　　　D. -

5.3.3　用数组的首地址作函数参数的应用形式

在 4.4.2 节曾介绍过数组名可以作为函数的实参和形参，例如：

```
int main(void)                    void f(int b[ ],int n)
{                                 {
   int a[10];                         ⋮
      ⋮                           }
   f(a,10);
      ⋮
}
```

a 为实参数组名，b 为形参数组名。如前所学，当用数组名作为函数参数时，如果形参数组中各元素的值发生变化，则实参数组元素的值也随之变化，这个问题在学习指针以后更易理解。

实参数组名代表该数组的首地址，而形参数组名是用来接收从实参传递过来的数组首地址，因此形参应该是一个指针变量（只有指针变量才能存放地址）。实际上，C 语言编译系统都是将形参数组名作为指针变量来处理的，并非真正开辟一个新的数组空间。例如，上面给出的 f 函数的形参是写成数组形式的：

void f(int b[ ], int n)

但在编译时，是将形参数组名 b 按指针变量处理的，相当于将 f 函数的首部写成：

void f(int *b, int n)

以上两种写法是等价的。在该函数被调用时，系统会建立一个指针变量 b，用来存放从主调函数传递过来的实参数组的首地址。

当指针变量 b 接收了实参数组 a 的首地址后，b 就指向了实参数组 a 的首元素 a[0]，因此 *b 就是 a[0]，b+i 指向 a[i]，*（b+i）与 a[i] 等价，如图 5-10 所示。

至此可以知道，普通变量、数组元素、普通变量的地址、指针变量、数组名都可以作为函数参数，现进行总结与比较，如表 5-1 所示。

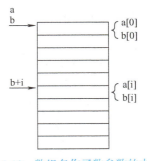

图 5-10　数组名作函数参数的本质

汽车计算机基础

表 5-1 函数参数的比较

实参	常量、普通变量或数组元素	& 普通变量名或指向普通变量的指针变量	数组名或指向数组首元素的指针变量
形参	普通变量	指针变量	数组名或指针变量
传递的信息	实参的值	普通变量的地址	实参数组的首地址
通过函数调用能否改变实参的值	不能	不能，但能改变实参所指向的普通变量的值	不能，但能改变实参所指向的数组的元素值

若有一实参数组，要想通过函数调用改变此数组中元素的值，实参和形参的对应关系有以下 4 种情况。

1）实参和形参都用数组名，例如：

```
int main(void)              void f(int b[ ],int n)
{                           {
    int a[10];                  ⋮
    ⋮                       }
    f(a,10);
    ⋮
}
```

2）实参用数组名，形参用指针变量，例如：

```
int main(void)              void f(int *b,int n)
{                           {
    int a[10];                  ⋮
    ⋮                       }
    f(a,10);
    ⋮
}
```

3）实参和形参都用指针变量，例如：

```
int main(void)              void f(int *b,int n)
{                           {
    int a[10],*p=a;             ⋮
    ⋮                       }
    f(p,10);
    ⋮
}
```

4）实参用指针变量，形参用数组名，例如：

```
int main(void)              void f(int b[ ],int n)
```

```
    {                                    {
        int a[10],*p=a;                     ⋮
            ⋮                            }
        f(p,10);
            ⋮
    }
```

上述 4 种情况的本质是一样的，即实参向形参传递的是数组的首地址，都能通过函数调用，改变实参所指向的数组的元素值。

【例 5.8】 用指针变量作函数形参，改写例 4.5 给出的程序。

```
#include   <stdio.h>
void change(int *b,int n);            // 函数声明
int main(void)
{
    int a[5]={1,3,5,7,9},i;
    printf(" 函数调用前 :");
    for(i=0;i<5;i++)
        printf("a[%d]=%d   ",i,a[i]);
    printf("\n");
    change(a,5);                       // 调用 change 函数 , 实参 : 数组名 a、数值 5
    printf(" 函数调用后 :");
    for(i=0;i<5;i++)
        printf("a[%d]=%d   ",i,a[i]);
    printf("\n");
}
void change(int *b,int n)              // 形参 : 指针变量 b、变量 n
{
    int *p;
    for(p=b;p<b+n;p++)
        (*p)++;
}
```

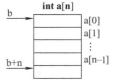

图 5-11　函数参数传递

函数调用时，形参指针变量 b 获取实参数组 a 的首地址，如图 5-11 所示。在 change 函数中，通过改变指针变量 p 的值而指向数组 a 的各个元素，并使各元素的值加 1。

程序运行结果与例 4.5 相同。

通过以上例题可以看出，使用指针变量作函数参数与使用数组名作函数参数的程序运行结果是相同的。但通过指针变量引用数组元素会提高程序的执行效率，因此建议读者要善用指针处理数组问题。

汽车计算机基础

【同步练习 5-4】

1）下面程序段的运行结果是（　　　　）。

```
#include <stdio.h>
void f(int *b)
{
    b[0]=b[1];
}
int main(void)
{
    int a[10]={1,2,3,4,5,6,7,8,9,10},i;
    for(i=2;i>=0;i- -)      f(&a[i]);
    printf("%d\n",a[0]);
}
```

A. 4　　　　　　　　B. 3　　　　　　　　C. 2　　　　　　　　D. 1

2）若有函数首部" int　fun(double x[10],int *n)"，则下面针对此函数的函数声明语句中正确的是（　　　　）。

A. int　fun(double x,int *n);　　　　　　B. int　fun(double x,int n);

C. int　fun(double *x,int n);　　　　　　D. int　fun(double *x,int *n);

3）编写一个计算多个数据平均值的 datas_ave 函数，要求函数参数为两个：第 1 个参数是数组名或指针变量，用于接收实参数组的首地址；第 2 个参数是整型变量，用于接收参与计算的数据个数。函数返回多个数据的平均值（单精度实型）。

■ 任务 5.4　利用指针引用字符串

字符串广泛应用于嵌入式系统与物联网软件设计中，在此主要介绍字符串的引用方式和字符串在函数间的传递方式。

5.4.1　字符串的引用方式

1. 字符数组法

在任务 3.3 中介绍过，可以用字符数组存放一个字符串，然后通过数组名和下标引用字符串中的一个字符，或通过数组名和格式符"%s"输出该字符串。

【例 5.9】用字符数组存放一个字符串，然后输出该字符串和第 4 个字符。

```
#include <stdio.h>
int main(void)
{
    char str[ ]="I love China!";        // 定义字符数组 str
```

```
        printf("%s\n",str);              // 用 %s 格式输出 str 整个字符串
        printf("%c\n",str[3]);           // 用 %c 格式输出一个字符数组元素
}
```

运行结果：

程序中 str 是数组名，它代表字符数组的首地址，如图 5-12 所示。

2. 字符指针法

既然 C 语言对字符串常量是按字符数组处理的，即在内存中开辟一个字符数组用来存放该字符串常量，因此可以将字符串首元素（第 1 个字符）的地址赋给一个指针变量，通过指针变量来访问字符串，该指针就是指向字符串的指针。

【例 5.10】 用字符指针变量输出一个字符串和该串的第 4 个字符。

```
#include <stdio.h>
int main(void)
{
        char *p="I love China!";         // 定义字符指针变量 p，并使其指向字符串的第 1 个字符
        printf("%s\n",p);                // 输出整个字符串
        printf("%c\n",*(p+3));           // 输出第 4 个字符
}
```

运行结果：

程序中定义了字符型指针变量 p，并将字符串常量 "I love China!" 首元素的地址赋给指针变量 p，如图 5-13 所示。

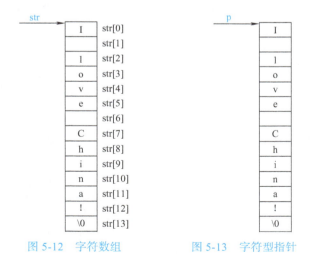

图 5-12　字符数组　　　　图 5-13　字符型指针

在使用"%s"格式输出时，输出项是指针变量 p，系统先输出它所指向的一个字符，然后自动使 p 加 1，使之指向下一个字符，再输出一个字符，……，如此直到遇到字符串结束标志 '\0' 为止。

汽车计算机基础

【同步练习 5-5】

1）若有定义"char a[10]，*b=a;"，不能实现给数组 a 输入字符串的语句是（　　　）。
A. gets(a);　　B. gets(a[0]);　　C. gets(&a[0]);　　D. gets(b);
2）下面程序段的运行结果是（　　）。
　　char *p="abcde";
　　p+=2;
　　printf（"%s"，p）;
A. cde　　　　　　B. 字符 'c'　　　　C. 字符 'c' 的地址 D. 无确定的输出结果
3）编程实现：利用字符指针指向并输出字符串 "Nothing if too difficult if you put your heart into it!"（世上无难事，只怕有心人）。在此希望各位同学遇到困难时，积极面对，发现问题，解决问题，不懈努力，迟早会由量变到质变，最终取得成功，正如习近平总书记所言"幸福是奋斗出来的"。

5.4.2　字符串在函数间的传递方式

在字符串处理运算中，经常需要把一个字符串从一个函数传递给另一个函数，字符串的传递可以用"地址"传递的方法：用字符数组名或字符指针变量作函数参数。主调函数将字符串的起始地址传递给被调函数。

下面通过一个简单例题，对比学习字符数组名和字符指针变量作函数参数的使用方法。

【例 5.11】 字符串的输出。

（1）用**字符数组名**作函数参数

```c
#include <stdio.h>
void string_out1(char  b[]);
void string_out2(char  b[]);
int main(void)
{
    char str[]="abcde\n";
    string_out1(str);
    string_out2(str);
}
void string_out1(char  b[])
{
    int i;
    for(i=0; b[i]!='\0'; i++)
        printf("%c", b[i]);
}
void string_out2(char  b[])
{
    printf("%s", b);
}
```

（2）用**字符指针变量**作函数参数

```c
#include <stdio.h>
void string_out1(char  *b);
void string_out2(char  *b);
int main(void)
{
    char *str="abcde\n";
    string_out1(str);
    string_out2(str);
}
void string_out1(char  *b)
{
    for(; *b !='\0'; b++)
        printf("%c", *b);
}
void string_out2(char  *b)
{
    printf("%s", b);
}
```

以上两个程序的运行结果是完全一样的：`abcde` `abcde`

5.4.3　使用字符数组与字符指针变量的区别

用字符数组和字符指针变量都可以实现对字符串的存储和运算，但两者是有区别的，在使用时应注意以下几个问题：

1. 存储内容不同

字符数组由若干个数组元素组成，每个元素存放一个字符，因此可用来存放整个字符串。将一个字符串赋给一个字符指针变量时，字符指针变量只能存放字符串第 1 个字符的地址，而不能存放整个字符串。

2. 赋值方式不同

（1）对字符数组赋初值　　char st[ ]="C Language";

而不能写成：　　　　char st[20];

　　　　　　　　　st="C Language";

（2）对字符指针变量赋初值　　char *ps="C Language";

也可写成：　　　　char *ps;

　　　　　　　　ps="C Language";

从以上几点可以看出字符数组与字符指针变量在使用时的区别，同时也可以看出使用指针变量处理字符串更加方便。但要注意，在使用指针变量时，需要对指针变量赋予确定的地址。

需要说明的是，若定义了一个指针变量，并使它指向一个字符串，也可以用下标方式引用指针变量所指向的字符串中的字符。

【例 5.12】　用带下标的字符指针变量引用字符串中的字符。

```
#include <stdio.h>
int main(void)
{
    int i;
    char *p="I love China!";    //定义字符指针变量p,并使其指向字符串的第 1 个字符
    for(i=0;p[i]!='\0';i++)
        printf("%c",p[i]);              //通过下标方式引用字符串中的字符
    printf("\n");
}
```

运行结果：`I love China!`

【同步练习 5-6】

1）下面程序段中，不能正确赋字符串（编译时系统会提示错误）的是（　　）。
A. char s[10]="abcdefg";
B. char t[ ]="abcdefg",*s=t;
C. char s[10];   s="abcdefg";
D. char s[10];   strcpy(s,"abcdefg");

2）下面程序段的运行结果是（　　）。

```
#include   <stdio.h>
#include   <string.h>
int main(void)
{
    char *s1="AbDeG",*s2="AbdEg";
    s1+=2;   s2+=2;
    printf("%d\n",strcmp(s1,s2));
}
```

A. 正数　　　　B. 负数　　　　C. 零　　　　D. 不确定的值

任务 5.5　利用指针数组引用多个数据

5.5.1　指针数组的概念

指针数组是指数组的元素均为指针类型的数据，即指针数组用来存放一批地址，每一个元素都存放一个地址。

定义一维指针数组的一般形式为：**类型标识符　*数组名 [数组长度];**

例如：int   *p[3];

由于 [ ] 比 * 优先级高，因此 p 先与 [3] 结合，构成 p[3] 数组的形式，表示数组 p 有 3 个元素；然后再与 p 前面的 * 结合，"*"表示数组 p 是指针类型的，即数组 p 包含 3 个指针，均为指向 int 型数据的指针变量。

下面通过两个简单实例，理解指针数组的概念。

【例 5.13】 利用指针数组指向多个整型变量，并输出各整型变量的值。

```
#include <stdio.h>
int main(void)
{
    int a=10,b=20,c=30,i;
    int *p[3]={&a,&b,&c};    //定义指针数组并使3个元素分别指向3个整型变量
    for(i=0;i<3;i++)
        printf("%d\n",*p[i]);    //利用指针数组引用整型变量
}
```

运行结果：

本例中，定义的指针数组 p 有 3 个元素，分别指向 3 个整型变量 a、b、c，如图 5-14 所示。p[0] 代表变量 a 的地址 &a，而 *p[0] 代表变量 a 的值。

【例 5.14】 利用指针数组指向一维整型数组的各元素，并通过指针数组引用一维整型数组中的各个元素。

```
#include <stdio.h>
int main(void)
{
    int a[3]={10,20,30},i;
    int *p[3]={&a[0],&a[1],&a[2]};    // 定义指针数组，并初始化
    for(i=0;i<3;i++)
        printf("%d\n",*p[i]);         // 利用指针数组引用整型数组元素
}
```

运行结果：

本例中，定义的指针数组 p 有 3 个元素，分别指向一维数组 a 的 3 个元素 a[0]、a[1]、a[2]，如图 5-15 所示。p[0] 代表数组元素 a[0] 的地址 &a[0]，而 *p[0] 代表数组元素 a[0] 的值。

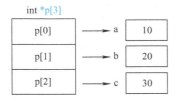 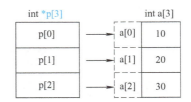

图 5-14　例 5.13 指针数组示意图　　　图 5-15　例 5.14 指针数组示意图

以上两例，仅为了说明指针数组的概念。

5.5.2 利用指针数组处理多个字符串

前面已介绍，一个字符串可用一维数组来存放，而多个字符串可用二维数组存放。若用字符型指针引用多个字符串，则需要多个指针，因此也可利用字符型指针数组处理多个字符串。

【例 5.15】 分别用二维数组和字符型指针数组处理多个字符串。

（1）用二维数组处理多个字符串
```
#include <stdio.h>
int main(void)
{
    char str[3][5]={"ab","abc","abcd"};
    int i;
    for(i=0;i<3;i++)
        printf("%s\n",str[i]);
}
```

（2）用字符型指针数组处理多个字符串
```
#include <stdio.h>
int main(void)
{
    char *ps[3]={"ab","abc","abcd"};
    int i;
    for(i=0;i<3;i++)
        printf("%s\n",ps[i]);
}
```

以上两种方式，运行结果是完全一样的：

```
ab
abc
abcd
```

用上述两种方式处理多个字符串时，有何区别？

1）利用二维数组处理多个字符串：如图 5-16 所示，数组 str 是一个 3 行 5 列的字符数组，每行一个字符串，共 3 行，每行占 5 字节。

2）利用指针数组处理多个字符串：如图 5-17 所示，每个指针数组元素指向一个字符串，这 3 个字符串单独按照各自的长度放在内存中，因此可节省内存空间。

图 5-16　利用二维数组存放多个字符串

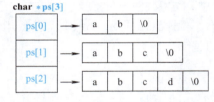

图 5-17　利用指针数组指向字符串

根据例 5.15 可知，字符型指针数组可灵活处理多个字符串数据。

【同步练习 5-7】

1）若有语句 "char *ps[2]={"abcd", "ABCD"};"，则以下说法正确的是（　　）。
A. ps 数组元素的值分别是 "abcd" 和 "ABCD"
B. ps 是指针变量，它指向含有两个数组元素的字符型一维数组
C. ps 数组的两个元素分别存放着含有 4 个字符的一维字符数组的首地址
D. ps 数组的两个元素中各自存放了字符 'a' 和 'A' 的地址

2）编程实现：利用指针数组指向 3 个字符串 "Time is life."、"Unity is strength."、"Nothing can be accomplished without norms or standards."（分别代表时间就是生命、团结就是力量、没有规矩不成方圆之意），并分行依次输出这 3 个字符串。

第 6 单元

利用复杂的构造类型解决实际问题

学号		姓名		小组成员		
特别注意	造成用电安全或人身伤害事故的，本单元总评成绩计 0 分			单元总评成绩		
素质目标	1）基本职业素养：遵守工作时间，使用实践设备时注意用电安全，实践设备使用完毕后要断电并放于指定位置，程序设计要注重工程规范，养成良好的工作习惯 2）团结协作素养：小组内成员互查程序代码书写规范性、准确性和完整性，取长补短，具有责任意识、团队意识与协作精神 3）自主学习素养：能根据任务要求，查找相关资料解决实际问题；能自主完成同步练习，培养自主学习的意识与一丝不苟、实事求是的工作作风 4）人文素养：具有一定的辩证唯物主义运用能力、安全意识、劳动意识、创新意识、创新能力和强烈的爱国主义精神			学生自评（2分）		
				小组互评（2分）		
				教师考评（6分）		
				素质总评（10分）		
知识目标	1）掌握结构体类型的声明方法 2）掌握结构体变量的定义、初始化及成员引用方法 3）掌握结构体指针的定义方法和应用方法 4）熟悉共用体类型和枚举类型的声明方法、变量的定义方法 5）掌握 typedef 声明类型别名的方法和步骤			学生自评（10分）		
				教师考评（20分）		
				知识总评（30分）		
能力目标	1）能在 VC++ 2010 集成开发环境下，编写、运行和调试 C 语言程序 2）能利用结构体变量处理一组数据 3）能利用结构体指针引用结构体变量 4）能理解含有共用体类型和枚举类型的程序 5）能用 typedef 将复杂的类型名声明为简单且见名知意的类型别名，并能利用声明的类型别名定义变量			学生自评（10分）		
				小组互评（10分）		
				教师考评（40分）		
				能力总评（60分）		

可用数组将相同类型的多个数据组合在一起，在实际问题中，一组数据却往往具有不同的数据类型，例如，在学生成绩表中，一个学生的学号为整型，姓名为字符型，性别为字符型，成绩为实型。显然不能用一个数组将某个学生的这些数据组合在一起，因为数

组中各元素的类型和长度都必须一致。此时，可使用结构体类型将不同类型的若干数据组合在一起。有些问题，需要将多个不同类型的变量存放到同一段内存单元中，以便节省内存的开销，此时，可用共用体类型来实现。另外，有些变量的取值仅限于几种可能的列举值，例如一星期只有 7 天，这种变量可声明为枚举类型。

本单元的学习目标是：能利用结构体变量处理一组数据，并学会使用结构体指针引用结构体数据；能理解含有共用体类型和枚举类型的程序，能用 typedef 声明类型别名。

任务 6.1　声明一个结构体类型

C 语言允许用户自己建立由不同类型（或同类型）数据组成的组合型数据结构——"结构体"。例如：

```
struct Student
{
    int  stu_ID;           // 学号
    char name[20];         // 姓名
    char sex;              // 性别
    float score;           // 成绩
};                         // 注意最后要有分号
struct Date
{
    int month;             // 月
    int day;               // 日
    int year;              // 年
};                         // 注意最后要有分号
```

上面由用户分别声明了两个新的结构体类型 struct Student 和 struct Date（struct 是声明结构体类型时所必须使用的关键字，不能省略），它们向编译系统声明这是一个"结构体类型"，其中 struct Student 类型包括 stu_ID、name、sex、score 几个不同类型的数据成员，struct Date 类型包括 month、day、year 几个相同类型的数据成员。

需要说明的是，struct Student 和 struct Date 都是用户声明的数据类型名，它们和系统提供的标准类型（如 int、char、float、double 等）具有相似的作用，都可以用来定义变量、数组等。

声明一个结构体类型的一般形式如下：

```
struct 结构体名
{
    成员列表
};
```

"结构体名"由用户指定，以区别于其他结构体类型，上面的结构体声明中，Student

和 Date 就是两个不同的结构体名。成员列表由若干个成员组成，如上例中的 stu_ID、name、sex、score 都是 struct Student 类型的成员，由各个成员组成一个结构体。对每个成员都应进行声明：类型标识符 成员名；

成员名的命名应符合标识符的书写规定。

【同步练习 6-1】

声明一个商品结构体类型（结构体名为 commodity），其结构如图 6-1 所示（成员 id、name、price、qty、total 分别代表商品的编号、名称、单价、数量和总价。

id	name	price	qty	total
单字节整型	12个字符	单精度实型	基本整型	单精度实型

图 6-1　商品结构体类型结构

在嵌入式网络通信软件设计中，常使用结构体类型对通信数据进行组织管理，其具体应用将在第 14 单元中介绍。

需要说明的是，声明的结构体类型，与基本类型一样，仅相当于一个模型，其中并无具体数据，系统并不对其分配内存空间。系统只对变量或数组分配内存空间，因此为了能在程序中使用结构体类型的数据，应当定义结构体类型的变量或数组，即结构体变量或结构体数组，并在其中存放具体的数据。

任务 6.2　利用结构体变量处理一组数据

下面主要介绍结构体变量的定义、初始化及引用方法。

6.2.1　定义结构体变量的方法

定义结构体变量有以下 3 种方法。

1. 先声明结构体类型，再定义结构体变量

例如：　struct Student
　　　　{
　　　　　　int stu_ID;　　　// 学号
　　　　　　char name[20];　　// 姓名
　　　　　　char sex;　　　　 // 性别
　　　　　　float score;　　　// 成绩
　　　　};
　　　　struct Student stu1, stu2;

定义的两个变量 stu1 和 stu2 都是 struct Student 结构体类型的，都具有 struct Student 类型的结构，如图 6-2 所示。

stu_ID	name	sex	score
1001	Zhang Ming	M	85.5

stu_ID	name	sex	score
1002	Li Ling	F	92.0

图 6-2　结构体变量示意图

这种方式中，声明类型和定义变量分离，在声明类型后可以随时定义变量，使用灵活。在编写大型程序时，常采用此方式定义结构体变量。

需要注意的是，结构体变量在程序执行期间，所有成员一直驻留在内存中。根据结构体类型中包含的成员表，可以计算出结构体类型的长度。例如，上面声明的 struct Student 结构体类型，在 VC++ 系统中的长度是 29 字节（4 + 20 + 1 + 4）。但在 VC++ 系统中利用" sizeof(struct Student);"语句测试结构体类型 struct Student 的长度时，得到的结果不是理论值 29，而是 32。这是因为计算机系统对内存的管理是以"字"为单位的（很多计算机系统以 4 字节为一个字），因此成员 sex 虽然只占 1 字节，但系统仍按 1 个字进行管理，该字的其他 3 字节不会存放其他数据。

2. 在声明结构体类型的同时，定义结构体变量

例如：　struct Student

```
{
        int  stu_ID;        // 学号
        char name[20];      // 姓名
        char sex;           // 性别
        float score;        // 成绩
}stu1, stu2;
```

这种方式中，声明类型和定义变量一起进行，能直接看到结构体的结构，较为直观，在编写小程序时常用此方法。

3. 不指定结构体名而直接定义结构体变量

例如：　struct

```
{
        int  stu_ID;        // 学号
        char name[20];      // 姓名
        char sex;           // 性别
        float score;        // 成绩
}stu1, stu2;
```

这种方式中，由于没有结构体名，因此不能再用此结构体类型去定义其他变量，实际应用较少。

说明：

1）结构体中的成员也可以是一个结构体类型的变量，如图 6-3 所示。

图 6-3　结构体的数据结构示意图

按图 6-3 可给出以下的结构体：

```
struct Date
{
    int month;          // 月
    int day;            // 日
    int year;           // 年
};
struct Student
{
    int  stu_ID;        // 学号
    char name[20];      // 姓名
    char sex;           // 性别
    struct Date birthday;   //birthday 为 struct Date 类型
    float score;        // 成绩
};
struct Student  stu1, stu2;
```

首先声明一个 struct Date 类型，由 month、day、year 这 3 个成员组成；然后再声明 struct Student 类型，将其中的成员 birthday 指定为 struct Date 类型；最后定义 struct Student 类型的两个变量 stu1 和 stu2。

2）结构体中的成员名可与程序中其他变量同名，但二者代表不同的对象，互不干扰。

【同步练习 6-2】

1）若有声明语句"struct stu { int a；float b; } s;"，则下面叙述错误的是（　　）。
A. struct 是结构体类型的关键字　　B. struct stu 是用户声明的结构体类型
C. s 是用户声明的结构体类型名　　D. a 和 b 都是结构体成员名

2）声明一个结构体变量时，系统分配给它的内存是（　　）。
A. 各成员所需要内存量的总和
B. 结构体中第一个成员所需内存量
C. 成员中占内存量最大者所需的容量
D. 结构中最后一个成员所需内存量

3）C 语言中的结构体变量在程序执行期间（　　　）。

A. 所有成员一直驻留在内存中　　　　B. 只有一个成员驻留在内存中

C. 部分成员驻留在内存中　　　　　　D. 没有成员驻留在内存中

4）在 VC++ 系统中，定义以下结构体类型的变量：

```
struct  student
{
    char    name[10];
    int     score[20];
    float   average;
}stud1;
```

则 stud1 占用内存的字节数是（　　　）。

A.64　　　　　　　B.96　　　　　　　C. 120　　　　　　　D.90

6.2.2　结构体变量的初始化

和其他类型的变量一样，结构体变量可以在定义时进行初始化赋值，初始化列表是用花括号括起来的一些常量，这些常量依次赋给结构体变量中的成员。例如：

```
struct Student
{
    int  stu_ID;            // 学号
    char name[20];          // 姓名
    char sex;               // 性别
    float score;            // 成绩
};
struct Student  stu1={1001, "Zhang ping", 'M', 78.5};
```

6.2.3　结构体变量的引用

在定义结构体变量以后，便可引用该变量。在 ANSI C 中除了允许具有相同类型的结构体变量相互赋值以外，一般对结构体变量的输入、输出及各种运算都是通过结构体变量的成员来实现的。

引用结构体变量成员的一般形式为：结构体变量名 . 成员名

例如：　　stu1.stu_ID　　　　　　即第一名学生的学号

　　　　　stu2.sex　　　　　　　即第二名学生的性别

"." 是成员（分量）运算符，它在所有的运算符中优先级最高，因此可以把 stu1.stu_ID 作为一个整体看待。

如果成员本身又是一个结构体类型，则必须逐级找到最低级的成员才能使用。例如：stu1.birthday.month 为第一名学生出生的月份。

第 6 单元　利用复杂的构造类型解决实际问题

【例 6.1】　结构体变量的初始化和引用。

```c
#include <stdio.h>
#include <string.h>
struct Student                          //声明结构体类型
{
    int  stu_ID;                        //学号
    char name[20];                      //姓名
    float score;                        //成绩
};
int main(void)
{
    struct Student stu1={1001, "Sun Li",75.0};        //定义 stu1 变量并初始化
    struct Student stu2,stu3;                         //定义 stu2、stu3 变量
    stu2. stu_ID =1002;                               //引用结构体变量成员，并赋值
    strcpy(stu2.name,"Zhang Ping");
    stu2.score=80.0;
    stu3=stu1;                                        //结构体变量相互赋值
    printf(" 学号 \t 姓名 \t\t   成绩 \n");
    printf("%d  %-20s  %4.1f\n", stu1.stu_ID, stu1.name, stu1.score);
    printf("%d  %-20s  %4.1f\n", stu2.stu_ID, stu2.name, stu2.score);
    printf("%d  %-20s  %4.1f\n", stu3.stu_ID, stu3.name, stu3.score);
}
```

运行结果：

```
学号      姓名                成绩
1001    Sun Li              75.0
1002    Zhang Ping          80.0
1001    Sun Li              75.0
```

printf 函数中的格式 "%–20 s" 表示输出字符串，输出的字符串最小宽度是 20，并且向左靠齐。

对结构体变量的几点说明：

1）结构体变量成员可以和普通变量一样进行各种运算。例如：

> stu3.score=stu2.score+10;
>
> sum=stu1.score+ stu2.score+ stu3.score;

2）可以引用结构体变量成员的地址，也可以引用结构体变量的地址。例如：

> scanf("%f", &stu1.score);　　// 输入 stu1.score 的值
>
> scanf("%s", stu1.name);　　// 输入 stu1.name 的字符串，注意不需要取地址符 &
>
> printf("%x", &stu1);　　// 输出 stu1 的首地址

133

任务 6.3　利用结构体指针引用结构体变量

结构体指针是用来指向结构体数据的指针，一个结构体数据的"起始地址"就是这个结构体数据的指针。若把一个结构体变量的起始地址赋给一个指针变量，则该指针变量就指向这个结构体变量。

6.3.1　指向结构体变量的指针

定义结构体指针变量的一般形式为：struct 结构体名　*结构体指针变量名；

如前声明了 struct Student 结构体类型，若要定义一个指向 struct Student 类型的指针变量 pstu，可写为：struct Student *pstu;

定义结构体指针变量 pstu 后，pstu 就可以用来指向 struct Student 类型的变量。当然也可在声明 struct Student 结构体类型的同时，定义结构体指针变量 pstu。

若结构体指针变量指向了一结构体变量，则可以利用该指针变量访问结构体变量中的各个成员，现以例 6.2 说明其访问方式。

【例 6.2】　通过 3 种方式访问结构体变量中的成员。

```
#include <stdio.h>
struct Student                      // 声明结构体类型
{
    int    stu_ID;                  // 学号
    char   name[20];                // 姓名
    float  score;                   // 成绩
};
int main(void)
{
    struct Student stu1={1002," 张三强 ",78.5};    // 定义结构体变量 stu1 并赋值
    struct Student *pstu=&stu1;     // 定义结构体指针变量 pstu，并指向变量 stu1
    printf(" 学号　姓名　成绩 \n");
    printf("%d  %s  %.1f\n", stu1.stu_ID, stu1.name, stu1.score);
    printf("%d  %s  %.1f\n", (*pstu).stu_ID, (*pstu).name, (*pstu).score);
    printf("%d  %s  %.1f\n", pstu->stu_ID, pstu->name, pstu->score);
}
```

该程序中，结构体指针变量 pstu 指向结构体变量 stu1，如图 6-4 所示。

图 6-4　指向结构体变量的指针

运行结果：

```
学号  姓名  成绩
1002  张三强  78.5
1002  张三强  78.5
1002  张三强  78.5
```

可见，若结构体指针变量指向了一结构体变量，则访问结构体变量的成员时，有以下 3 种方式：

① 结构体变量名 . 成员名　例如：stu1.name

② (* 结构体指针变量名).成员名　例如：(*pstu).name

③ 结构体指针变量名 –> 成员名　例如：pstu–>name

说明：

1）应该注意 (*pstu) 两侧的括号不可少，因为成员符 "." 的优先级高于 "*"。

2）"–>" 代表一个箭头，是指向运算符。

【同步练习 6-3】

如果有下面的定义和赋值，则使用（　　　）不可以输出 n 中 data 的值。

```
struct  SNode
{
    unsigned int id;
    int data;
}n,*p;
p=&n;
```

A. p.data　　　　B. n.data　　　　C. p–>data　　　　D. (*p).data

6.3.2　结构体指针变量作函数参数

将一个结构体变量传递给另一个函数时，可以采用结构体变量作函数参数进行整体 "值传递" 的方式，显而易见，若结构体变量的规模很大时，则在函数参数传递时，时间和空间上的开销将很大。为解决这一问题，自然会想到采用 "地址传递" 的方式：用指向结构体变量的指针变量作函数参数，将结构体变量的起始地址传递给形参，这样会大大提高程序执行效率。

【例 6.3】　用结构体指针变量作函数参数，输出结构体变量的值。

```
#include <stdio.h>
struct Student            // 声明结构体类型
{
    int    stu_ID;        // 学号
    char  name[20];       // 姓名
    float  score;         // 成绩
};
void output(struct Student *p);  // 函数声明
```

```
int main(void)
{
    struct Student stu1={1002," 张三强 ",78.5};    // 定义结构体变量 stu1 并赋值
    struct Student *pstu=&stu1;                    // 定义结构体指针变量 pstu，并指向变量 stu1
    output(pstu);                                  // 调用函数，结构体指针变量作函数实参
}
void output(struct Student *p)                     // 结构体指针变量作函数形参
{
    printf(" 学号   姓名   成绩 \n");
    printf("%d  %s  %.1f\n", p->stu_ID, p->name, p->score);
}
```

运行结果：
```
学号    姓名    成绩
1002    张三强   78.5
```

任务 6.4 熟悉共用体类型和枚举类型

6.4.1 共用体类型

1. 共用体类型的概念

有时需要通过"分时复用内存"的方式，将多个不同类型的变量存放到同一段内存单元中。例如，如图 6-5 所示，将字符变量 c、短整型变量 i、基本整型变量 j 存放在同一地址即以 2000 开始的内存单元中。这种使多个不同的变量共用一段内存的结构，称为"共用体"或"联合体"。

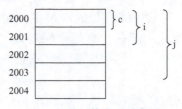

图 6-5 共用体类型示意图

声明一个共用体类型的一般形式如下：

  union 共用体名
  {
    成员列表
  };

第 6 单元　利用复杂的构造类型解决实际问题

例如，可将图 6-5 所示的共用体类型声明如下：

```
union UData
{
    char c;          // 成员 c
    short i;         // 成员 i
    int  j;          // 成员 j
};
```

2. 共用体类型的变量

与其他变量一样，共用体类型的变量要先定义后使用。

（1）定义共用体变量的方法　与结构体变量类似，定义共用体变量有以下 3 种方法。

1）先声明共用体类型，再定义共用体变量。

```
union UData
{
    char c;
    short i;
    int  j;
};
union UData d1,d2,d3;        // 定义共用体类型 union UData 的 3 个变量 d1、d2、d3
```

2）在声明共用体类型的同时，定义共用体变量。

```
union UData
{
    char c;
    short i;
    int  j;
} d1,d2,d3;
```

3）不指定共用体名而直接定义共用体变量。

```
union
{
    char c;
    short i;
    int  j;
} d1,d2,d3;
```

（2）共用体变量的引用方法　在定义共用体变量以后，便可引用该变量。在 ANSI C 中除了允许具有相同类型的共用体变量相互赋值以外，一般对共用体变量的输入、输出及各种运算都是通过共用体变量的成员来实现的。

引用共用体变量成员的一般形式为：　　　**共用体变量名 . 成员名**

例如，前面定义了 d1 为共用体变量，则 d1.c、d1.i、d1.j 分别表示引用共用体变量 d1 的 3 个成员。

（3）结构体与共用体的比较　由上可见，"共用体"和"结构体"的声明、定义变量的形式、变量的引用方法相似，但其含义不同。

结构体变量中的所有成员是"共存"的，每个成员分别占用自己的内存单元，因此结构体变量所占的内存长度是各成员所占内存长度之和。

共用体变量中的各成员是"互斥"的，在任何时刻只能使用其中的一个成员。共用体变量所占的内存长度等于最长成员的长度，例如，上面定义的共用体变量 d1、d2、d3 各占 4 字节（成员 j 占用内存的长度）。

共用体变量的地址和它的各成员的地址是同一地址，例如 &d1 和 &d1.i、&d1.c、&d1.j 相同。共用体变量在程序执行期间，只有一个成员驻留在内存中。

（4）共用体变量的赋值

1）共用体变量的初始化赋值。定义共用体变量时，可以对变量赋初值，但只能对变量的一个成员赋初值，而不能像结构体变量那样对变量的所有成员赋初值。例如：

```
union UData d1 = { 'a'};              // 'a' 赋给变量 d1 的第一个成员 c
union UData d1 = { 'a', 12, 345};     // 错误，{ } 中只能有一个值
union UData d1 = 'a';                 // 错误，初值必须用 { } 括起来
```

2）共用体变量在程序中赋值。定义了共用体变量以后，如果要对其赋值，则只能对其成员赋值，不可对其整体赋值。同类型的共用体变量可以相互赋值。例如：

```
union UData d1, d2,d[10];    // 定义共用体类型的变量、数组
d1={ 'a', 12, 345};         // 错误，不能对变量整体赋值
d1.i = 12;                  // 正确，将 12 赋给 d1 的成员 i
d2=d1;                      // 正确，同类型的共用体变量相互赋值
d[0].c = 'a';              // 正确，将 'a' 赋给 d[0] 的成员 c
```

【同步练习 6-4】

1）当声明一个共用体变量时，系统分配给它的内存是（　　　）。

A. 各成员所需要内存量的总和

B. 第一个成员所需内存量

C. 成员中占内存量最大者所需的容量

D. 最后一个成员所需内存量

2）以下对 C 语言中共用体类型数据的叙述正确的是（　　　）。

A. 可以同时对共用体变量的所有成员赋值

B. 一个共用体变量中可以同时存放其所有成员

C. 一个共用体变量中不可以同时存放其所有成员

D. 共用体类型声明中不能出现结构体类型的成员

3）C 语言中的共用体类型变量在程序运行期间（　　　）。
A. 所有成员一直驻留在内存中　　B. 只有一个成员驻留在内存中
C. 部分成员驻留在内存中　　　　D. 没有成员驻留在内存中

6.4.2 枚举类型

在实际应用中，如果一个变量只有几种可能的取值，例如一星期只有 7 天，那么该变量可定义为"枚举（enumeration）类型"。所谓"枚举"是指将变量的值一一列举出来，变量的值仅限于列举值的范围内。声明枚举类型用 enum 开头，例如：

enum Weekday {Sun, Mon, Tue, Wed, Thu, Fri, Sat};

以上声明了 enum Weekday 枚举类型，花括号中的 Sun、Mon、…、Sat 称为枚举元素或枚举常量。需要注意的是，枚举常量之间是用逗号间隔，而不是分号。

声明枚举类型后，就可以用此类型定义枚举变量，例如：

枚举变量只能取枚举声明中的某个枚举元素值，例如上面定义的枚举变量 workday 和 restday 只能是 7 天中的某一天，如：workday=Mon; restday =Sat;

与结构体类似，也可以在声明枚举类型的同时，定义枚举变量，例如：

enum Weekday{Sun, Mon, Tue, Wed, Thu, Fri, Sat} workday, restday;

或　enum {Sun, Mon, Tue, Wed, Thu, Fri, Sat} workday, restday;

说明：

1）枚举元素表中的每一个枚举元素都代表一个整数，默认值依次为 0、1、2、3、…。如在上面的定义中，Sun 的值为 0，Mon 的值为 1，……，Sat 的值为 6。

如果在声明枚举类型时，人为地指定枚举元素的数值，例如：

enum Weekday{Sun=7, Mon=1, Tue, Wed, Thu, Fri, Sat};

则枚举元素 Sun 的值为 7，Mon 的值为 1，其后的元素按照顺序依次加 1，如 Fri 为 5。

2）只能把枚举元素赋予枚举变量，但不能把元素的数值直接赋予枚举变量。例如：

workday=Mon;　　　　　　// 正确
workday =1;　　　　　　 // 错误

如确实需要把数值赋予枚举变量，则必须要用强制类型转换：

workday = (enum Weekday) 1;

该语句表示，将数值为 1 的枚举元素赋给 workday，相当于 workday=Mon;

3）枚举元素是常量，不是变量，因此不能在程序中再对它赋值。例如：

```
enum Weekday{Sun, Mon, Tue, Wed, Thu, Fri, Sat} workday;    //定义枚举变量
Sun=7;                                                      // 错误
```

4）在 ARM 嵌入式芯片头文件中，使用枚举类型实现了中断向量号的编排，具体应用方法，将在第 9 单元中进一步了解。

【同步练习 6-5】

设有如下枚举类型声明：

  enum language { Basic=3, Assembly, Ada=100, COBOL,Fortran};

枚举元素 Fortran 的值为（　　）。
A. 4　　　　　　B. 7　　　　　　C. 102　　　　　　D. 103

任务 6.5　用 typedef 声明类型别名

除了可以直接使用 C 语言提供的基本类型名（如 int、char、float、double、long 等）和用户自己声明的结构体、共用体、枚举类型外，还可以用 typedef 为已有的类型名声明类型别名。

1. 用"简单且见名知意"的类型别名替代已有的类型名

（1）替代基本类型

```
typedef char            int_8;          //用 int_8 代表有符号 8 位整型
typedef short int       int_16;         //用 int_16 代表有符号 16 位整型
typedef long int        int_32;         //用 int_32 代表有符号 32 位整型
typedef unsigned char   uint_8;         //用 uint_8 代表无符号 8 位整型
typedef unsigned short int  uint_16;    //用 uint_16 代表无符号 16 位整型
typedef unsigned long int   uint_32;    //用 uint_32 代表无符号 32 位整型
```

经过上述声明后，即可用类型别名定义变量，如：

```
int_8     i;            //定义有符号 8 位整型变量 i
uint_16   j;            //定义无符号 16 位整型变量 j
```

使用 typedef 有利于程序的通用与移植。例如，int 型数据在不同的计算机系统可能占用 2 或 4 个字节，那么如果将一个 C 语言程序从一个以 4 字节存放 int 型数据的计算机系统移植到以 2 字节存放 int 型数据的计算机系统时，需要将程序中定义 int 型变量中的每个 int 改为 long，比如将"int i,j,k;"改为"long i,j,k;"。如果程序中有多处用 int 定义变量，则需要改动多处，比较麻烦。而在 C 语言程序中可以用 int_32 来代替 int：typedef int int_32;

然后用 int_32 定义整型数据，例如：

第 6 单元　利用复杂的构造类型解决实际问题

```
int_32  i,j,k;
int_32  a[10],b[20];
```

这样，在程序移植时，只需改动 typedef 声明即可：typedef long int_32;

（2）替代结构体类型

```
typedef  struct
{
    int month;
    int day;
    int year;
}Date, *Date_Ptr;
```

以上声明 Date 为结构体类型名，同时声明 Date_Ptr 为指向该结构体的指针类型名。

```
Date birthday;          // 定义结构体变量 birthday
Date *p1;               // 定义结构体指针变量 p1，指向此结构体类型的数据
Date_Ptr  p2;           // 定义结构体指针变量 p2，指向此结构体类型的数据
```

2. 几点说明

1）用 typedef 声明一个类型别名的方法步骤，如表 6-1 所示。

表 6-1　用 typedef 声明一个类型别名的方法步骤

方法步骤	举　　例
① 先按定义变量的方法写出定义体	short int i;
② 将变量名换成类型别名	short int int_16;
③ 在最前面加上 typedef	typedef short int int_16;
④ 然后就可以用类型别名定义变量	int_16 i;

2）用 typedef 只是对已经存在的类型指定一个类型别名，而没有创造新的类型。

3）typedef 与 #define 在表面上很相似，例如：

#define int_16 short int　和　typedef short int int_16;

表面上，它们的作用都是用 int_16 代表 short int。但事实上，它们是不同的：#define 是在预编译时处理的，它只能做简单的字符串替换；而 typedef 是在编译阶段处理的，并且它不是做简单的字符串替换。例如前面所述：

```
typedef  short int  int_16;
int_16  i;
```

并不是用"int_16"简单代替"short int"，而是首先生成一个类型别名"int_16"，然后用它去定义变量。

4）当在不同源文件中用到同一类型数据（尤其是数组、指针、结构体、共用体等类型数据）时，常用 typedef 声明一些数据类型别名。可以把所有的 typedef 声明单独放在一

141

个头文件中，然后在需要用到它们的文件中用 #include 命令把它们所在的头文件包含进来，以便提高编程效率。

【同步练习 6-6】

1）下面的叙述中不正确的是（　　　）。

A. 用 typedef 可以声明各种类型名，但不能用来定义变量

B. 用 typedef 可以增加新类型

C. 用 typedef 只是将已存在的类型用一个新的标识符来代表

D. 使用 typedef 有利于程序的通用和移植

2）以下各选项企图声明一种类型别名，其中正确的是（　　　）。

A. typedef v1 int;　　　　　　　B. typedef v2=int;

C. typedef int v3;　　　　　　　D. typedef v4; int;

3）若有声明语句 " typedef struct{ int n; char ch[8]; } PER;"，则叙述正确的是（　　　）。

A. PER 是结构体变量名　　　B. PER 是结构体类型名

C. typedef struct 是结构体类型　　D. struct 是结构体类型名

4）用 typedef 将本单元同步练习 6-1 中的结构体类型声明为一个更简单的结构体类型名 Cmdty_Type，同时声明 Cmdty_Ptr 为指向该结构体的指针类型名。

汽车嵌入式技术

基础篇

第 7 单元

闪灯的设计与实现

学号		姓名		小组成员	
特别注意	造成用电安全或人身伤害事故的,本单元总评成绩计 0 分			单元总评成绩	
素质目标	1)基本职业素养:遵守工作时间,使用实践设备时注重用电安全,实践设备使用完毕后要断电并放于指定位置,程序设计要注重工程规范,养成良好的工作习惯 2)团结协作素养:小组内成员互查程序代码书写规范性、准确性和完整性,取长补短,具有责任意识、团队意识与协作精神 3)自主学习素养:能根据任务要求,查找相关资料解决实际问题;能自主完成同步练习,培养自主学习的意识与一丝不苟的工作作风 4)人文素养:具有一定的辩证唯物主义运用能力、产品成本意识、劳动意识、创新意识和创新能力			学生自评 (2 分)	
				小组互评 (2 分)	
				教师考评 (6 分)	
				素质总评 (10 分)	
知识目标	1)熟悉嵌入式系统的组成及嵌入式技术学习方法 2)熟悉 MCU 的资源 3)熟悉 MCU 硬件最小系统 4)理解 GPIO 的通用知识 5)掌握 GPIO 底层驱动构件的使用方法 6)掌握小灯硬件构件和软件构件的设计及使用方法 7)掌握闪灯、流水灯的设计与实现方法			学生自评 (10 分)	
				教师考评 (30 分)	
				知识考评 (40 分)	
能力目标	1)能利用 Keil MDK 集成开发环境下的工程模板进行工程文件的组织和管理 2)能利用 J-Flash 软件进行目标程序的下载和运行 3)能进行 MCU 硬件最小系统和小灯的硬件构件设计 4)能利用 GPIO 底层驱动构件头文件进行小灯软件构件设计 5)能利用小灯构件进行闪灯和流水灯的应用层程序设计			学生自评 (5 分)	
				小组互评 (5 分)	
				教师考评 (40 分)	
				能力总评 (50 分)	

　　在汽车中,灯光除了用于照明,还被广泛用于状态指示(如交通信号灯、汽车指示灯、设备状态指示灯等)。在嵌入式系统中,LED 小灯是必备的状态指示设备。

本单元的学习目标是：利用微控制器点亮一个 LED 小灯，在此基础上再实现流水灯的效果。在本单元中，首先熟悉嵌入式系统的组成以及嵌入式技术学习方法；其次熟悉本书所采用的基于 ARM Cortex-M0+ 内核的车规级微控制器 S9KEAZ128AMLK（简称 KEA128）资源和硬件最小系统；再次理解输入/输出（GPIO）的通用知识，掌握 GPIO 底层驱动构件的使用方法；最后以 LED 小灯为例学习嵌入式硬件构件和嵌入式软件构件的设计及使用方法，掌握在嵌入式软件最小系统的框架下实现 LED 小灯闪烁的应用层程序设计方法，并在此基础上，自行完成流水灯的应用层程序设计。另外，需要掌握嵌入式软件集成开发环境 Keil MDK 及目标程序下载软件 J-Flash 的使用方法，以便为后续的学习奠定良好的基础。

任务 7.1　熟悉嵌入式系统的组成及嵌入式技术学习方法

7.1.1　嵌入式系统的组成

在本书的绪论中，曾介绍过嵌入式系统的概念。目前，以 32 位/64 位 ARM 微处理器为核心的嵌入式系统应用越来越广泛[⊖]。

1. ARM 微处理器的分类

从 2004 年开始，ARM 公司在经典处理器 ARM11 以后不再用数字命名处理器，而统一改用"Cortex"命名，并分为 A、R 和 M 三个系列，旨在为各种不同的市场提供服务。

ARM Cortex-A 系列处理器是基于 ARM v8A/v7A 架构基础的应用处理器（Application Processor，AP），面向具有高计算要求、高级操作系统以及提供交互媒体和图形体验的应用领域，如智能手机、移动计算平台、超便携的上网笔记本计算机或智能笔记本计算机等。

ARM Cortex-R 系列是基于 ARM v7R 架构基础的实时处理器（Real-Time Processor，RTP），面向实时系统，为具有严格的实时响应限制的嵌入式系统提供高性能计算解决方案。目标应用包括硬盘驱动器、数字电视、医疗行业、工业控制、汽车电子等。Cortex-R 处理器是专为高性能、可靠性和容错能力而设计的，其行为具有高确定性，同时保持很高的能效和成本效益。

ARM Cortex-M 系列基于 ARM v7M/v6M 架构基础的处理器，面向对成本和功耗敏感的微控制器（Micro Controller Unit，MCU，国内也称为单片机），用于汽车电子、工业控制、农业控制、智能仪器仪表、智能家电、机电产品等测控领域。

⊖　ARM 这个词，既是公司名称，又是 Advanced RISC Machine 的缩写，其中 RISC（Reduced Instruction Set Computer，精简指令集计算机）相对 CISC（Complex Instruction Set Computer，复杂指令计算机）而言，具有指令数目少、格式一致、执行周期一致、执行时间短、低功耗、低成本等特点。ARM 公司作为设计公司，本身并不生产芯片，而是将技术知识产权（Intellectual Property，IP）授权给世界上著名的半导体厂商（意法半导体、恩智浦、华为等公司），半导体厂商再集成不同的片内外设形成各自特色的 ARM 芯片。

2. MCU 的基本结构

MCU 的基本含义是：在一块芯片上集成了 CPU、ROM、RAM、定时/计数器、中断系统、看门狗及 GPIO、模/数（A/D）转换、数/模（D/A）转换、串行通信 I/O 等多种输入输出接口的比较完整的数字处理系统。图 7-1 给出了典型的 MCU 组成框图，CPU 与其他部件的交互是通过 MCU 内部总线实现的。

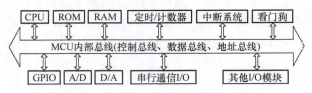

图 7-1　典型的 MCU 组成框图

3. 以 MCU 为核心的嵌入式系统的基本组成

一个以 MCU 为核心的嵌入式系统，一般包括 **MCU 硬件最小系统电路、测控电路和通信电路**。一个以 MCU 为核心的嵌入式系统框图如图 7-2 所示。

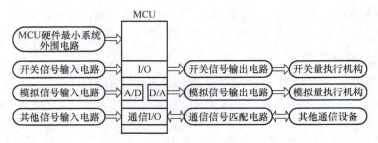

图 7-2　以 MCU 为核心的嵌入式系统框图

1）**MCU 硬件最小系统电路**。MCU 硬件最小系统电路是可以使 MCU 内部程序正常运行的最小规模的电路，主要包括 MCU 和电源、晶振、复位、写入调试器接口等外围电路。

2）**测控电路**。测控电路包括检测电路和控制电路。其中，检测电路包括开关信号、模拟信号和其他信号的输入电路；控制电路包括开关信号和模拟信号的输出电路。

开关信号输入电路：实际的开关信号包括手动开关信号和来自光电开关、电磁开关、干簧管磁开关、声控开关、红外开关等开关类传感器的信号。对 MCU 来说，开关信号就是只有"0"和"1"两种逻辑值的数字信号。

模拟信号输入电路：温度、湿度、浓度、速度、压力、声音、光照、质量等模拟输入信号可通过相应的**传感器**转换为电信号。传感器输出的电信号一般比较微弱，不能被 MCU 直接获取，而需要利用**放大器**对其进行放大，然后通过模数转换器转换成数字信号，供 MCU 接收和处理。目前许多 MCU 内部包含 A/D 转换模块，在实际应用中也可根据需要外接 A/D 转换芯片。需要说明的是，市场上有许多输出数字量的传感器模块，此类模块可以直接与 MCU 的 I/O 接口相连接。

其他信号输入电路：其他信号一般通过某种通信方式输入给 MCU，如全球定位系统（GPS）模块通过异步串行通信（UART）接口与 MCU 相连接。

控制电路：执行机构包括开关量执行机构和模拟量执行机构。其中，开关量执行机构只有"开""关"两种状态,而模拟量执行机构需要连续变化的模拟量控制。MCU 一般不能直接控制这些执行机构,而是需要通过相应的控制电路(如隔离电路和驱动电路)实现。还有一些执行机构,既不是开关量控制,也不是 D/A 量控制,而是"脉冲"量控制,如控制调频电动机。

3)**通信电路**。MCU 可通过某种通信方式与其他设备互联通信,常用的通信方式有并行通信和串行通信两种方式,其中,并行通信是指数据的各位同时在多根并行数据线上进行传输的通信方式,适合近距离、高速通信;而串行通信是指数据在单线(高低电平表征信号)或双线(差分信号)上按时间先后一位一位地传送,其优点是节省传输线,但相对于并行通信来说,速度较慢,串行通信方式又有异步串行通信(UART)、串行外设接口通信(SPI)、集成电路互联通信(I^2C)、通用串行总线(USB)、控制器局域网(CAN)、以太网(Ethernet)、无线传感网络(WSN)等。

7.1.2 嵌入式系统的知识体系和学习建议

根据"由简到难、循序渐进"的学习原则,嵌入式系统的学习应该先学习以 MCU 为核心的嵌入式系统,然后学习以应用处理器为核心的嵌入式系统。

要完成一个以 MCU 为核心的嵌入式应用系统设计,需要硬件、软件协同设计和测试;同时嵌入式系统专用性很强,通常是用于特定的应用领域,因此还需要熟悉嵌入式系统应用领域的相关知识。随着技术的发展,MCU 的硬件集成度越来越高,使得嵌入式硬件设计难度不断降低,因此嵌入式软件设计在整个嵌入式系统开发中所占的分量越来越大。

为了实现嵌入式系统设计的可移植和可复用,嵌入式硬件和软件均需采用"构件化"设计[⊖],其技术基础与实践路线如图 7-3 所示。

嵌入式硬件构件设计主要包括 MCU 硬件最小系统(嵌入式硬件核心构件)设计和应用外设硬件构件(小灯 LIGHT、蜂鸣器 BZ、开关 SW、键盘 KB、数码管 LED、液晶 LCD 等)设计。

嵌入式软件构件设计采用分层设计思想,自下而上依次是"底层驱动构件""应用外设软件构件"和"应用层软件构件",共 3 层软件设计。其中,底层驱动构件和应用外设软件构件都包括对应的 .h 头文件和 .c 源文件,而应用层软件构件包括总头文件 includes.h、主程序源文件 main.c 和中断服务程序源文件 isr.c。

通用软件构件与 CPU 和 MCU 基本无关,是服务于以上 3 层软件设计的,其中公共软件构件主要包括公共文件的包含、公共宏定义和公共函数的实现,而功能软件构件包括一些功能软件的实现(如一些数据结构和算法的实现、printf 输出等)。

对于嵌入式软件设计,还需说明以下 3 点。

1)嵌入式软件设计与调试是在嵌入式硬件的基础上协同进行的,其过程是在个人计算机(PC)上利用嵌入式软件开发环境(如 Keil MDK、IAR 等)进行程序的编辑、编译和连接,生成工程对应的目标代码;最后将生成的目标代码通过写入器下载到嵌入式芯片中运行与调试。嵌入式软件有断点调试、打桩调试、printf 调试等调试方法。

⊖ "嵌入式构件化设计"将在任务 7.4 中具体阐述。

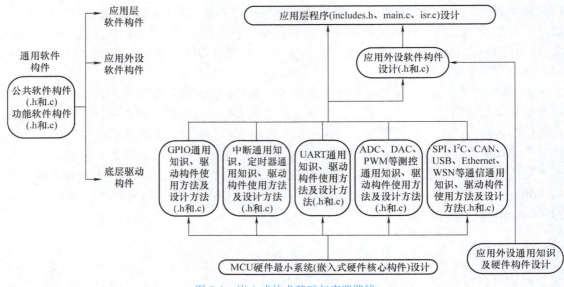

图 7-3　嵌入式技术基础与实践路线

需要注意的是，在通用计算机系统中，程序存储在硬盘上，实际运行时，通过操作系统将要运行的程序从硬盘调入内存（RAM），运行中的程序、常数、变量均在 RAM 中。而以 MCU 为核心的嵌入式系统中，其程序一般被固化到 ROM（如 Flash 存储器）中，而变量及堆栈存储在 RAM 中。

2）MCU 嵌入式软件设计主要采用 C 语言及少量的汇编语言。对于功能复杂的 MCU 嵌入式系统开发，还可根据需要选择使用某种嵌入式操作系统（μC/OS、FreeRTOS、mbed、Linux 等）。

3）在物联网应用中，往往通过 PC 或手机对 MCU 嵌入式系统进行管控，因此该类嵌入式系统开发还需掌握管控软件的设计方法，其中 PC 管控软件一般采用 C# 等面向对象语言进行设计，手机管控软件可以是手机 APP 或微信小程序。

任务 7.2　熟悉 KEA128 资源和硬件最小系统

7.2.1　车规级 KEA 系列 MCU 简介

Kinetis EA（简称 KEA）系列 MCU 是恩智浦公司开发的基于 ARM Cortex-M0+（简称 CM0+）内核的 32 位车规级 MCU，广泛应用于工业和汽车等领域，具有多种灵活的超低功耗模式，适合不同的应用情形，可最大限度地延长电池使用时间；在不唤醒内核的情况下，智能外设在深度睡眠模式下仍然可以工作，可进行智能决策并处理数据。KEA 系列 MCU 包含了一组功能强大的模拟、通信、定时和控制外设，其简明特性和结构框图如图 7-4 所示。

第7单元 闪灯的设计与实现

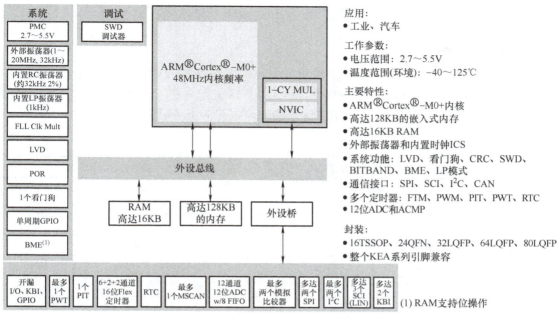

图 7-4 KEA 系列 MCU 简明特性和结构框图

KEA 系列 MCU 有 6 个子系列，分别是内部不含 CAN 模块的 KEAZN8、KEAZN16、KEAZN32、KEAZN64，以及内部含有 CAN 模块的 KEAZ64 和 KEAZ128，其简明资源如表 7-1 所示。所有 KEA 系列 MCU 均具有低功耗与丰富的混合信号控制外设，提供了不同的内存容量和引脚数量，供不同应用场合选型。本书使用的芯片型号为 KEAZ128。

表 7-1 KEA 系列 MCU 的简明资源列表

资源	KEAZNx				KEAZx	
	KEAZN8	KEAZN16	KEAZN32	KEAZN64	KEAZ64	KEAZ128
CPU 频率 /MHz	48	40	40	40	48	48
Flash 容量 /KB	8	16	32	64	64	128
RAM 容量 /KB	1	2	4	4	8	16
GPIO 引脚数	22	57	57	57	71	71
UART	1	3	3	3	3	3
SPI	1	2	2	2	2	2
I²C	1	2	2	2	2	2
MSCAN	0	0	0	0	1	1
PWM	1	0	0	0	1	1
ACMP	2	2	2	2	2	2
12 位 ADC	12 通道	16 通道				
16 位 FTM	两个 FTM 模块，分别有 6 通道、2 通道	三个 FTM 模块，其中一个有 6 通道，另两个均有 2 通道				
封装	16 TSSOP/24 QFN	32/64 LQFP			64/80 LQFP	

149

汽车计算机基础

7.2.2　KEA128 存储映像、引脚功能与硬件最小系统

1. KEA128 的存储映像

KEA128 把 CM0+ 内核之外的模块用类似存储器编址的方式统一分配地址。在 4GB 的存储映像空间内，分布着片内 Flash、SRAM、系统配置寄存器及其他外设等，以便 CPU 通过直接地址进行访问。KEA128 的存储映像空间分配情况如表 7-2 所示。

表 7-2　KEA128 的存储映像空间分配情况

区域划分	系统 32 位地址范围	说明
片内 Flash 区	0x0000_0000 ～ 0x07FF_FFFF	Flash 和只读数据，KEA128 芯片只使用 0x0000_0000 ～ 0x0001_FFFF，128KB，其中前 192B 为中断向量表
	0x0800_0000 ～ 0x1FFF_EFFF	保留
片内 RAM 区	0x1FFF_F000 ～ 0x1FFF_FFFF	SRAM_L 空间，4KB（普通 RAM 区）
	0x2000_0000 ～ 0x2000_2FFF	SRAM_U 空间，12KB（支持位操作 RAM 区）
	0x2000_3000 ～ 0x21FF_FFFF	保留
	0x2200_0000 ～ 0x2205_FFFF	384KB（映射到 12KB 的 SRAM_U 的位带别名区）
	0x2206_0000 ～ 0x23FF_FFFF	保留
	0x2400_0000 ～ 0x3FFF_FFFF	448MB（位操作引擎 BME 访问 SRAM_U）
外设区	0x4000_0000 ～ 0x4007_FFFF	AIPS 外围设备，如 UART、定时器、模块配置等
	0x4008_0000 ～ 0x400F_EFFF	保留
	0x400F_F000 ～ 0x400F_FFFF	GPIO 模块
	0x4010_0000 ～ 0x43FF_FFFF	保留
	0x4400_0000 ～ 0x5FFF_FFFF	448MB（位操作引擎 BME 访问外设 0 ～ 127 槽）
外部 RAM、外设区	0x6000_0000 ～ 0xDFFF_FFFF	保留
私有外设总线区	0xE000_0000 ～ 0xE00F_FFFF	私有外设，如系统时钟、中断控制器、调试接口
系统保留区	0xE010_0000 ～ 0xF000_1FFF	保留
	0xF000_2000 ～ 0xF000_2FFF	ROM 表，存放存储映射信息
	0xF000_3000 ～ 0xF000_3FFF	杂项控制单元 MCM
	0xF000_4000 ～ 0xF7FF_FFFF	保留
	0xF800_0000 ～ 0xFFFF_FFFF	IOPORT：FGPIO（单周期访问），可被内核直接访问

1）片内 Flash 区存储映像。KEA128 片内 Flash 大小为 128KB，地址范围是 0x0000_0000 ～ 0x0001_FFFF，一般被用来存放中断向量、程序代码、常数等，其中前 192B 为中断向量表。

2）片内 RAM 区存储映像。KEA128 片内 RAM 为静态随机存储器 SRAM，大小为 16KB，地址范围是 0x1FFF_F000 ～ 0x2000_2FFF，一般被用来存储全局变量、静态变量、临时变量（堆栈空间）等。这 16KB 的 RAM，在物理上被划分为 SRAM_L 和 SRAM_U 两部分，其中 SRAM_L 的地址范围是 0x1FFF_F000 ～ 0x1FFF_FFFF，SRAM_U 的地址范围是 0x2000_0000 ～ 0x2000_2FFF。该芯片的堆栈空间的使用方向是向小地

址方向进行，因此，堆栈的栈顶可设置为 RAM 地址的最大值。这样，全局变量及静态变量从 RAM 的最小地址向大地址方向开始使用，堆栈从 RAM 的最高地址向小地址方向使用，从而减少重叠错误。

3）**其他存储映像**。其他存储映像，如外设区存储映像（总线桥、GPIO、位操作引擎等）、私有外设总线区存储映像、系统保留区存储映像等，读者只需了解即可，实际使用时，可使用芯片头文件给出宏定义。

2. KEA128 的引脚功能

80LQFP 封装的 KEA128 的引脚分布如图 7-5 所示。

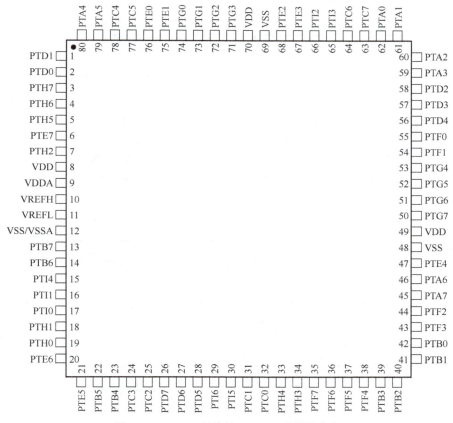

图 7-5　80LQFP 封装的 KEA128 的引脚分布

下面<u>从需求和供给的角度，把 MCU 的引脚分为硬件最小系统引脚和 I/O 端口资源类引脚两大类</u>。

1）**硬件最小系统引脚**。KEA128 硬件最小系统引脚是<u>需要服务</u>的引脚，包括电源、复位、晶振、程序写入接口（Serial Wire Debug，SWD⊖，串行线调试）等引脚，如表 7-3 所示，共 14 个引脚。其中芯片使用多组电源引脚，共 9 个，分别为内部电压调节器、I/O 引脚驱动、ADC 等电路提供电压稳定、电流平衡的电源。

⊖　SWD 适用于所有 ARM 处理器，兼容联合测试行动小组（Joint Test Action Group，JTAG）协议。

汽车计算机基础

表 7-3　KEA128 硬件最小系统引脚

分　类	引脚名	引脚号	功能描述
电源	VDD	8、49、70	电源，典型值：3.3V
	VSS	12、48、69	地，典型值：0V
	VDDA、VSSA	9、12	ADC 模块的输入电源，典型值：3.3V、0V
	VREFH、VREFL	10、11	ADC 模块的参考电压，典型值：3.3V、0V
复位	RESET	79	双向引脚，有内部上拉电阻。作为输入，可通过 1.5 个总线时钟周期以上的拉低脉冲实现芯片复位。作为输出，复位开始后，芯片内部电路驱动该引脚至少维持 34 个总线时钟周期的低电平。上电复位后，该引脚默认为 RESET 功能
晶振	EXTAL、XTAL	13、14	分别为无源晶振输入、输出引脚
程序写入接口（SWD）	SWD_CLK	78	SWD 时钟信号线
	SWD_DIO	80	SWD 数据信号线

2）I/O 端口资源类引脚。除了需要服务的硬件最小系统引脚，其他引脚是可以对外提供服务的 I/O 端口资源类引脚。

80LQFP 封装的 KEA128 具有 A、B、C、D、E、F、G、H、I 共 9 个端口，71 个 I/O 引脚，如表 7-4 所示，其中引脚名是每个 I/O 引脚作为 GPIO 功能的引脚名。I/O 引脚一般具有多个复用功能，详见附录 D 的 80LQFP 封装 S9KEAZ128AMLK 引脚功能分配表，在实际应用时只能使用其中的一个功能。

表 7-4　KEA128 的 I/O 端口资源类引脚

端口名	引脚数	引脚名	端口名	引脚数	引脚名
A	8	PTA7 ～ PTA0	F	8	PTF7 ～ PTF0
B	8	PTB7 ～ PTB0	G	8	PTG7 ～ PTG0
C	8	PTC7 ～ PTC0	H	8	PTH7 ～ PTH0
D	8	PTD7 ～ PTD0	I	7	PTI6 ～ PTI0
E	8	PTE7 ～ PTE0			

表 7-4 所列的 71 个 I/O 引脚包括了复位、晶振和 SWD 接口的 5 个引脚，在实际应用中，这些引脚将固定为硬件最小系统引脚功能，因此 KEA128 实际对外服务的有 66 个 I/O 引脚。

3. KEA128 的硬件最小系统

MCU 硬件最小系统是可以使 MCU 内部程序正常运行的最小规模的电路，主要包括 MCU 和电源、晶振、复位、写入调试器接口等外围电路。

图 7-6 点画线框内的电路为 KEA128 硬件最小系统电路，点画线框外的引脚是 KEA128 实际对外服务的 I/O 引脚，均以 GPIO 功能作为引脚名，若实际使用的是其另一功能，可以加括号进行标注，这样设计的硬件最小系统电路图通用性好。需要特别注意的是，在嵌入式应用系统设计中，需要根据所使用的外设（含片内外设）对 MCU 的引脚资源进行统筹规划，以免多个外设使用相同的引脚而相互冲突。

第 7 单元　闪灯的设计与实现

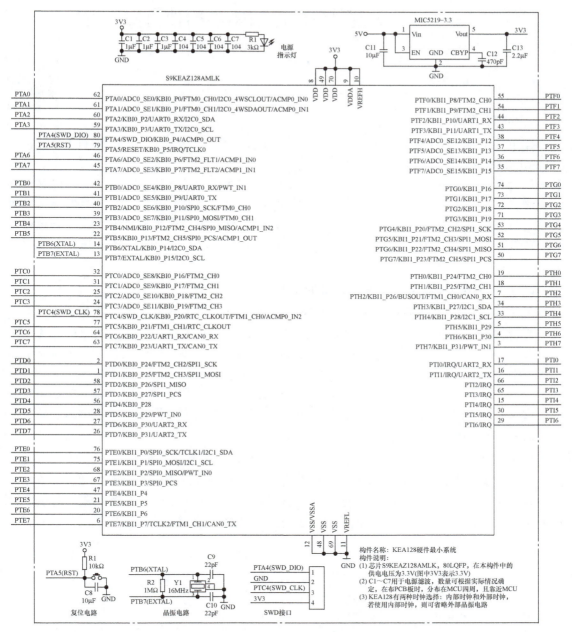

图 7-6　KEA128 引脚布局及硬件最小系统图

【同步练习 7-1】

从需求和供给的角度，可将 MCU 的引脚分为哪两类？请写出嵌入式硬件最小系统的含义和组成。

任务 7.3　掌握 GPIO 底层驱动构件的使用方法

7.3.1　GPIO 的通用知识

1. GPIO 概念

GPIO（General Purpose Input Output），即通用输入/输出，也称并行 I/O，它是 I/O 的最基本形式。本书采用正逻辑，高电平对应逻辑"1"，低电平对应逻辑"0"。某个引脚作为通用输入引脚，MCU 可以通过读取其内部寄存器的值"1"或"0"，以确定该引脚的状态是高电平还是低电平，即开关量输入；某个引脚作为通用输出引脚，MCU 可以通过向其内部寄存器写"1"或"0"，以控制该引脚输出高电平或低电平，即开关量输出。MCU 的大多数 GPIO 引脚可以通过编程来设定其工作方式为输入或输出，称为双向 GPIO。

2. 上拉电阻、下拉电阻与输入引脚的基本接法

芯片输入引脚的外部有两种不同的连接方式：带上拉电阻的连接、带下拉电阻的连接。通俗地说，若 MCU 的某个引脚通过一个电阻接电源（VCC），则该电阻被称为"上拉电阻"；若 MCU 的某个引脚通过一个电阻接地（GND），则该电阻被称为"下拉电阻"，如图 7-7 所示。

需要说明的是，如果 MCU 引脚内部带有上拉或下拉电阻，那么在满足 MCU 系统功能和功耗要求的前提下，可以直接使用其内部上拉或下拉电阻，而不必外接电阻。

3. 输出引脚的基本接法

作为通用输出引脚，MCU 内部程序向该引脚输出高电平或低电平驱动外部设备工作，即开关量输出，如图 7-8 所示，输出引脚 O_1 和 O_2 分别采用了直接驱动和放大驱动方式，其中引脚 O_2 输出的几毫安的电流经晶体管可放大至 100mA 的驱动电流，若负载需要更大的电流，就必须采用光电隔离外加其他驱动电路，但对 MCU 编程来说，没有任何影响。

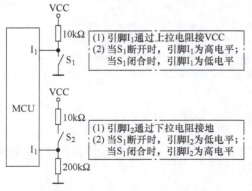

图 7-7　GPIO 引脚输入电路接法举例

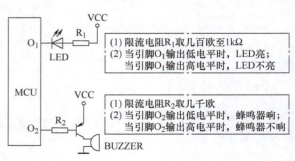

图 7-8　GPIO 引脚输出电路接法举例

7.3.2　KEA128 的 GPIO 底层驱动构件及使用方法

对 GPIO 底层驱动程序封装成构件后，用户可直接调用 GPIO 底层驱动构件程序，实现通过 GPIO 对不同外设进行检测或控制的功能。因此，将底层驱动程序封装成构件，便于程序的移植和复用，从而减小重复劳动，使广大 MCU 应用开发者专注于上层软件的稳定性与功能设计。

GPIO 底层驱动构件由 gpio.h 头文件和 gpio.c 源文件组成，若要使用 GPIO 底层驱动构件，只需将这两个文件添加到所建工程的 04_Driver（MCU 底层驱动构件）文件夹中，即可实现对 GPIO 引脚的操作。其中，gpio.h 头文件主要包括相关头文件的包含、一些必要的宏定义、对外接口函数的声明；而 gpio.c 源文件则是对外接口函数的具体实现，需要结合 KEA128 参考手册中的 GPIO、PORT 模块信息和芯片头文件 SKEAZ1284.h 进行理解，初学者可不必深究。应用开发者只要熟悉下面给出的 gpio.h 头文件的内容，即可使用 GPIO 底层驱动构件进行编程。

```
//===============================================================
// 文件名称：gpio.h
// 功能概要：GPIO 底层驱动构件头文件
// 芯片类型：KEA128
// 版权所有：JSEI-SMH & SD-WYH
// 版本更新：2021-02-25  V1.1
//===============================================================
#ifndef _GPIO_H               // 防止重复定义（开头）
#define _GPIO_H
//1. 头文件包含
#include "common.h"           // 包含公共要素软件构件头文件
//2. 宏定义
//(1) 端口号宏定义，左移 8 位是为了使端口号位于变量 port_pin 的高 8 位
#define PORT_A    (0<<8)
#define PORT_B    (1<<8)
#define PORT_C    (2<<8)
#define PORT_D    (3<<8)
#define PORT_E    (4<<8)
#define PORT_F    (5<<8)
#define PORT_G    (6<<8)
#define PORT_H    (7<<8)
#define PORT_I    (8<<8)
//(2) 引脚方向宏定义
#define GPIO_IN    0          // 引脚为输入
#define GPIO_OUT   1          // 引脚为输出
```

汽车计算机基础

```
//(3) 引脚内部上拉电阻使能宏定义
#define PULL_DISABLE   0    // 引脚内部上拉电阻禁止
#define PULL_ENABLE    1    // 引脚内部上拉电阻使能
//3. 对外接口函数声明
//=======================================================================
// 函数名称：gpio_init⊖
// 函数功能：初始化指定端口引脚为 GPIO 功能，并设定引脚方向为输入或输出；
//           若为输出，还要设置引脚的输出状态
// 函数参数：port_pin: ( 端口号 | 引脚号 )，如 (PORT_B|5) 表示 B 端口 5 号引脚
//           dir: 引脚方向 ( 可使用宏定义，GPIO_IN 为输入，GPIO_OUT 为输出 )
//           state: 引脚的输出状态 ( 0 为低电平，1 为高电平 )
// 函数返回：无
//=======================================================================
void gpio_init(uint_16 port_pin, uint_8 dir, uint_8 state);


//=======================================================================
// 函数名称：gpio_set
// 函数功能：当指定端口引脚为 GPIO 功能且为输出时，设置指定引脚的状态
// 函数参数：port_pin: ( 端口号 | 引脚号 )，如 (PORT_B|5) 表示 B 端口 5 号引脚
//           state: 引脚的输出状态 ( 0 为低电平，1 为高电平 )
// 函数返回：无
//=======================================================================
void gpio_set(uint_16 port_pin, uint_8 state);


//=======================================================================
// 函数名称：gpio_get
// 函数功能：当指定端口引脚为 GPIO 功能且为输入时，获取指定引脚的状态
// 函数参数：port_pin: ( 端口号 | 引脚号 )，如 (PORT_B|5) 表示 B 端口 5 号引脚
// 函数返回：指定端口引脚的输入状态 ( 1 或 0 )
//=======================================================================
uint_8 gpio_get(uint_16 port_pin);


// 函数名称：gpio_reverse
// 函数功能：当指定端口引脚为 GPIO 功能且为输出时，反转指定引脚的状态
// 函数参数：port_pin: ( 端口号 | 引脚号 )，如 (PORT_B|5) 表示 B 端口 5 号引脚
// 函数返回：无
```

⊖ 为了使软件符合工程规范，本书中的构件函数名遵循"构件名_操作名"的命名规则。

//==
void gpio_reverse(uint_16 port_pin);

//==
// 函数名称：gpio_pull
// 函数功能：当指定端口引脚为 GPIO 功能且为输入时，选择是否用其内部上拉电阻
// 函数参数：port_pin：（端口号 | 引脚号），如 (PORT_B|5) 表示 B 端口 5 号引脚
//   pull_select：引脚内部上拉电阻使能选择（可使用宏定义，PULL_DISABLE
//   为上拉电阻禁用，PULL_ENABLE 为上拉电阻使能）
// 函数返回：无
// 特别注意：在指定端口引脚中，PTA2 和 PTA3 要除外
//==
void gpio_pull(uint_16 port_pin, uint_8 pull_select);

#endif   // 防止重复定义（结尾）

需要说明的是，在上述 gpio.h 头文件中引入条件编译的目的是防止系统在编译、连接多个同时包含 gpio.h 的源文件时出现"重复定义"的错误，后续所有的头文件均采用此方法。

任务 7.4 小灯构件化设计及闪灯的实现

7.4.1 小灯硬件构件和软件构件的设计及使用方法

嵌入式应用领域所使用的 MCU 芯片种类繁多，并且应用场合也千变万化。为了实现嵌入式系统设计在不同 MCU 和不同应用场合中的可移植和可复用，嵌入式硬件和软件均需采用"构件化"设计。现以小灯构件设计为例，说明嵌入式硬件构件和软件构件的设计方法。

1. 小灯硬件构件的设计及使用方法

现以图 7-9 给出的小灯硬件构件为例，说明硬件构件的设计及使用方法。图 7-9a 点画线框内的粗体标识为硬件构件的接口注释，便于理解该接口的含义和功能；图 7-9b 点画线框外的正体标识为硬件构件的接口网标，具有电气连接特性，表示硬件构件的接口与 MCU 的引脚相连接。硬件构件在不同应用系统中移植和复用时，仅需修改接口网标。

2. 小灯软件构件的设计及使用方法

现以小灯软件构件为例，说明软件构件的设计及使用方法。与 GPIO 底层驱动构件类似，小灯软件构件由 light.h 头文件和 light.c 源文件组成，若要使用小灯软件构件，只需将这两个文件添加到所建工程的 05_App（应用外设软件构件）文件夹中，即可实现对小

灯的操作。其中，light.h 头文件主要包括相关头文件的包含、小灯硬件构件相关的宏定义、小灯构件对外接口函数的声明；而 light.c 源文件是小灯构件对外接口函数的具体实现。因此，在小灯硬件构件基础上进行小灯软件构件设计时，主要做以下两件事：①在 light.h 头文件中，用宏定义实现硬件构件的接口注释与接口网标的对应关系；②在 light.c 源文件中，进行小灯构件对外接口函数的分析与设计。

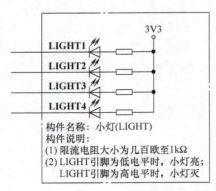 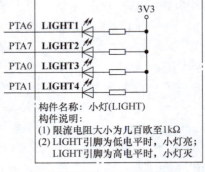

a) 小灯硬件构件　　　　　　　　　　　b) 小灯硬件构件与MCU引脚的连接

图 7-9　小灯硬件构件及应用

应用开发者只要熟悉 light.h 头文件的内容，即可使用小灯软件构件进行编程。软件构件在不同应用系统中移植和复用时，仅需根据硬件构件接口修改软件构件头文件中的相关宏定义即可。

（1）小灯软件构件头文件 light.h

```
//================================================================
// 文件名称：light.h
// 功能概要：小灯软件构件头文件
/// 版权所有：JSEI-SMH & SD-WYH
// 版本更新：2021-05-26  V1.1
//================================================================
#ifndef   _LIGHT_H                  //防止重复定义（开头）
#define   _LIGHT_H
//1. 头文件包含
#include  "common.h"                //包含公共要素软件构件头文件
#include  "gpio.h"                  //包含 GPIO 底层驱动构件头文件
//2. 宏定义
//(1) 小灯硬件构件接口引脚宏定义（由实际的硬件连接决定）
#define  LIGHT1    (PORT_A|6)       //小灯 LIGHT1 使用的端口/引脚
#define  LIGHT2    (PORT_A|7)       //小灯 LIGHT2 使用的端口/引脚
#define  LIGHT3    (PORT_A|0)       //小灯 LIGHT3 使用的端口/引脚
#define  LIGHT4    (PORT_A|1)       //小灯 LIGHT4 使用的端口/引脚
```

//(2) 小灯状态宏定义（小灯亮、小灯灭对应的物理电平由硬件接法决定）
#define LIGHT_ON   0   // 小灯亮
#define LIGHT_OFF   1   // 小灯灭
//3. 对外接口函数声明
//==
// 函数名称：light_init
// 函数功能：小灯驱动初始化
// 函数参数：port_pin: 小灯使用的端口引脚号（可使用宏定义 LIGHT1 ～ LIGHT4）
//   state: 小灯的状态（可使用宏定义 LIGHT_ON、LIGHT_OFF）
// 函数返回：无
//==
void light_init(uint_16 port_pin, uint_8 state);

//==
// 函数名称：light_control
// 函数功能：控制小灯的状态
// 函数参数：port_pin: 小灯使用的端口引脚号（可使用宏定义 LIGHT1 ～ LIGHT4）
//   state: 小灯的状态（可使用宏定义 LIGHT_ON、LIGHT_OFF）
// 函数返回：无
//==
void light_control(uint_16 port_pin, uint_8 state);

//==
// 函数名称：light_change
// 函数功能：改变小灯的状态
// 函数参数：port_pin: 小灯使用的端口引脚号（可使用宏定义 LIGHT1 ～ LIGHT4）
// 函数返回：无
//==
void light_change(uint_16 port_pin);

#endif   // 防止重复定义（结尾）

（2）小灯软件构件源文件 light.c

//==
// 文件名称：light.c
// 功能概要：小灯软件构件源文件
/// 版权所有：JSEI-SMH & SD-WYH
// 版本更新：2021-05-26 V1.1
//==

```c
//1.包含本软件构件头文件
#include "light.h"
//2.对外接口函数的定义与实现
//==============================================================
// 函数名称：light_init
// 函数功能：小灯驱动初始化
// 函数参数：port_pin: 小灯使用的端口引脚号（可使用宏定义 LIGHT1 ～ LIGHT4）
//          state: 小灯的状态（可使用宏定义 LIGHT_ON、LIGHT_OFF）
// 函数返回：无
//==============================================================
void light_init(uint_16 port_pin, uint_8 state)
{
    gpio_init(port_pin, GPIO_OUT, state);  // 设置引脚为输出及引脚输出状态
}


//==============================================================
// 函数名称：light_control
// 函数功能：控制小灯的状态
// 函数参数：port_pin: 小灯使用的端口引脚号（可使用宏定义 LIGHT1 ～ LIGHT4）
//          state: 小灯的状态（可使用宏定义 LIGHT_ON、LIGHT_OFF）
// 函数返回：无
//==============================================================
void light_control(uint_16 port_pin, uint_8 state)
{
    gpio_set(port_pin, state);              // 设置引脚输出状态
}


//==============================================================
// 函数名称：light_change
// 函数功能：改变小灯的状态
// 函数参数：port_pin: 小灯使用的端口引脚号（可使用宏定义 LIGHT1 ～ LIGHT4）
// 函数返回：无
//==============================================================
void light_change(uint_16 port_pin)
{
    gpio_reverse(port_pin);                 // 反转引脚的状态
}
```

第 7 单元　闪灯的设计与实现

7.4.2　嵌入式软件最小系统设计——实现闪灯

1. 嵌入式软件最小系统

在嵌入式基础实践中，一般以 MCU 控制小灯闪烁作为入门实验，对应的程序框架称为"**嵌入式软件最小系统**"，表 7-5 给出了在嵌入式软件集成开发环境 Keil MDK 中的 KEA128 控制小灯闪烁程序的工程组织框架[⊖]，也称工程模板。读者可双击电子教学资源 "Embedded Source\03-Software\KEA128" 工程文件夹中的工程文件 "KEA128.uvprojx"，查看 KEA128 软件工程组织框架。

表 7-5　KEA128 软件最小系统（工程组织）框架及说明表

Keil MDK 中的工程组织	说明
Project: KEA128	工程名
EXAMPLE	工程应用名
01_Doc	01 文档文件夹
Readme.txt	工程应用说明文件：软件和硬件改动时，用户需要及时更改
02_Core	02 内核文件夹：文件由 ARM 公司提供，与使用的 ARM 内核有关
core_cm0plus.h	ARM CM0+ 内核的核内外设访问层头文件
core_cmFunc.h	ARM CM 系列内核函数头文件
core_cmInstr.h	ARM CM 系列内核指令访问头文件
03_MCU	03 MCU 文件夹：文件由 MCU 厂商提供，与使用的 MCU 有关
SKEAZ1284.h	芯片头文件：给出中断号的定义，芯片寄存器的名称、地址映射和访问方法
startup_SKEAZ1284.S	芯片启动文件：主要存放中断向量表、各中断服务程序的函数名及默认程序
system_SKEAZ1284.h	芯片系统初始化头文件：对系统初始化函数进行声明
system_SKEAZ1284.c	芯片系统初始化源文件：通过系统初始化函数完成看门狗和系统工作时钟的配置
04_Driver	04 MCU 底层驱动构件文件夹：与使用的 MCU 有关，由用户设计或使用他人设计好的
gpio.h	GPIO 底层驱动构件头文件：头文件包含、宏定义、对外接口函数声明
gpio.c	GPIO 底层驱动构件源文件：本构件头文件包含、内部函数声明、对外接口函数实现
05_App	05 应用外设软件构件文件夹：可适用于各种 MCU，由用户设计或使用他人设计好的
light.h	LIGHT 软件构件头文件：头文件包含、宏定义、对外接口函数声明
light.c	LIGHT 软件构件源文件：本构件头文件包含、内部函数声明、对外接口函数实现
06_Soft	06 通用软件构件文件夹：与 CPU 及 MCU 基本无关，由用户设计或使用他人设计好的
common.h	公共要素软件构件头文件：头文件包含、宏定义、对外接口函数声明
common.c	公共要素软件构件源文件：本构件头文件包含、内部函数声明、对外接口函数实现
07_Source	07 应用层软件构件文件夹：由用户根据系统应用需求自行设计
includes.h	总头文件：是 main.c 和 isr.c 使用的头文件，对 04 ~ 06 文件夹的头文件包含
main.c	主程序源文件：总头文件包含、全局变量定义、主函数
isr.c	中断服务程序源文件：总头文件包含、外部变量声明、中断服务函数

⊖　**需要特别说明**：根据表 7-5，若采用其他型号的芯片，只需要对 02_Core、03_MCU、04_Driver 中的文件做相应的替换，而其他文件基本不需要改动或做非常少量的改动即可，从而实现了嵌入式软件在不同 MCU 芯片之间的可移植和可复用。

从表7-5可以看出，是按照"分门别类、各有归处"的原则将文件进行工程组织的，其中，04_Driver（MCU底层驱动构件）、05_App（应用外设软件构件）、06_Soft（通用软件构件）、07_Source（应用层软件构件）的文件都是由本构件的.h文件和.c文件组成的。**在此框架下可通过添加其他构件和修改应用层程序而完成不同功能的软件设计。**

初学者可将学习重点放在如下方面：①熟悉04_Driver（MCU底层驱动构件）、05_App（应用外设软件构件）和06_Soft（通用软件构件）这几个文件夹中的头文件内容，掌握对外接口函数的调用方法；②根据系统功能需求，进行应用层程序设计和优化。

在此需要说明的是，由于所建工程的06_Soft（通用软件构件）文件夹中的公共要素软件构件是服务于其他构件程序的，因此建议读者在Keil MDK中熟悉所建工程中的06_Soft\common.h文件的内容，以便后续应用其中的宏定义、类型别名及公共的对外接口函数。

2. 闪灯的应用层程序设计

在表7-5所示的框架下，设计07_Source（应用层软件构件）的文件，以实现小灯闪烁的效果。

（1）工程总头文件 includes.h

```
//==================================================================
// 文件名称：includes.h
// 功能概要：工程总头文件
// 版权所有：JSEI-SMH
// 版本更新：2021-06-22 V1.1
//==================================================================
#ifndef _INCLUDES_H                      // 防止重复定义（开头）
#define _INCLUDES_H
// 包含使用到的软件构件头文件⊖
#include "common.h"                      // 包含公共要素软件构件头文件
#include "gpio.h"                        // 包含GPIO底层驱动构件头文件
#include "light.h"                       // 包含小灯软件构件头文件
#endif                                   // 防止重复定义（结尾）
```

（2）主程序源文件 main.c

```
//==================================================================
// 文件名称：main.c
// 功能概要：主程序源文件
// 工程说明：详见01_Doc文件夹中的Readme.txt文件
// 版权所有：JSEI-SMH
```

⊖ 需要按照图7-3所示的嵌入式软件构件分层思想，根据工程功能需求，将工程中所用到的软件构件文件（包括.h头文件和.c源文件）添加至所建工程的相应文件夹中。本书后续的各单元，均按照此要求进行操作，后面不再重复讲述。

// 版本更新：2022-10-25 V1.2
//==
//**1.** 包含总头文件
#include "includes.h"
//**2.** 定义全局变量

//**3.** 主程序
```c
int main(void)
{
    //(1) 定义局部变量，并给有关变量赋初值

    //(2) 关总中断
    DISABLE_INTERRUPTS;
    //(3) 初始化功能模块和外设模块
    light_init(LIGHT1, LIGHT_OFF);          // 初始化小灯 LIGHT1 灭
    //(4) 使能模块中断

    //(5) 开总中断
    ENABLE_INTERRUPTS;
    //(6) 进入主循环
    for(;;)
    {
        // 运行指示灯闪烁
        light_change(LIGHT1);               // 改变小灯 LIGHT1 的状态
        Delay_ms(500);                      // 延时 500ms
    }
}
```

7.4.3　程序的下载与测试

在 PC 的嵌入式软件集成开发环境 Keil MDK 中写好程序后，需要先对工程文件进行编译，生成对应的 MCU 可执行的代码文件（.hex 文件），然后将编译生成的 .hex 文件下载至目标 MCU 中，其具体步骤如下：

1. 编译工程文件，生成 MCU 可执行的代码文件（.hex 文件）

双击打开所建的工程文件（..\03-Software\KEA128\KEA128.uvprojx），在 Keil MDK 中，单击工具栏中的 ▦ 按钮，可编译工程中已经修改过的文件（未修改过的源文件不参与编译，因此可以节省编译时间）或向工程中新添加的源文件（也可用于首次编译新工程的所有文件）。在编译过程中，如果编译结果报告错误或警告，则要根据提示对程序进行修改，直到编译通过，如图 7-10 所示。工程文件编译通过后，将生成对应的

MCU 可执行的代码文件 KEA128.hex（位于 ..\03-Software\KEA128\Objects 文件夹中）。

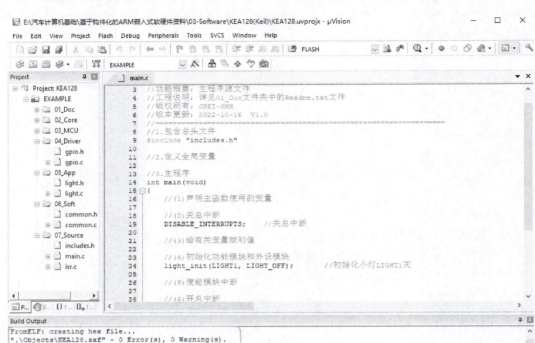

图 7-10　编译工程文件，生成 MCU 可执行的代码文件（.hex 文件）

2. 将编译生成的 .hex 文件下载至目标 MCU 中并运行程序

1）用一根 USB 线将 SWD 下载器的 MCU 端与目标 MCU 对应的 SWD 接口连接，用另一根 USB 线将 SWD 下载器的 PC 端与 PC 的 USB 接口连接，从而实现 PC 与目标 MCU 的硬件连接，同时 MCU 被通电。

2）选择 PC "开始" 菜单中的 SEGGER\J-Flash 命令，或双击 PC 桌面上的快捷方式 J-Flash 图标，打开目标程序下载软件 J-Flash，弹出如图 7-11a 所示的 "Welcome to J-Flash" 对话框，在 "Open recent project" 下拉列表框中选择 "Other..." 项，弹出如图 7-12 所示的 "Open J-Flash project file" 对话框，选择电子教学资源 "Embedded Source\04-Tool" 文件夹中的 KEA128.jflash 文件，单击 "打开" 按钮，弹出如图 7-11b 所示的 "Welcome to J-Flash" 对话框，然后单击 "Start J-Flash" 按钮。

需要说明的是，如果使用同一台 PC，则下次打开 J-Flash 软件时，可在图 7-11 所示的 "Open recent project" 下拉列表框中选择 "KEA128.jflash" 项即可。

3）选择 J-Flash 菜单中的 "Target→Connect" 命令，如果上述第 1）步中 SWD 下载器硬件连接无误，此时则会在 J-Flash 的 "LOG" 窗口中显示 "connected successfully"，如图 7-13 所示；否则，J-Flash 会提示连接有误，需要仔细检查 SWD 下载器的硬件连接情况。需要说明的是，如果在第 1）步中 SWD 下载器硬件连接确实无误，则此步骤也可省略，直接进入下面的第 4）步。

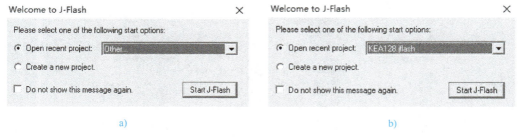

图 7-11 "Welcome to J-Flash" 对话框

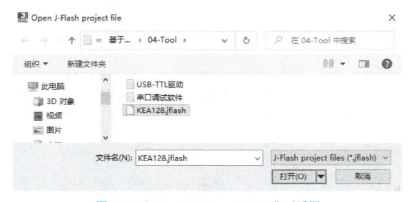

图 7-12 "Open J-Flash project file" 对话框

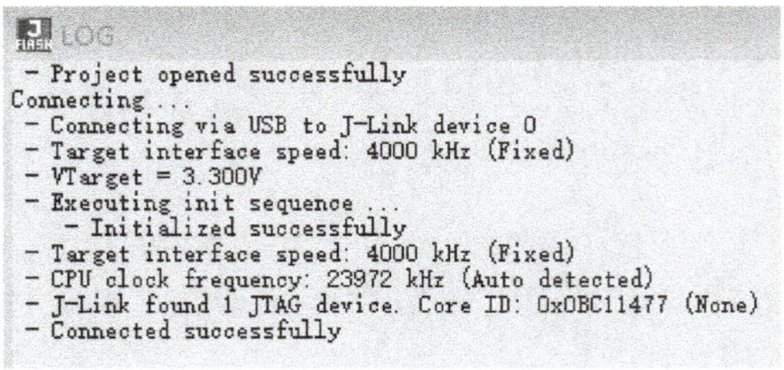

图 7-13 J-Flash 的 "LOG" 窗口中显示连接成功

4）在确保 SWD 下载器的硬件连接成功后，选择 J-Flash 菜单中的 "File → Open data file..." 命令，弹出如图 7-14 所示的 "Open data file" 对话框，选择要载入的目标 .hex 文件（..\03-Software\KEA128\Objects\KEA128.hex），单击"打开"按钮（或双击对应的 .hex 文件），即可载入目标 .hex 文件。

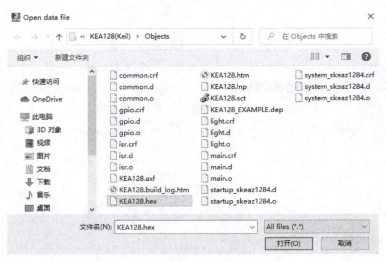

图 7-14 选择目标 .hex 文件

5）选择 J-Flash 菜单中的"Target → Production Programming"命令，可将载入的 .hex 文件下载至目标 MCU 中。如果下载成功，则会在 J-Flash 的"LOG"窗口中显示"Target erased, programmed and verified successfully"，如图 7-15 所示，这表示 .hex 文件已成功写入目标 MCU 中；否则，说明出现了 SWD 下载器的硬件连接有误、MCU 已损坏或其他异常情况。

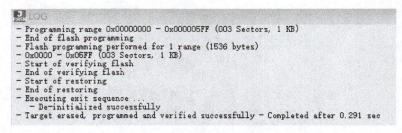

图 7-15 J-Flash 的"LOG"窗口中显示下载成功（.hex 写入 MCU 中）

6）选择 J-Flash 菜单中的"Target → Manual Programming → Start Application"命令，使 MCU 开始运行程序，观察实验效果。当然，也可以通过重新给 MCU 通电的方式，使 MCU 开始运行程序。

7）在关闭 J-Flash 软件时，若弹出如图 7-16 所示的对话框，则在该对话框中单击"否"按钮即可。

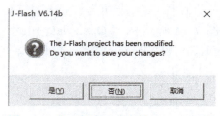

图 7-16 是否保存已改变的 J-Flash 工程

第 7 单元   闪灯的设计与实现

【同步练习 7-2 】

请通过修改上述主程序的代码，分别完成以下功能：

1）改变小灯闪烁的频率。

2）控制其他小灯闪烁。

3）实现流水灯的效果（根据下面的程序代码注释，填空）。

```
int main(void)
{
    ...
    _____;   // 初始化小灯 LIGHT1 灭
    _____;   // 初始化小灯 LIGHT2 灭
    _____;   // 初始化小灯 LIGHT3 灭
    _____;   // 初始化小灯 LIGHT4 灭
    ...
    //(6) 进入主循环
    for(;;)
    {
        _____;   // 控制小灯 LIGHT1 亮
        _____;   // 控制小灯 LIGHT2 灭
        _____;   // 控制小灯 LIGHT3 灭
        _____;   // 控制小灯 LIGHT4 灭
        Delay_ms(500);                          // 延时 500ms
        _____;   // 控制小灯 LIGHT1 灭
        _____;   // 控制小灯 LIGHT2 亮
        _____;   // 控制小灯 LIGHT3 灭
        _____;   // 控制小灯 LIGHT4 灭
        Delay_ms(500);                          // 延时 500ms
        _____;   // 控制小灯 LIGHT1 灭
        _____;   // 控制小灯 LIGHT2 灭
        _____;   // 控制小灯 LIGHT3 亮
        _____;   // 控制小灯 LIGHT4 灭
        Delay_ms(500);                          // 延时 500ms
        _____;   // 控制小灯 LIGHT1 灭
        _____;   // 控制小灯 LIGHT2 灭
        _____;   // 控制小灯 LIGHT3 灭
        _____;   // 控制小灯 LIGHT4 亮
        Delay_ms(500);                          // 延时 500ms
    }
}
```

第 8 单元

开关状态指示灯的设计与实现

学号		姓名		小组成员	
特别注意	造成用电安全或人身伤害事故的，本单元总评成绩计 0 分			单元总评成绩	
素质目标	1）基本职业素养：遵守工作时间，使用实践设备时注重用电安全，实践设备使用完毕后要断电并放于指定位置，程序设计要注重工程规范，养成良好的工作习惯 2）团结协作素养：小组内成员互查程序代码书写规范性、准确性和完整性，取长补短，具有责任意识、团队意识与协作精神 3）自主学习素养：能根据任务要求，查找相关资料解决实际问题；能自主完成同步练习，培养自主学习的意识与一丝不苟的工作作风 4）人文素养：具有一定的辩证唯物主义运用能力、产品成本意识、劳动意识、创新意识和创新能力			学生自评 （2分）	
				小组互评 （2分）	
				教师考评 （6分）	
				素质总评 （10分）	
知识目标	1）掌握开关硬件构件和软件构件的设计及使用方法 2）掌握开关检测与控制功能的应用层程序设计方法 3）理解车灯开关控制相应车灯的工作原理			学生自评 （10分）	
				教师考评 （30分）	
				知识考评 （40分）	
能力目标	1）能利用 Keil MDK 集成开发环境下的工程模板进行工程文件的组织和管理 2）能利用 J-Flash 软件进行目标程序的下载和运行 3）能进行开关硬件构件设计 4）能利用给定的 GPIO 底层驱动构件头文件进行开关软件构件设计 5）能利用第 7 单元中的小灯构件和本单元中的开关构件进行开关状态指示灯的应用层程序设计			学生自评 （5分）	
				小组互评 （5分）	
				教师考评 （40分）	
				能力总评 （50分）	

在汽车上有很多开关（switch），可以通过开关控制用电设备。例如，在大众车系中，汽车 ECU（J519）通过获取车灯开关的状态而控制对应的车灯。

本单元的学习目标是：在第 7 单元的基础上，实现通过指示灯反映开关状态的功能。

在本单元中，重点掌握开关硬件构件和开关软件构件的设计及使用方法，并在此基础上学会开关检测与控制功能的应用层程序设计方法。

任务 8.1　掌握开关硬件构件和软件构件的设计及使用方法

开关硬件构件的设计及使用方法与 7.4.1 节中介绍的小灯硬件构件类似，图 8-1a 点画线框内的粗体标识为开关硬件构件的接口注释，图 8-1b 点画线框外的正体标识为硬件构件的接口网标，具有电气连接特性，表示硬件构件的接口与 MCU 的引脚相连接。硬件构件在不同应用系统中移植和复用时，仅需修改点画线框外的接口网标。

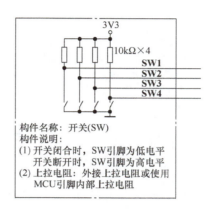

a) 开关硬件构件

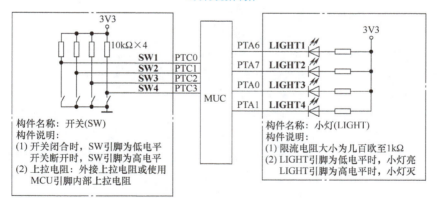

b) 开关硬件构件、小灯硬件构件与MCU的引脚连接

图 8-1　开关硬件构件及应用

开关软件构件的设计与使用方法也与 7.4.1 节中介绍的小灯软件构件类似，开关软件构件由 sw.h 头文件和 sw.c 源文件组成，若要使用开关软件构件，只需将这两个文件添加到所建工程的 05_App（应用外设软件构件）文件夹中，即可实现对开关的操作。其中，sw.h 头文件主要包括相关头文件的包含、开关硬件构件相关的宏定义、开关构件对外接口函数的声明；而 sw.c 源文件是开关构件对外接口函数的具体实现。因此，在开关硬件

汽车计算机基础

构件基础上进行开关软件构件设计时，主要做以下两件事：①在 sw.h 头文件中，用宏定义实现硬件构件的接口注释与接口网标的对应关系；②在 sw.c 源文件中，进行开关构件对外接口函数的分析与设计。

应用开发者只要熟悉 sw.h 头文件的内容，即可使用开关软件构件进行编程。软件构件在不同应用系统中移植和复用时，仅需根据硬件构件接口修改软件构件头文件中的相关宏定义即可。

1. 开关软件构件头文件 sw.h

```
//===============================================================
// 文件名称：sw.h
// 功能概要：开关软件构件头文件
/// 版权所有：JSEI-SMH
// 版本更新：2021-05-27  V1.1
//===============================================================
#ifndef  _SW_H              // 防止重复定义（开头）
#define  _SW_H
//1. 头文件包含
#include  "common.h"        // 包含公共要素软件构件头文件
#include  "gpio.h"          // 包含 GPIO 底层驱动构件头文件
//2. 宏定义
//(1) 开关硬件构件接口引脚宏定义（由实际的硬件连接决定）
#define  SW1  (PORT_C|0)    // 开关 SW1 使用的端口 / 引脚
#define  SW2  (PORT_C|1)    // 开关 SW2 使用的端口 / 引脚
#define  SW3  (PORT_C|2)    // 开关 SW3 使用的端口 / 引脚
#define  SW4  (PORT_C|3)    // 开关 SW4 使用的端口 / 引脚
//(2) 开关状态宏定义（开关状态对应的物理电平由硬件接法决定）
#define  SW_CLOSE  0        // 开关闭合
#define  SW_OPEN   1        // 开关断开
//3. 对外接口函数声明
//===============================================================
// 函数名称：sw_init
// 函数功能：开关驱动初始化（使用 MCU 引脚内部上拉电阻）
// 函数参数：port_pin: 开关使用的端口引脚号（可使用宏定义 SW1 ~ SW4）
// 函数返回：无
// 相关说明：上拉电阻使用外接上拉电阻或使用 MCU 引脚内部上拉电阻。
//          若使用外接上拉电阻，则不需要使能 MCU 引脚内部上拉电阻
//===============================================================
void sw_init(uint_16 port_pin);
```

//==
// 函数名称：sw_get
// 函数功能：获取开关的状态
// 函数参数：port_pin: 开关使用的端口引脚号（可使用宏定义 SW1 ～ SW4）
// 函数返回：开关引脚的状态（0 或 1）
//==
uint_8 sw_get(uint_16 port_pin);

#endif   // 防止重复定义（结尾）

2. 开关软件构件源文件 sw.c

```
//========================================================
// 文件名称：sw.c
// 功能概要：开关软件构件源文件
/// 版权所有：JSEI-SMH
// 版本更新：2021-05-27 V1.1
//========================================================
//1. 包含本构件头文件
#include "sw.h"
//2. 对外接口函数的定义与实现
//========================================================
// 函数名称：sw_init
// 函数功能：开关驱动初始化（使用 MCU 引脚内部上拉电阻）
// 函数参数：port_pin: 开关使用的端口引脚号（可使用宏定义 SW1 ～ SW4）
// 函数返回：无
// 相关说明：上拉电阻使用外接上拉电阻或使用 MCU 引脚内部上拉电阻
//          若使用外接上拉电阻，则不需要使能 MCU 引脚内部上拉电阻
//========================================================
void sw_init(uint_16 port_pin)
{
    gpio_init(port_pin, GPIO_IN, 1);        // 设置引脚为输入
    gpio_pull(port_pin, PULL_ENABLE);       // 引脚内部上拉电阻使能
}


//========================================================
// 函数名称：sw_get
// 函数功能：获取开关的状态
// 函数参数：port_pin: 开关使用的端口引脚号（可使用宏定义 SW1 ～ SW4）
// 函数返回：开关引脚的状态（0 或 1）
```

```
//==================================================================
uint_8 sw_get(uint_16 port_pin)
{
    return ( gpio_get(port_pin) );        // 返回开关引脚的状态
}
```

任务 8.2　开关状态指示灯的应用层程序设计

现利用第 7 单元中的小灯软件构件和本单元中的开关软件构件，编程实现图 8-1b 所示电路中的多路开关状态指示功能：4 个开关 SW1、SW2、SW3、SW4 的状态分别由小灯 LIGHT1、LIGHT2、LIGHT3、LIGHT4 指示。例如，开关 SW1 闭合，小灯 LIGHT1 亮；SW1 断开，小灯 LIGHT1 灭。

在表 7-5 所示的框架下，设计 07_Source（应用层软件构件）的文件，以实现多路开关状态指示功能。现给出一路开关 SW1 状态指示的应用层程序。

1. 工程总头文件 includes.h

```
//==================================================================
// 文件名称：includes.h
// 功能概要：工程总头文件
// 版权所有：JSEI-SMH
// 版本更新：2021-06-22  V1.1
//==================================================================
#ifndef  _INCLUDES_H                   // 防止重复定义（开头）
#define  _INCLUDES_H
// 包含使用到的软件构件头文件
#include "common.h"                    // 包含公共要素软件构件头文件
#include "gpio.h"                      // 包含 GPIO 底层驱动构件头文件
#include "light.h"                     // 包含小灯软件构件头文件
#include "sw.h"                        // 包含开关软件构件头文件
#endif                                 // 防止重复定义（结尾）
```

2. 主程序源文件 main.c

```
//==================================================================
// 文件名称：main.c
// 功能概要：主程序源文件
// 工程说明：详见 01_Doc 文件夹中的 Readme.txt 文件
// 版权所有：JSEI-SMH
// 版本更新：2022-10-25  V1.2
```

```
//===============================================================
//1. 包含总头文件
#include "includes.h"
//2. 定义全局变量

//3. 主程序
int main(void)
{
    //(1) 定义局部变量，并给有关变量赋初值

    //(2) 关总中断
    DISABLE_INTERRUPTS;
    //(3) 初始化功能模块和外设模块
    light_init(LIGHT1, LIGHT_OFF);        // 初始化小灯 LIGHT1 灭
    sw_init(SW1);                         // 初始化开关 SW1
    //(4) 使能模块中断

    //(5) 开总中断
    ENABLE_INTERRUPTS;
    //(6) 进入主循环
    for(;;)
    {
        // 查询开关状态，控制对应小灯亮灭
        if(sw_get(SW1) == SW_CLOSE)   // 开关 SW1 闭合，小灯 LIGHT1 亮
            light_control(LIGHT1, LIGHT_ON);
        else                          // 开关 SW1 断开，小灯 LIGHT1 灭
            light_control(LIGHT1, LIGHT_OFF);
    }
}
```

【同步练习 8】

请通过修改上述主程序的代码，实现多路开关状态指示功能。

```
int main(void)
{
    …
    //(3) 初始化功能模块和外设模块
    _____;        // 初始化小灯 LIGHT1 灭
    _____;        // 初始化小灯 LIGHT2 灭
```

汽车计算机基础

```
_____;    // 初始化小灯 LIGHT3 灭
_____;    // 初始化小灯 LIGHT4 灭
_____;    // 初始化开关 SW1
_____;    // 初始化开关 SW2
_____;    // 初始化开关 SW3
_____;    // 初始化开关 SW4
...
//(6) 进入主循环
for(;;)
{
    // 查询开关状态，控制对应小灯亮灭
    _____    // 开关 SW1 闭合，小灯 LIGHT1 亮
        _____;
    _____    // 开关 SW1 断开，小灯 LIGHT1 灭
        _____;
    _____    // 开关 SW2 闭合，小灯 LIGHT2 亮
        _____;
    _____    // 开关 SW2 断开，小灯 LIGHT2 灭
        _____;
    _____    // 开关 SW3 闭合，小灯 LIGHT3 亮
        _____;
    _____    // 开关 SW3 断开，小灯 LIGHT3 灭
        _____;
    _____    // 开关 SW4 闭合，小灯 LIGHT4 亮
        _____;
    _____    // 开关 SW4 断开，小灯 LIGHT4 灭
        _____;
}
}
```

第 9 单元

利用定时中断实现频闪灯

学号		姓名		小组成员		
特别注意	造成用电安全或人身伤害事故的，本单元总评成绩计 0 分			单元总评成绩		
素质目标	1）基本职业素养：遵守工作时间，使用实践设备时注重用电安全，实践设备使用完毕后要断电并放于指定位置，程序设计要注重工程规范，养成良好的工作习惯 2）团结协作素养：小组内成员互查程序代码书写规范性、准确性和完整性，取长补短，具有责任意识、团队意识与协作精神 3）自主学习素养：能根据任务要求，查找相关资料解决实际问题；能自主完成同步练习，培养自主学习的意识与一丝不苟的工作作风 4）人文素养：具有一定的辩证唯物主义运用能力、产品成本意识、劳动意识、创新意识和创新能力			学生自评（2分）		
				小组互评（2分）		
				教师考评（6分）		
				素质总评（10分）		
知识目标	1）理解中断的概念及管理机制 2）理解定时器的基本原理 2）熟悉 MCU 的定时器模块 3）掌握 MCU 定时器底层驱动构件的使用方法 3）掌握定时中断的应用层程序设计方法			学生自评（10分）		
				教师考评（30分）		
				知识考评（40分）		
能力目标	1）能利用 Keil MDK 集成开发环境下的工程模板进行工程文件的组织和管理 2）能利用 J-Flash 软件进行目标程序的下载和运行 3）能利用 MCU 定时器底层驱动构件头文件和第 7 单元中的小灯构件进行频闪灯和流水灯的应用层程序设计			学生自评（5分）		
				小组互评（5分）		
				教师考评（40分）		
				能力总评（50分）		

在第 7 单元中实现的小灯闪烁程序采用了完全软件延时方式，即利用循环计数程序实现软件延时功能（详见所建工程 \06_Soft\common.c 文件中的 Delay_ms 函数），该方式有两大缺点：①设计者需要对循环计数程序代码的执行时间进行粗略计算和测试，通过修

改相关参数，拼凑出要求的延时时间，因此软件延时一般用于粗略延时的场合；②执行延时子程序期间，CPU 一直被占用而不能做其他事情，从而降低了 CPU 的利用率。

为此，可使用 MCU 内部可编程定时/计数器实现延时。用户根据需要的定时时间，用指令对定时/计数器设置定时常数，并用指令启动定时/计数器计数，当计数到指定值时，它将自动产生一个定时输出信号，通常以中断信号告知 CPU，在定时中断服务程序中，实现某些定时功能。定时/计数器在计数期间，与 CPU 并行工作，不占用 CPU 的工作时间。该方式通过简单的程序设置即可实现准确的定时，因此定时/计数器在嵌入式系统中得到了广泛应用。

本单元的学习目标是：首先理解中断的基本概念及管理机制；然后理解定时器的基本原理，熟悉 MCU 内部定时器模块，掌握 MCU 内部定时器的基本定时底层驱动构件的使用方法；最后学会利用 MCU 内部定时中断功能实现频闪灯或流水灯的应用层程序设计方法。

任务 9.1 理解中断的通用知识

9.1.1 中断的基本概念

1. 中断的含义

中断是计算机的一项重要技术，利用中断可以提高 CPU 的执行效率。所谓中断，是指 MCU 在正常运行程序时，由于 MCU 内核异常或 MCU 各功能模块发出请求事件，使 MCU 停止正在运行的程序，而转去处理异常或执行处理内核外部事件的程序（中断服务程序）。

2. 中断源、中断向量表

引起 MCU 中断的事件称为中断源。MCU 的中断源分为两类：内核中断源和非内核中断源。当 MCU 内核异常时，内核中断会使芯片复位或使 MCU 做出其他处理。非内核中断是由 MCU 各功能模块引起的中断，MCU 执行完中断服务程序后，又回到刚才正在执行的程序，从停止的位置（断点）继续执行后续的指令，如图 9-1 所示。

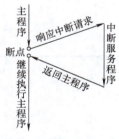

图 9-1 中断响应流程

KEA128 的中断源如表 9-1 所示，该表还给出了各个中断源的中断向量号、中断请求号（简称 IRQ 中断号）及非内核中断优先级设置的 IPRx 寄存器号。

中断向量号是每个中断源的固定编号。中断向量表是指按照中断源的中断向量号的固定顺序，用于存放中断服务程序入口地址（中断向量）的一段连续存储区域，其本质是一个常量指针数组，中断向量号是该数组元素的编号，而每个数组元素的值为中断服务程序的入口地址。KEA128 中断向量表位于存储区 0x0000_0000 ～ 0x0000_00BF 的一段地址范围，共 192 字节，对应 48 个中断源（每个中断源占用 4 字节）。

IRQ 中断号是每个中断源的另一个编号（非内核中断源的编号从 0 开始，而内核中断的编号为负值），每一个编号代表一个中断源。在芯片头文件 SKEAZ1284.h 中，使用一个枚举类型实现了中断号的编排。

表 9-1　KEA128 的中断源

中断源类型	起始地址	中断向量号	IRQ 中断号	IPRx 寄存器号	中断源	中断源说明
内核中断源	0x0000_0000	0	—	—	ARM 内核	初始化栈指针
	0x0000_0004	1	—	—	ARM 内核	复位
	0x0000_0008	2	−14	—	ARM 内核	不可屏蔽中断 NMI
	0x0000_000C	3	−13	—	ARM 内核	硬件故障
	0x0000_0010	4	—	—	—	—
	0x0000_0014	5	—	—	—	—
	0x0000_0018	6	—	—	—	—
	0x0000_001C	7	—	—	—	—
	0x0000_0020	8	—	—	—	—
	0x0000_0024	9	—	—	—	—
	0x0000_0028	10	—	—	—	—
	0x0000_002C	11	−5	—	ARM 内核	监督呼叫 SVCall
	0x0000_0030	12	—	—	—	—
	0x0000_0034	13	—	—	—	—
	0x0000_0038	14	−2	—	ARM 内核	系统服务可挂起请求 PendableSrvReq
	0x0000_003C	15	−1	—	ARM 内核	系统定时计数器 SysTick
非内核中断源	0x0000_0040	16	0	0	—	—
	0x0000_0044	17	1	0	—	—
	0x0000_0048	18	2	0	—	—
	0x0000_004C	19	3	0	—	—
	0x0000_0050	20	4	1	—	—
	0x0000_0054	21	5	1	FTMRE	命令完成
	0x0000_0058	22	6	1	PMC	低电压警告
	0x0000_005C	23	7	1	IRQ	外部中断
	0x0000_0060	24	8	2	I^2C0	I^2C0 中断

汽车计算机基础

（续）

中断源类型	起始地址	中断向量号	IRQ 中断号	IPRx 寄存器号	中断源	中断源说明
非内核中断源	0x0000_0064	25	9	2	I^2C1	I^2C1 中断
	0x0000_0068	26	10	2	SPI0	SPI0 中断
	0x0000_006C	27	11	2	SPI1	SPI1 中断
	0x0000_0070	28	12	3	UART0	UART0 状态和错误中断
	0x0000_0074	29	13	3	UART1	UART1 状态和错误中断
	0x0000_0078	30	14	3	UART2	UART2 状态和错误中断
	0x0000_007C	31	15	3	ADC0	ADC 转换完成中断
	0x0000_0080	32	16	4	ACMP0	ACMP0 中断
	0x0000_0084	33	17	4	FTM0	FTM0 中断
	0x0000_0088	34	18	4	FTM1	FTM1 中断
	0x0000_008C	35	19	4	FTM2	FTM2 中断
	0x0000_0090	36	20	5	RTC	RTC 溢出
	0x0000_0094	37	21	5	ACMP1	ACMP1 中断
	0x0000_0098	38	22	5	PIT_CH0	PIT_CH0 溢出中断
	0x0000_009C	39	23	5	PIT_CH1	PIT_CH1 溢出中断
	0x0000_00A0	40	24	6	KBI0（32 位）	键盘中断 0（32 位）
	0x0000_00A4	41	25	6	KBI1（32 位）	键盘中断 1（32 位）
	0x0000_00A8	42	26	6	—	
	0x0000_00AC	43	27	6	ICS	时钟失锁中断
	0x0000_00B0	44	28	7	WDOG	看门狗超时中断
	0x0000_00B4	45	29	7	PWT	PWT 中断
	0x0000_00B8	46	30	7	MSCAN	MSCAN 接收中断
	0x0000_00BC	47	31	7	MSCAN	MSCAN 发送、错误和唤醒中断

3. 中断优先级、可屏蔽中断和不可屏蔽中断

在进行 MCU 设计时，一般都定义了中断源的优先级。MCU 在程序执行过程中，若有两个以上的中断同时发生，则优先级最高的中断源最先得到响应。

可屏蔽中断，是指可通过编程方式关闭的中断。不可屏蔽中断，是指不能通过编程方式关闭的中断。

9.1.2　中断的基本过程

中断的基本过程分为中断请求、中断检测、中断响应与中断处理等过程。

1. 中断请求

当某一中断源需要 CPU 为其服务时，它会将对应中断源的中断标志位置 1，以便向 CPU 发出中断请求信号。

2. 中断检测

CPU 在每条指令结束时将会检查中断请求或系统是否满足异常条件，为此，多数 CPU 专门在指令周期中使用了中断周期。在中断周期中，CPU 将会检测系统中是否有中断请求信号。若系统中有中断请求信号，则 CPU 将会暂停当前运行的任务，转而去对中断请求进行响应；若系统中没有中断请求信号，则 CPU 继续运行当前任务。

3. 中断响应与中断处理

当某一中断源向 CPU 发出中断请求信号时，系统将执行以下操作。

1）CPU 查看中断源对应的模块中断是否被使能，若被使能，则响应该中断请求。

2）在响应中断请求时，首先保护现场，将 CPU 内部寄存器的数据依次压入 RAM 堆栈中；然后执行中断服务程序，即从目前等待的中断源中取出优先级最高的中断向量（即中断服务程序入口地址），转去执行相应的中断服务程序；最后恢复现场、中断返回，即在中断服务程序运行结束后，从 RAM 堆栈依次弹出 CPU 内部寄存器的数据，再返回到中断前的程序。

由于在执行中断服务程序过程中，也会使用 CPU 内部寄存器，因此在执行中断服务程序之前需要保护现场，在中断服务程序结束后，再恢复现场。

最后需要说明的是，上述过程是由系统自动完成的，用户只需专注于主程序和中断服务程序的设计。

9.1.3 CM0+ 的非内核模块中断管理机制

1.CM0+ 的中断结构及中断过程

CM0+ 的中断结构由模块中断源、嵌套向量中断控制器（Nested Vectored Interrupt Controller，NVIC）和 CM0+ 内核组成，如图 9-2 所示。其中断过程分两步：首先，模块中断源向 NVIC 发出中断请求信号；然后，NVIC 对发来的中断信号进行管理，判断该模块中断是否使能，若使能，则通过私有外设总线发送给 CM0+ 内核，由内核进行中断处理。如果同时有多个中断信号到来，则 NVIC 根据设定好的中断信号的优先级进行判断，优先级高的中断首先得到响应，优先级低的中断暂时被挂起，压入堆栈保存；如果优先级完全相同的多个中断源同时发出中断请求信号，则内核先响应 IRQ 中断号较小的中断源，而其他的中断源被挂起。例如，当 IRQ#4 的优先级与 IRQ#5 的优先级相等时，IRQ#4 会比 IRQ#5 先得到响应。

图 9-2 CM0+ 的中断结构原理图

2. 非内核中断使能配置步骤

根据 CM0+ 的中断管理机制，若使一个非内核中断源能够得到内核响应，则需要对其进行使能配置，其基本步骤如下：①设置模块中断使能位使能模块中断，使模块能够发出中断请求信号；②将该模块在 NVIC 的中断使能寄存器（NVIC_ISER）中对应的使能位置 1，允许该模块的中断请求（可通过调用内核文件 core_cm0plus 中的 NVIC_EnableIRQ 函数实现）。

任务 9.2　利用 FTM 定时中断实现频闪灯

FTM（FlexTimer）是一个具有基本定时、脉宽调制（PWM）、输入捕捉和输出比较等多种功能的综合定时器。KEA128 芯片中有 3 个 FTM 模块，分别是 FTM0、FTM1 和 FTM2，它们均是 16 位定时器。在此只介绍 FTM 模块的基本定时功能，其 PWM 功能将在第 10 单元介绍。

下面用图 9-3 简要说明定时器的基本原理，定时器本质上是一个对计数时钟进行周期统计的计数器。假设该计数器采用增 1 计数，计数器从初值 0 开始计数，每经过一个计数时钟周期，计数器的值就加 1，若计数器的值达到终值 4，则在下一个时钟到来时，计数器溢出，计数器的值恢复至初值 0，然后进行下一轮的加 1 计数，如此重复。

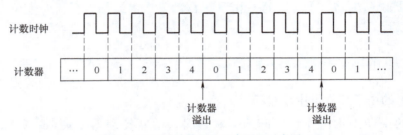

图 9-3　定时/计数器的基本原理示意图

9.2.1　FTM 基本定时底层驱动构件的使用方法

1. 与 FTM 基本定时相关的寄存器

与 FTM 基本定时相关的寄存器共有 4 个 32 位寄存器，其功能说明如表 9-2 所示。

表 9-2　与 FTM 基本定时相关的寄存器及其功能说明

寄存器名	寄存器简称	功能说明
控制及状态寄存器	FTMx_SC	配置功能及状态标志，只有低 8 位有效 D7：TOF，只读位，定时器溢出标志位，当计数器达到模数寄存器中的值时，TOF 将在下一个时钟到来时被硬件置位。当 TOF 被置位时，可通过先读控制及状态寄存器，然后向 TOF 位写 0 清除 TOF D6：TOIE，读/写位，FTM 定时器溢出中断使能位，0 表示禁止中断，1 表示使能中断 D5：CPWMS，读/写位，中心对齐 PWM 选择位，0 表示输入捕捉、输出比较、边沿对齐 PWM 功能，FTM 增 1 计数；1 表示中心对齐 PWM 功能，FTM 先增后减计数 D4、D3：CLKS，读/写位，FTM 计数时钟源选择位，00 表示禁止 FTM 计数，01 表示选择系统时钟，10 表示选择固定频率时钟，11 表示选择外部时钟 D2～D0：PS，读/写位，FTM 时钟源预分频因子选择位，分频因子 $=2^{PS}$（PS=0～7）

第9单元　利用定时中断实现频闪灯

（续）

寄存器名	寄存器简称	功能说明
计数器寄存器	FTMx_CNT	低16位有效（即FTM为16位的定时器），记录计数器的当前值，复位时该寄存器清0，向该寄存器写入任何值将会使该寄存器回到初始设定值
模数寄存器	FTMx_MOD	低16位有效，用于保存计数器的模数值，即计数器计数终止值
计数初值寄存器	FTMx_CNTIN	低16位有效，用于保存计数器的初始值。只有FTM2有此寄存器，而FTM0、FTM1没有该寄存器

注：FTM的计数时钟源请参考附录E中的系统时钟介绍。

在本单元中，FTM定时器采用增1计数方式，计数器从初值开始增1计数，当计数器达到模数寄存器中的值时，定时器溢出标志位TOF将在下一个时钟到来时被硬件置位。若定时器溢出中断使能且NVIC允许FTM模块中断请求，则TOF等于1时产生定时器溢出中断，使CPU转去执行FTM中断服务程序。

2. FTM基本定时底层驱动构件及使用方法

FTM基本定时底层驱动构件由ftm_timer.h头文件和ftm_timer.c源文件组成，若要使用FTM基本定时底层驱动构件，只需将这两个文件添加到所建工程的04_Driver（MCU底层驱动构件）文件夹中即可实现对FTM定时器的操作。其中，ftm_timer.h头文件主要包括相关头文件的包含、相关的宏定义、对外接口函数的声明；而ftm_timer.c源文件是对外接口函数的具体实现，需要结合KEA128参考手册中的FTM模块信息和芯片头文件SKEAZ1284.h理解，初学者可不必深究。应用开发者只要熟悉下面给出的ftm_timer.h头文件的内容，即可使用FTM基本定时底层驱动构件进行编程。

```
//====================================================================
// 文件名称：ftm_timer.h
// 功能概要：FTM基本定时底层驱动构件头文件
// 芯片类型：KEA128
// 版权所有：JSEI-SMH & SD-WYH
// 版本更新：2020-10-30  V1.2
//====================================================================
#ifndef _FTM_TIMER_H              // 防止重复定义（开头）
#define _FTM_TIMER_H
//1. 头文件包含
#include "common.h"               // 包含公共要素软件构件头文件
//2. 宏定义
//(1) FTM号宏定义
#define FTM_0  0
#define FTM_1  1
#define FTM_2  2
//(2) FTM时钟源频率（由system_SKEAZ1284.h和system_SKEAZ1284.c决定）
#define FTM_CLK_SOURCE_MHZ  24    //24MHz
```

181

汽车计算机基础

//3. 对外接口函数声明
//===
// 函数名称：ftm_timer_init
// 函数功能：对指定的 FTM 模块基本定时初始化
//（使用系统时钟 SYSTEM_CLK_KHZ/2=24MHz 作为 FTM 的时钟源，且 128 分频）
// 函数参数：ftm_No: FTM 号（可使用宏定义 FTM_0、FTM_1、FTM_2）
//   t_us[一]: 定时时间，单位为 μs
// 注：定时时间 t_us = FTM 计数次数 *FTM 计数周期 = FTM 计数次数 /FTM 计数频率
//   = FTM 计数次数 /(FTM 时钟源频率 / 分频因子)
//   = FTM 计数次数 * 分频因子 /FTM 时钟源频率
// 经计算，在 FTM 时钟源频率 24MHz、128 分频下，定时时间 t_us 范围为
// 5.3 ～ 349525μs
// 函数返回：无
//===
void ftm_timer_init(uint_8 ftm_No, uint_32 t_us);

//===
// 函数名称：ftm_int_enable
// 函数功能：将指定 FTM 模块的中断使能
// 函数参数：ftm_No: FTM 号（可使用宏定义 FTM_0、FTM_1、FTM_2）
// 函数返回：无
// 相关说明：若定时器溢出中断使能且 FTM 模块中断使能，则定时器溢出中断
//   标志 TOF=1 时产生定时器溢出中断
//===
void ftm_int_enable(uint_8 ftm_No);

//===
// 函数名称：ftm_int_disable
// 函数功能：将指定 FTM 模块的中断禁止
// 函数参数：ftm_No: FTM 号（可使用宏定义 FTM_0、FTM_1、FTM_2）
// 函数返回：无
//===
void ftm_int_disable(uint_8 ftm_No);

//===
// 函数名称：ftm_tof_get
// 函数功能：获取指定 FTM 的定时器溢出标志 TOF 的值

──────────────

㊀ 本书程序代码中的 "us" 表示 "μs"。

// 函数参数：ftm_No: FTM 号（可使用宏定义 FTM_0、FTM_1、FTM_2）
// 函数返回：1 表示定时器溢出，0 表示定时器未溢出
//==
uint_8 ftm_tof_get(uint_8 ftm_No);

//==
// 函数名称：ftm_tof_clear
// 函数功能：清除指定 FTM 的定时器溢出标志 TOF
// 函数参数：ftm_No: FTM 号（可使用宏定义 FTM_0、FTM_1、FTM_2）
// 函数返回：无
//==
void ftm_tof_clear(uint_8 ftm_No);

#endif   // 防止重复定义（结尾）

【同步练习 9-1】

设定时 / 计数器的时钟源频率是 f，分频因子是 p，计数次数为 n，请写出定时器的定时时间计算公式。根据公式计算 f=24MHz、p=128、n=1 ～ 65536 对应的定时时间范围。

9.2.2 利用 FTM 定时中断实现频闪灯的应用层程序设计

在表 7-5 所示的框架下，设计 07_Source（应用层软件构件）的文件，利用 FTM0 定时中断实现频闪灯的功能（FTM1 和 FTM2 定时中断的编程类似）。

1. 工程总头文件 includes.h

```
//==============================================================
// 文件名称：includes.h
// 功能概要：工程总头文件
// 版权所有：JSEI-SMH
// 版本更新：2021-06-22  V1.1
//==============================================================
#ifndef _INCLUDES_H          // 防止重复定义（开头）
#define _INCLUDES_H
// 包含使用到的软件构件头文件
#include "common.h"          // 包含公共要素软件构件头文件
#include "gpio.h"            // 包含 GPIO 底层驱动构件头文件
#include "light.h"           // 包含小灯软件构件头文件
#include "ftm_timer.h"       // 包含 FTM 基本定时底层驱动构件头文件
#endif                       // 防止重复定义（结尾）
```

2. 主程序源文件 main.c

```c
//==============================================================
// 文件名称：main.c
// 功能概要：主程序源文件
// 工程说明：详见 01_Doc 文件夹中的 Readme.txt 文件
// 版权所有：JSEI-SMH
// 版本更新：2022-10-25  V1.2
//==============================================================
//1.包含总头文件
#include "includes.h"
//2.定义全局变量
uint_8 g_times=0;                            // 记录定时次数
//3.主程序
int main(void)
{
    //(1) 定义局部变量，并给有关变量赋初值

    //(2) 关总中断
    DISABLE_INTERRUPTS;
    //(3) 初始化功能模块和外设模块
    light_init(LIGHT1, LIGHT_OFF);           // 初始化小灯 LIGHT1 灭
    ftm_timer_init(FTM_0, 100000);           // 初始化 FTM0 定时器，定时 100ms
    //(4) 使能模块中断
    ftm_int_enable(FTM_0);                   // 使能 FTM0 中断
    //(5) 开总中断
    ENABLE_INTERRUPTS;
    //(6) 进入主循环
    for(;;)
    {
        if(g_times == 1)                     //0.5s 到
        {
            light_change(LIGHT1);            // 改变小灯 LIGHT1 的状态
            g_times = 0;                     // 定时次数清零
        }
    }
}
```

第 9 单元　利用定时中断实现频闪灯

3. 中断服务程序源文件 isr.c

```
//==================================================================
// 文件名称：isr.c
// 功能概要：中断服务程序源文件
// 芯片类型：KEA128
// 版权所有：JSEI-SMH
// 版本更新：2022-10-18  V1.2
//==================================================================
//1. 包含总头文件
#include "includes.h"
//2. 声明外部变量（在 main.c 中定义）
extern uint_8  g_times;                     // 记录定时次数
//3. 中断服务程序⊖
//FTM0 中断服务程序：定时时间到，执行相应的定时功能程序
void FTM0_IRQHandler(void)
{
    DISABLE_INTERRUPTS;               // 关总中断⊖
    static uint_8 ftm_count = 0;      // 定时中断次数计数值
    if(ftm_tof_get(FTM_0))            // 获取 FTM 溢出中断标志 TOF
    {
        ftm_tof_clear(FTM_0);         // 清除 FTM 溢出中断标志 TOF
        // 以下是定时功能程序
        ftm_count ++;                 // 定时中断次数加 1
        if(ftm_count >= 5)            //0.5s 到
        {
            ftm_count = 0;            // 定时中断次数清 0
            g_times ++;               // 定时次数加 1
        }
    }
    ENABLE_INTERRUPTS;  // 开总中断
}
```

　　可以看出，使用中断的嵌入式应用层程序，一共有两条独立的程序运行线路，一条是 main.c 文件中的主程序运行线，另一条是 isr.c 文件中的中断服务程序运行线。

⊖　中断服务函数名使用 03_MCU\startup_SKEAZ1284.S 文件中定义的函数名。

⊖　在中断服务程序中，首先关总中断，其目的是防止其他中断影响本中断服务程序的正常执行，待本中断服务程序执行完毕时再开总中断，因此为了使 CPU 能够及时响应可能同时产生的其他中断，应尽量将中断服务程序设计得简短，使其执行时间尽可能地短。

汽车计算机基础

【同步练习 9-2】

请通过修改上述主程序中的代码，分别完成以下功能：

1）改变小灯闪烁的频率。

2）控制其他小灯闪烁。

3）实现流水灯的效果（根据下面的程序代码注释，填空）。

```
int main(void)
{
    ...
    //(3) 初始化功能模块和外设模块
    _____;          // 初始化小灯 LIGHT1 灭
    _____;          // 初始化小灯 LIGHT2 灭
    _____;          // 初始化小灯 LIGHT3 灭
    _____;          // 初始化小灯 LIGHT4 灭
    ftm_timer_init(FTM_0, 100000);        // 初始化 FTM0 定时器，定时 100ms
    ...
    //(6) 进入主循环
    for(;;)
    {
        // 流水灯
        if(_____)                      //0.5s 到
        {
            light_control(LIGHT1, LIGHT_ON);      // 控制小灯 LIGHT1 亮
            light_control(LIGHT2, LIGHT_OFF);     // 控制小灯 LIGHT2 灭
            light_control(LIGHT3, LIGHT_OFF);     // 控制小灯 LIGHT3 灭
            light_control(LIGHT4, LIGHT_OFF);     // 控制小灯 LIGHT4 灭
        }
        else if(_____)                 //1s 到
        {
            light_control(LIGHT1, LIGHT_OFF);     // 控制小灯 LIGHT1 灭
            light_control(LIGHT2, LIGHT_ON);      // 控制小灯 LIGHT2 亮
            light_control(LIGHT3, LIGHT_OFF);     // 控制小灯 LIGHT3 灭
            light_control(LIGHT4, LIGHT_OFF);     // 控制小灯 LIGHT4 灭
        }
        else if(_____)                 //1.5s 到
        {
            light_control(LIGHT1, LIGHT_OFF);     // 控制小灯 LIGHT1 灭
            light_control(LIGHT2, LIGHT_OFF);     // 控制小灯 LIGHT2 灭
            light_control(LIGHT3, LIGHT_ON);      // 控制小灯 LIGHT3 亮
```

```
        light_control(LIGHT4, LIGHT_OFF);        // 控制小灯 LIGHT4 灭
    }
    else if(_____)                     //2s 到
    {
        light_control(LIGHT1, LIGHT_OFF);        // 控制小灯 LIGHT1 灭
        light_control(LIGHT2, LIGHT_OFF);        // 控制小灯 LIGHT2 灭
        light_control(LIGHT3, LIGHT_OFF);        // 控制小灯 LIGHT3 灭
        light_control(LIGHT4, LIGHT_ON);         // 控制小灯 LIGHT4 亮
        _____;                        // 定时次数清 0
    }
  }
}
```

第 10 单元

利用 PWM 实现小灯亮度控制

学号		姓名		小组成员	
特别注意	造成用电安全或人身伤害事故的，本单元总评成绩计 0 分			单元总评成绩	
素质目标	1）基本职业素养：遵守工作时间，使用实践设备时注重用电安全，实践设备使用完毕后要断电并放于指定位置，程序设计要注重工程规范，养成良好的工作习惯 2）团结协作素养：小组内成员互查程序代码书写规范性、准确性和完整性，取长补短，具有责任意识、团队意识与协作精神 3）自主学习素养：能根据任务要求，查找相关资料解决实际问题；能自主完成同步练习，培养自主学习的意识与一丝不苟的工作作风 4）人文素养：具有一定的辩证唯物主义运用能力、产品成本意识、劳动意识、创新意识和创新能力			学生自评（2分）	
				小组互评（2分）	
				教师考评（6分）	
				素质总评（10分）	
知识目标	1）理解 PWM 的通用知识，包括 PWM 的基本概念、技术指标及应用场合 2）熟悉 MCU 的 PWM 模块 3）掌握 PWM 底层驱动构件的使用方法 4）掌握 PWM 控制功能的应用层程序设计方法			学生自评（10分）	
				教师考评（30分）	
				知识考评（40分）	
能力目标	1）能利用 Keil MDK 集成开发环境下的工程模板进行工程文件的组织和管理 2）能利用 J-Flash 软件进行目标程序的下载和运行 3）能利用 PWM 底层驱动构件头文件进行 PWM 控制功能的应用层程序设计			学生自评（5分）	
				小组互评（5分）	
				教师考评（40分）	
				能力总评（50分）	

脉宽调制（Pulse Width Modulation，PWM）信号是一个高电平和低电平重复交替的输出信号，PWM 广泛应用于电动机转速控制、车灯亮度控制等领域。当车灯开关闭合时，如果 MCU 通过 PWM 控制车灯逐渐点亮，则可以延长车灯的寿命。

第 10 单元　利用 PWM 实现小灯亮度控制

本单元的学习目标是：首先理解 PWM 的通用知识，包括 PWM 的相关概念、技术指标及应用场合；然后掌握 PWM 底层驱动构件的使用方法；最后学会利用 PWM 实现小灯亮度控制的应用层程序设计方法。

任务 10.1　理解 PWM 的通用知识

1. PWM 的基本概念与技术指标

PWM 信号是一个高电平和低电平重复交替的输出信号。与使用纯电力电子电路实现 PWM 信号的方法相比，利用 MCU 输出 PWM 信号的方法有实现方便及调节灵活等优点，因此目前经常使用的 PWM 信号主要是通过 MCU 编程实现的。利用 MCU 输出 PWM 信号时，需要一个产生 PWM 信号的时钟源，设其周期为 T_{CLK}。PWM 信号的主要技术指标有周期、脉宽、占空比、极性等。

（1）**周期**　PWM 信号的周期用其持续的时钟周期个数来度量。例如，图 10-1 给出的 PWM 信号的周期是 8 个时钟周期，即 $T_{PWM} = 8T_{CLK}$。

（2）**脉宽**　脉宽是脉冲宽度的简称，是指一个 PWM 周期内 PWM 信号处于高电平的时间，可用其持续的时钟周期来度量。图 10-1a、b、c 中的 PWM 脉宽分别是 $2T_{CLK}$、$4T_{CLK}$、$6T_{CLK}$。

（3）**占空比**　PWM 信号的占空比是指其脉宽与周期之比，用百分比表示。图 10-1a、b、c 中的 PWM 信号的占空比分别是 2/8 = 25%、4/8 = 50%（方波）、6/8 =75%。

（4）**极性**　PWM 信号的极性决定了 PWM 信号的有效电平。正极性表示 PWM 信号的有效电平为高电平，PWM 引脚的平时电平（空闲电平）为低电平；负极性表示 PWM 信号的有效电平为低电平，PWM 引脚的平时电平（空闲电平）为高电平。

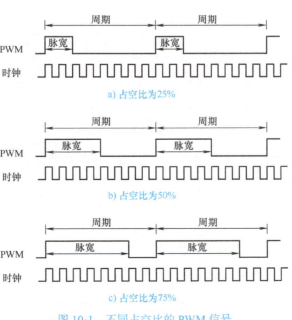

图 10-1　不同占空比的 PWM 信号

2. PWM 的应用场合

PWM 最常见的应用是电动机控制，另外还有一些其他用途。

1）利用 PWM 为其他设备产生类似于时钟的信号。例如，PWM 可用来控制灯以一定的频率闪烁。

2）利用 PWM 控制输入到某个设备的平均电流或电压。在图 10-1 中，如果 PWM 低电平信号为 0V，高电平信号为 5V，则图 10-1a、b、c 中 PWM 信号的平均电压分别是 1.25V、2.5V、3.75V。可见，利用 PWM 可以通过设置适当的占空比而得到所需的平均电压。直流电动机在输入电压时会转动，而转速与输入的平均电压的大小成正比。假设电动机的转速等于输入的平均电压的 100 倍，当输入的平均电压为 1.25V、2.5V、3.75V 时，对应的电动机转速分别为 125r/min、250r/min、375r/min。如果所设置的 PWM 周期足够短，则电动机就可以平稳运转（不会明显感觉到电动机在加速或减速）。

3）利用 PWM 控制命令字编码。例如，不同的脉宽代表不同的含义，如果用此控制无线遥控车，那么 2ms、4ms、6ms 的脉宽可分别代表左转命令、右转命令、前进命令。接收端可以使用定时器来测量脉宽，在脉冲开始时启动定时器，脉冲结束时停止定时器，由此确定所经过的时间，从而判断接收到的命令。

任务 10.2　掌握 FTM_PWM 底层驱动构件的使用方法

1. KEA128 的 FTM_PWM 模块

在 KEA128 芯片中，可利用 FTM 定时器实现 PWM 功能，其中 FTM 的 FTM0 和 FTM1 各有 2 个通道，FTM2 有 6 个通道。根据附录 D 的 80LQFP 封装 S9KEAZ128AMLK 引脚功能分配表，可以配置为 FTM 通道的引脚，如表 10-1 所示。

表 10-1　KEA128 的 FTM 通道引脚

引脚号	引脚名	ALT2	ALT3	ALT4
62	PTA0	FTM0_CH0		
40	PTB2		FTM0_CH0	
61	PTA1	FTM0_CH1		
39	PTB3		FTM0_CH1	
7	PTH2			FTM1_CH0
77	PTC5		FTM1_CH1	
6	PTE7			FTM1_CH1
32	PTC0	FTM2_CH0		
19	PTH0	FTM2_CH0		
55	PTF0	FTM2_CH0		

第 10 单元　利用 PWM 实现小灯亮度控制

（续）

引脚号	引脚名	ALT2	ALT3	ALT4
31	PTC1	FTM2_CH1		
18	PTH1	FTM2_CH1		
54	PTF1	FTM2_CH1		
25	PTC2	FTM2_CH2		
2	PTD0	FTM2_CH2		
53	PTG4	FTM2_CH2		
24	PTC3	FTM2_CH3		
1	PTD1	FTM2_CH3		
52	PTG5	FTM2_CH3		
51	PTG6	FTM2_CH4		
23	PTB4	FTM2_CH4		
22	PTB5	FTM2_CH5		
50	PTG7	FTM2_CH5		

2. FTM_PWM 底层驱动构件及使用方法

FTM_PWM 底层驱动构件由 ftm_pwm.h 头文件和 ftm_pwm.c 源文件组成，若要使用 FTM_PWM 底层驱动构件，只需将这两个文件添加到所建工程的 04_Driver（MCU 底层驱动构件）文件夹中，即可实现对 FTM_PWM 的操作。其中，ftm_pwm.h 头文件主要包括相关头文件的包含、相关的宏定义（FTM 号、FTM 通道使用的引脚、PWM 极性等）、对外接口函数的声明；而 ftm_pwm.c 源文件是对外接口函数的具体实现，需要结合 KEA128 参考手册中的 FTM 模块信息和芯片头文件 SKEAZ1284.h 进行理解，初学者可不必深究。应用开发者只要熟悉下面给出的 ftm_pwm.h 头文件的内容，即可使用 FTM_PWM 底层驱动构件进行编程。

```
//==================================================================
// 文件名称：ftm_pwm.h
// 功能概要：FTM_PWM 底层驱动构件头文件
// 芯片类型：KEA128
// 版权所有：JSEI-SMH & SD-WYH
// 版本更新：2022-10-16  V1.3
//==================================================================
#ifndef  _PWM_H                          // 防止重复定义（开头）
#define  _PWM_H
//1. 头文件包含
#include  "common.h"                      // 包含公共要素软件构件头文件
```

```
//2. 宏定义
//(1) FTM 号宏定义
#define  FTM_0   0
#define  FTM_1   1
#define  FTM_2   2
//(2) 端口号宏定义，左移 8 位是为了使端口号位于通道引脚号的高 8 位
#define  PORT_A   (0<<8)
#define  PORT_B   (1<<8)
#define  PORT_C   (2<<8)
#define  PORT_D   (3<<8)
#define  PORT_E   (4<<8)
#define  PORT_F   (5<<8)
#define  PORT_G   (6<<8)
#define  PORT_H   (7<<8)
//(3)FTM 通道使用的引脚宏定义（由实际使用的引脚决定）
#define  FTM0_CH0 (PORT_A|0)   //FTM0_CH0 通道：PTA0、PTB2
#define  FTM0_CH1 (PORT_A|1)   //FTM0_CH1 通道：PTA1、PTB3
#define  FTM1_CH0 (PORT_H|2)   //FTM1_CH0 通道：PTH2、PTC4( 用于 SWD_CLK)
#define  FTM1_CH1 (PORT_E|7)   //FTM1_CH1 通道：PTC5、PTE7
#define  FTM2_CH0 (PORT_F|0)   //FTM2_CH0 通道：PTC0、PTH0、PTF0
#define  FTM2_CH1 (PORT_F|1)   //FTM2_CH1 通道：PTC1、PTH1、PTF1
#define  FTM2_CH2 (PORT_C|2)   //FTM2_CH2 通道：PTC2、PTD0、PTG4
#define  FTM2_CH3 (PORT_C|3)   //FTM2_CH3 通道：PTC3、PTD1，PTG5
#define  FTM2_CH4 (PORT_G|6)   //FTM2_CH4 通道：PTG6、PTB4( 用于 NMI)
#define  FTM2_CH5 (PORT_B|5)   //FTM2_CH5 通道：PTB5、PTG7
//(4)PWM 极性宏定义
#define  PWM_P   1          // 正极性 ( 平时电平为低电平，有效电平为高电平 )
#define  PWM_N   0          // 负极性 ( 平时电平为高电平，有效电平为低电平 )
//(5) FTM 时钟源频率（由 system_SKEAZ1284.h 和 system_SKEAZ1284.c 决定）
#define  FTM_CLK_SOURCE_MHZ   24     //24MHz
//3. 对外接口函数声明
//================================================================
// 函数名称：ftm_pwm_init
// 函数功能：对指定的 FTM 通道进行 PWM 初始化
// ( 使用系统时钟 SYSTEM_CLK_KHZ/2=24MHz 作为 FTM 的时钟源，且 128 分频 )
// 函数参数：FTMx_CHy: FTM 模块号 _ 通道号
//                  (FTM0_CH0、FTM0_CH1；FTM1_CH0、FTM1_CH1；
//                  FTM2_CH0、FTM2_CH1、FTM2_CH2、FTM2_CH3、
//                  FTM2_CH4、FTM2_CH5 )
```

```
//              pol: PWM 极性选择（可使用宏定义 PWM_P、PWM_N）
//              period: PWM 周期，单位为 us
//              duty: 有效电平的占空比为 0 ～ 100，对应 0% ～ 100%
//         注：period = PWM 周期对应的 FTM 计数次数 * FTM 计数周期
//                    = PWM 周期对应的 FTM 计数次数 / FTM 计数频率
//                    = PWM 周期对应的 FTM 计数次数 /(FTM 时钟源频率 / 分频因子 )
//                    = PWM 周期对应的 FTM 计数次数 * 分频因子 /FTM 时钟源频率
// 经计算，在 FTM 时钟源频率为 24MHz、128 分频下，计数频率为 187.5kHz，
//              PWM 周期的合理范围为 1000 ～ 349525us
// 函数返回：无
//===============================================================
void ftm_pwm_init(uint_16 FTMx_CHy, uint_8 pol, uint_32 period, uint_8 duty);


//===============================================================
// 函数名称：ftm_pwm_update
// 函数功能：更新指定的 FTM_PWM 通道输出有效电平的占空比
// 函数参数：FTMx_Chy: FTM 模块号 _ 通道号
//              （FTM0_CH0、FTM0_CH1；FTM1_CH0、FTM1_CH1；
//               FTM2_CH0、FTM2_CH1、FTM2_CH2、FTM2_CH3、
//               FTM2_CH4、FTM2_CH5）
//              duty: 有效电平的占空比为 0 ～ 100，对应 0% ～ 100%
// 函数返回：无
//===============================================================
void ftm_pwm_update(uint_16 FTMx_CHy, uint_8 duty);

#endif                          // 防止重复定义（结尾）
```

【同步练习 10-1】

设 PWM 信号的时钟源频率是 f，分频因子是 p，PWM 周期对应的 FTM 计数次数为 n，请写出 PWM 信号的周期计算公式。根据公式计算 f=24MHz、p=128、n=1 ～ 65536 对应的 PWM 信号周期的合理范围。

任务 10.3　利用 PWM 实现小灯亮度控制的应用层程序设计

在表 7-5 所示的框架下，设计 07_Source（应用层软件构件）的文件，以实现 PWM 信号的输出控制功能。

1. 工程总头文件 includes.h

```
//============================================================
// 文件名称：includes.h
// 功能概要：工程总头文件
// 版权所有：JSEI-SMH
// 版本更新：2021-06-22 V1.1
//============================================================
#ifndef  _INCLUDES_H          // 防止重复定义（开头）
#define  _INCLUDES_H
// 包含使用到的软件构件头文件
#include  "common.h"          // 包含公共要素软件构件头文件
#include  "ftm_pwm.h"         // 包含 FTM_PWM 底层驱动构件头文件
#endif                        // 防止重复定义（结尾）
```

2. 主程序源文件 main.c

```
//============================================================
// 文件名称：main.c
// 功能概要：主程序源文件
// 工程说明：详见 01_Doc 文件夹中的 Readme.txt 文件
// 版权所有：JSEI-SMH
// 版本更新：2022-10-25 V1.2
//============================================================
//1. 包含总头文件
#include  "includes.h"
//2. 定义全局变量

//3. 主程序
int main(void)
{
    //(1) 定义局部变量，并给有关变量赋初值

    //(2) 关总中断
    DISABLE_INTERRUPTS;
    //(3) 初始化功能模块和外设模块
    // 初始化 FTM0_CH0 通道 PWM，正极性，周期为 1000us，占空比为 100%
    ftm_pwm_init(FTM0_CH0, PWM_P, 1000, 100);
    //(4) 使能模块中断
```

//(5) 开总中断

ENABLE_INTERRUPTS;

//(6) 进入主循环

for(;;)

{

    ;   // 原地踏步

}

}

系统测试时，需要将 PWM 通道的引脚与被控小灯的引脚相连接。

【同步练习 10-2】

1）请将上述主程序的 PWM 初始化函数 ftm_pwm_init 中的占空比参数依次设置为 100、75、50、25、0，分别运行其对应的程序，观察小灯亮度的变化情况，并分析其原因（需要首先明确小灯点亮的驱动电平是高电平还是低电平）。若将 PWM 初始化函数 ftm_pwm_init 中的 PWM 极性参数 PWM_P 改为 PWM_N，运行效果又如何？

2）请在上述程序的主循环 for(;;) 中使用 FTM_PWM 底层驱动构件中的"更新指定的 PWM 通道输出有效电平的占空比"函数 ftm_pwm_update，实现频闪灯的效果。

```
int main(void)
{
    …
    //(6) 进入主循环
    for(;;)
    {
        // 将 PWM 通道输出有效电平的占空比更新为 100%
        _____;
        Delay_ms(500);              // 延时 500ms
        // 将 PWM 通道输出的有效电平的占空比更新为 0%
        _____;
        Delay_ms(500);              // 延时 500ms
    }
}
```

3）请修改上述第 2）题的主程序，实现小灯逐渐变亮的效果。

```
int main(void)
{
    //(1) 定义局部变量，并给有关变量赋初值
    float duty;                 //PWM 有效电平占空比（0.0 ~ 100.0，对应 0% ~ 100%）
    …
    //(6) 进入主循环
```

```
for (;;)
{
        //PWM 有效电平占空比变量从 100 到 0 循环变化
        _____

        {
                // 更新 PWM 通道输出的有效电平的占空比
                _____;
                Delay_ms(20);                          // 延时 20ms
        }
        ftm_pwm_update(FTM0_CH0, 100);    // 小灯灭 ( 假设小灯引脚为高电平时灭 )
        Delay_ms(500);                         // 延时 500ms
}
}
```

第 11 单元

利用 UART 实现上位机和下位机的通信

学号		姓名		小组成员		
特别注意	造成用电安全或人身伤害事故的，本单元总评成绩计 0 分			单元总评成绩		
素质目标	1）基本职业素养：遵守工作时间，使用实践设备时注重用电安全，实践设备使用完毕后要断电并放于指定位置，程序设计要注重工程规范，养成良好的工作习惯 2）团结协作素养：小组内成员互查程序代码书写规范性、准确性和完整性，取长补短，具有责任意识、团队意识与协作精神 3）自主学习素养：能根据任务要求，查找相关资料解决实际问题；能自主完成同步练习，培养自主学习的意识与一丝不苟的工作作风 4）人文素养：具有一定的辩证唯物主义运用能力、产品成本意识、劳动意识、创新意识和创新能力			学生自评（2分）		
				小组互评（2分）		
				教师考评（6分）		
				素质总评（10分）		
知识目标	1）理解 UART 的通用知识，包括 UART 硬件、UART 通信的数据格式和数据通信的波特率 2）熟悉 MCU 的 UART 模块 3）掌握 UART 底层驱动构件的使用方法 4）掌握 UART 通信的应用层程序设计方法 5）掌握上位机和下位机的串口通信与调试方法 6）掌握通过 UART 接口实现利用格式化输出函数 printf 向 PC 输出数据的方法			学生自评（10分）		
				教师考评（30分）		
				知识考评（40分）		
能力目标	1）能利用 Keil MDK 集成开发环境下的工程模板进行工程文件的组织和管理 2）能利用 J-Flash 软件进行目标程序的下载和运行 3）能利用 UART 底层驱动构件头文件进行 UART 通信的应用层程序设计 4）能利用 PC 串口调试软件进行 UART 通信调试 5）能通过 UART 使用 printf 函数输出下位机 MCU 发送到上位机 PC 的数据 6）能通过 UART 实现上位机控制下位机的设备			学生自评（5分）		
				小组互评（5分）		
				教师考评（40分）		
				能力总评（50分）		

为了实现上位机 PC 和下位机 MCU 之间的通信，可采用 UART、USB、Ethernet 等多种通信方式，其中 UART 是最简单的一种通信方式，也是学习其他通信方式的基础。

本单元的学习目标是：首先理解 UART 的通用知识，包括 UART 硬件、UART 通信的数据格式和数据通信的波特率；然后掌握 UART 底层驱动构件的使用方法；最后学习 PC 和 MCU 的串口通信与调试方法，重点掌握利用 UART 底层驱动构件头文件进行 UART 应用层程序设计的方法，包括主程序设计和 UART 接收中断服务程序设计。另外，需要掌握通过 UART 实现利用格式化输出函数（printf）向 PC 输出数据的方法。

任务 11.1　理解 UART 的通用知识

UART（Universal Asynchronous Receiver/Transmitter，通用异步收发器）可实现异步串行通信功能。有时还将 UART 称为 SCI（Serial Communication Interface，串行通信接口），简称串口。

1. UART 硬件

MCU 的 UART 通信一般只需 3 根线：发送线 TxD、接收线 RxD 和地线 GND。由于 MCU 的 UART 引脚使用 TTL 高低电平信号表达数字逻辑 "1" 和 "0"，因此需要地线 GND。

随着 USB 接口的普及，9 芯的 RS232 串口逐步从 PC 上消失。MCU 可通过 TTL-USB 转换器⊖连接到 PC 的 USB 接口，在 PC 上安装相应的驱动软件，就可在 PC 上使用一般的串口通信编程方式，实现 MCU 与 PC 之间的串口通信。

2. UART 通信的数据帧格式

UART 通信的特点是：数据以字节（Byte）为单位，按位（bit）的顺序（如最低位优先）从一条传输线上发送出去。

图 11-1 给出了 8 位数据、1 位奇偶校验位的 UART 数据帧格式，发送设备向接收设备发送 UART 串行数据的步骤如下：

1）发送 1 位起始位——逻辑 "0"，用于通知接收设备准备接收数据，接收设备依靠检测起始位来实现与发送设备的通信同步；

2）依次发送 8 位数据 D0～D7（低位在前、高位在后）；

3）发送 1 位奇偶校验位（可选），便于接收设备按照双方约定的校验方式检测数据发送是否正确；

4）发送 1～2 位停止位——逻辑 "1"，用于通知接收设备该帧数据已经发送完成。

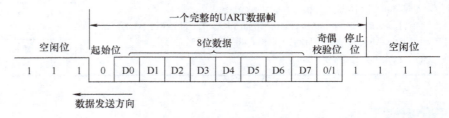

图 11-1　UART 通信的数据帧格式

 MCU 引脚输入 / 输出一般使用晶体管 - 晶体管逻辑（Transistor Transistor Logic，TTL）电平。而 TTL 电平的 "1" 和 "0" 的特征电压分别为 2.4V 和 0.4V（目前使用 3V 供电的 MCU 中，该特征值有所变动），即大于 2.4V 则识别为 "1"，小于 0.4V 则识别为 "0"。

如果发送设备没有数据发送，则通信线路上保持空闲状态——逻辑"1"。如果发送设备发送下一个 UART 数据帧，则要重新发送起始位，然后发送一字节的新数据。

3. 数据通信的波特率

波特率通常指的是每秒钟传输二进制数码的位数，单位是 bit/s。波特率用于表示数据传输的速度，波特率越高，数据传输的速度就越快。只有通信双方的波特率相同时才可以正常通信。

串口通信通常使用的波特率有 1200bit/s、1800bit/s、2400bit/s、4800bit/s、9600bit/s、19200bit/s、38400bit/s、57600bit/s、115200bit/s 等。需要注意的是，随着波特率的提高，位长（位的持续时间，即波特率的倒数）变小，导致通信易受电磁干扰，降低长距离通信的可靠性。

任务 11.2　掌握 UART 底层驱动构件的使用方法

1. KEA128 的 UART 模块

KEA128 芯片中共有 3 个 UART 模块，分别是 UART0、UART1 和 UART2。每个 UART 模块的发送数据引脚为 UARTx_TX，接收数据引脚为 UARTx_RX，其中 x 表示 UART 模块号 0、1、2。根据附录 D 的 80LQFP 封装 S9KEAZ128AMLK 引脚功能分配表，可以配置为 UART 模块的引脚如表 11-1 所示。

表 11-1　KEA128 的 UART 引脚

引脚号	引脚名	ALT2	ALT3
16	PTI1		UART2_TX
17	PTI0		UART2_RX
26	PTD7	UART2_TX	
27	PTD6	UART2_RX	
41	PTB1	UART0_TX	
42	PTB0	UART0_RX	
43	PTF3	UART1_TX	
44	PTF2	UART1_RX	
59	PTA3	UART0_TX	
60	PTA2	UART0_RX	
63	PTC7	UART1_TX	
64	PTC6	UART1_RX	

2. KEA128 的 UART 底层驱动构件及使用方法

UART 具有初始化、发送和接收三种基本操作。其中，UART 发送是主动任务，发送方主动控制着数据发送的操作，因此 UART 发送不必采用中断方式；而 UART 接收是被

汽车计算机基础

动任务，并具有一定的随机性，对方可能随时发送数据过来，因此为了确保及时接收到对方发送来的每帧数据，UART 接收一般采用中断方式。

UART 底层驱动构件由 uart.h 头文件和 uart.c 源文件组成，若要使用 UART 底层驱动构件，只需将这两个文件添加到所建工程的 04_Driver（MCU 底层驱动构件）文件夹中，即可实现对 UART 的操作。其中，uart.h 头文件主要包括相关头文件的包含、相关的宏定义（UART 号和每个 UART 使用的引脚）、对外接口函数的声明；而 uart.c 源文件是对外接口函数的具体实现，需要结合 KEA128 参考手册中的 UART 模块信息和芯片头文件 SKEAZ1284.h 进行理解，初学者可不必深究。应用开发者只要熟悉下面给出的 uart.h 头文件的内容，即可使用 UART 底层驱动构件进行编程。

```
//==============================================================
// 文件名称：uart.h
// 功能概要：UART 底层驱动构件头文件
// 芯片类型：KEA128
// 版权所有：JSEI-SMH & SD-WYH
// 版本更新：2020-03-30 V1.1
//==============================================================
#ifndef _UART_H                    // 防止重复定义（开头）
#define _UART_H
//1. 头文件包含
#include "common.h"                // 包含公共要素软件构件头文件
//2. 宏定义
//(1) UART 号宏定义
#define  UART_0  0
#define  UART_1  1
#define  UART_2  2
//(2) UART 使用的引脚宏定义（由具体硬件板决定）
//UART_0: 1=PTA3-TX、PTA2-RX，2=PTB1-TX、PTB0-RX
#define  UART_0_GROUP  2
//UART_1: 1=PTC7-TX、PTC6-RX，2=PTF3-TX、PTF2-RX
#define  UART_1_GROUP  2
//UART_2: 1=PTD7-TX、PTD6-RX，2=PTI1-TX、PTI0-RX
#define  UART_2_GROUP  2
//3. 对外接口函数声明
//==============================================================
// 函数名称：uart_init
// 函数功能：对指定的 UART 模块进行初始化
//           （总线时钟作为 UART 时钟源，BUS_CLK_KHZ=24MHz）
// 函数参数：uartNo: UART 号（可使用宏定义 UART_0、UART_1、UART_2）
```

```
//          baud_rate: 波特率 1200、2400、4800、9600、19200、115200（bit/s）
// 函数返回：无
//================================================================
void uart_init(uint_8 uartNo, uint_32 baud_rate);


//================================================================
// 函数名称：uart_send1
// 函数功能：从指定的 UART 发送 1 个字符
// 函数参数：uartNo: UART 号（可使用宏定义 UART_0、UART_1、UART_2）
//          send_data: 要发送的字符
// 函数返回：函数执行状态（1 表示发送成功，0 表示发送失败）
//================================================================
uint_8 uart_send1(uint_8 uartNo, uint_8 send_data);


//================================================================
// 函数名称：uart_sendN
// 函数功能：从指定的 UART 发送多个字符
// 函数参数：uartNo: UART 号（可使用宏定义 UART_0、UART_1、UART_2）
//          len: 发送的字节数
//          buff: 指向发送缓冲区首地址的指针
// 函数返回：函数执行状态（1 表示正常，0 表示异常）
//================================================================
uint_8 uart_sendN(uint_8 uartNo, uint_16 len, uint_8 *buff);


//================================================================
// 函数名称：uart_send_string
// 函数功能：从指定的 UART 发送一个以 '\0' 结束的字符串
//      例：uart_send_string(UART_0,"abcdefg"); 即可发送字符串 abcdefg
// 函数参数：uartNo: UART 号（可使用宏定义 UART_0、UART_1、UART_2）
//          buff: 指向要发送字符串首地址的指针
// 函数返回：函数执行状态（1 表示正常，0 表示异常）
//================================================================
uint_8 uart_send_string(uint_8 uartNo, uint_8 *buff);


//================================================================
// 函数名称：uart_re1
// 函数功能：从指定的 UART 接收 1 个字符，并清除接收中断标志位
// 函数参数：uartNo: UART 号（可使用宏定义 UART_0、UART_1、UART_2）
```

//   re_flag: 用于传回接收状态的标志（1 表示接收成功，0 表示接收失败）
// 函数返回：接收到的数据
//==
uint_8 uart_re1 (uint_8 uartNo, uint_8 *re_flag);

//==
// 函数名称：uart_re_int_enable
// 函数功能：将指定 UART 的接收中断使能
// 函数参数：uartNo: UART 号（可使用宏定义 UART_0、UART_1、UART_2）
// 函数返回：无
//==
void uart_re_int_enable(uint_8 uartNo);

//==
// 函数名称：uart_re_int_disable
// 函数功能：将指定 UART 的接收中断禁止
// 函数参数：uartNo: UART 号（可使用宏定义 UART_0、UART_1、UART_2）
// 函数返回：无
//==
void uart_re_int_disable(uint_8 uartNo);

//==
// 函数名称：uart_re_int_get
// 函数功能：获取指定 UART 的接收中断标志
// 函数参数：uartNo: UART 号（可使用宏定义 UART_0、UART_1、UART_2）
// 函数返回：接收中断标志（1 表示有接收中断，0 表示无接收中断）
//==
uint_8 uart_re_int_get(uint_8 uartNo);

#endif   // 防止重复定义（结尾）

任务 11.3 掌握 PC 与 MCU 的串口通信与调试方法

11.3.1 UART 通信的应用层程序设计

在表 7-5 所示的框架下，设计 07_Source（应用层软件构件）的文件，以实现 UART 的通信功能。本单元采用 KEA128 的 UART2 模块进行 PC 与 MCU 之间的串口通信，如果使用 UART0 或 UART1 模块，编程时只需修改对应的参数即可。

第 11 单元　利用 UART 实现上位机和下位机的通信

1. 工程总头文件 includes.h

```
//=====================================================
// 文件名称：includes.h
// 功能概要：工程总头文件
// 版权所有：JSEI-SMH
// 版本更新：2021-06-22  V1.1
//=====================================================
#ifndef  _INCLUDES_H                   // 防止重复定义（开头）
#define  _INCLUDES_H
// 包含使用到的软件构件头文件
#include  "common.h"                   // 包含公共要素软件构件头文件
#include  "uart.h"                     // 包含 UART 底层驱动构件头文件
#endif                                 // 防止重复定义（结尾）
```

2. 主程序源文件 main.c

```
//=====================================================
// 文件名称：main.c
// 功能概要：主程序源文件
// 工程说明：详见 01_Doc 文件夹中的 Readme.txt 文件
// 版权所有：JSEI-SMH
// 版本更新：2022-10-25  V1.2
//=====================================================
//1. 包含总头文件
#include  "includes.h"
//2. 定义全局变量

//3. 主程序
int main(void)
{
    //(1) 定义局部变量，并给有关变量赋初值
    uint_8 str1[ ] = "UART is OK!\r\n";
    uint_8 str2[ ] = "I love CHINA!\r\n";
    uint_8 str3[ ] = "2022-10-12\r\n";
    uint_8 i;
    //(2) 关总中断
    DISABLE_INTERRUPTS;
    //(3) 初始化功能模块和外设模块
    uart_init(UART_2, 9600);           // 初始化 UART2，波特率为 9600bit/s
```

汽车计算机基础

```
//(4) 使能模块中断
uart_re_int_enable(UART_2);          // 使能 UART2 接收中断
//(5) 开总中断
ENABLE_INTERRUPTS;
//(6) 进入主循环
for(;;)
{
    for(i=0; i<13; i++)
    {
        uart_send1(UART_2, str1[i]);  // 输出 str1 字符串中的 1 个字符
        Delay_ms(500);                // 延时 500ms
    }
    uart_sendN(UART_2, 15, str2);     // 输出 str2 字符串的前 15 个字符
    Delay_ms(500);                    // 延时 500ms
    uart_send_string(UART_2, str3);   // 输出 str3 字符串
    Delay_ms(500);                    // 延时 500ms
}
}
```

3. 中断服务程序源文件 isr.c

```
//============================================================
// 文件名称：isr.c
// 功能概要：中断服务程序源文件
// 芯片类型：KEA128
// 版权所有：JSEI-SMH
// 版本更新：2020-07-29 V1.1
//============================================================
//1. 包含总头文件
#include "includes.h"
//2. 声明外部变量（在 main.c 中定义）

//3. 中断服务程序
//UART2 接收中断服务程序
//============================================================
// 函数功能：进入中断后确认是否接收中断，若是，则接收 1 个字符，然后从原
// UART 口回送所收到的这个字符
//============================================================
void UART2_IRQHandler(void)
```

```
    {
        DISABLE_INTERRUPTS;              // 关总中断
        uint_8 re_data;                  // 存放接收到的数据
        uint_8 re_flag = 0;              // 接收标志：1 表示接收成功，0 表示接收失败
        if(uart_re_int_get(UART_2))      // 获取 UART 接收中断标志位
        {
            re_data = uart_re1(UART_2, &re_flag);   // 接收 1 个字符，并清接收中断标志
            if(re_flag)                             // 如果接收成功
            {
                uart_send1(UART_2, re_data);        // 从原 UART 口回送 1 个字符
            }
        }
        ENABLE_INTERRUPTS;               // 开总中断
    }
```

11.3.2 UART 通信的测试方法

UART 通信与调试步骤如下：

1）将 USB-TTL 转换器 TTL 端的 RX、TX、GND 端子分别与 MCU 的 TX、RX、GND 引脚相连接，将 USB-TTL 转换器的 USB 端与 PC 的 USB 接口连接；

2）打开 PC 串口调试软件，打开串口，并且设置与 MCU 的 UART 相同的波特率；

3）运行 MCU 程序，通过 PC 串口调试窗口查看 MCU 发送给 PC 的信息；

4）在 PC 串口调试窗口中写入字符或字符串并发送给 MCU，在串口调试窗口中查看是否有 MCU 回送到 PC 的信息；

5）调试结束后，先在 PC 串口调试软件中关闭串口，然后将 USB-TTL 转换器从 PC 的 USB 接口断开。

11.3.3 使用 printf 函数输出数据

1. 通过 UART 使用 printf 函数的方法

除了使用 UART 底层驱动构件中的对外接口函数外，还可以使用格式化输出函数 printf 来灵活地从 UART 口输出调试信息，配合 PC 的串口调试软件，可方便地进行嵌入式程序的调试。在使用 printf 函数时，需要将 printf 软件构件对应的 printf.h 头文件和 printf.c 源文件添加到所建工程的 06_Soft（通用软件构件）文件夹中。在 printf.h 头文件中，添加了以下两条预处理命令，这样就可以通过 UART 使用 printf 函数输出数据了。

```
#include "uart.h"                  // 包含 UART 底层驱动构件头文件
#define UART_Debug UART_2          //printf 函数使用的 UART 号
```

根据上述宏定义，由于 printf 函数使用了 UART2，因此在进行 UART 应用层程序设

汽车计算机基础

计时，需要在主程序和中断服务程序中对 UART2 进行编程。

　　需要说明的是，printf 函数本来是一个标准库函数，其函数原型在头文件 stdio.h 中。但作为一个特例，不要求在使用 printf 函数之前必须包含 stdio.h 文件。

2. 通过 UART 使用 printf 函数输出数据的应用层程序设计

（1）工程总头文件 includes.h

```
//===============================================================
// 文件名称：includes.h
// 功能概要：工程总头文件
// 版权所有：JSEI-SMH
// 版本更新：2021-06-22 V1.1
//===============================================================
#ifndef _INCLUDES_H          // 防止重复定义（开头）
#define _INCLUDES_H
// 包含使用到的软件构件头文件
#include "common.h"          // 包含公共要素软件构件头文件
#include "gpio.h"            // 包含 GPIO 底层驱动构件头文件
#include "light.h"           // 包含小灯软件构件头文件
#include "uart.h"            // 包含 UART 底层驱动构件头文件
#include "printf.h"          // 包含 printf 软件构件头文件
#include "ValueType.h"       // 包含数值类型转换构件头文件○—
#endif                       // 防止重复定义（结尾）
```

（2）主程序源文件 main.c

```
//===============================================================
// 文件名称：main.c
// 功能概要：主程序源文件
// 工程说明：详见 01_Doc 文件夹中的 Readme.txt 文件
// 版权所有：JSEI-SMH
// 版本更新：2022-10-25 V1.2
//===============================================================
//1. 包含总头文件
#include "includes.h"
//2. 定义全局变量
```

────────────

　○— 有些编译系统可能不支持 printf 输出实数，为了解决这一问题，可先将实数转换为对应的字符串，然后用 printf 输出与该实数对应的字符串。本书提供了数值类型转换函数，对应的软件构件是 ValueType.h 头文件和 ValueType.c 源文件，使用时，需要将这两个文件添加到所建工程的 06_Soft（通用软件构件）文件夹中，并在工程总头文件 includes.h 中包含 ValueType.h 头文件。

第11单元　利用 UART 实现上位机和下位机的通信

```
//3.主程序
int main(void)
{
    //(1) 定义局部变量，并给有关变量赋初值
    char    ch='a';                          // 字符变量
    uint_16    i=65000;                      // 整型变量
    float    j=2.30;                         // 实型变量
    char    *str ="UART is OK!";             // 使指针 str 指向字符串
    uint_8    float_str[10];                 // 存放实数转换后的字符串
    DoubleToStr(j, 2, float_str);            // 将实数转换为字符串，小数点后保留 2 位
    //(2) 关总中断
    DISABLE_INTERRUPTS;
    //(3) 初始化功能模块和外设模块
    light_init(LIGHT1, LIGHT_ON);            // 初始化小灯 LIGHT1 灭
    uart_init(UART_2, 9600);                 // 初始化 UART2（printf 使用 UART2）
    //(4)UART 发送信息至 PC（经 PC 的串口调试软件显示）
    printf("Hello UART!\r\n");               // 原样输出一串字符，并换行
    printf("%c\n", ch);                      // 输出一个字符，并换行
    printf("%d\n", i);                       // 输出一个整数，并换行
    printf("%s\n", float_str);               // 输出实数对应的字符串，并换行
    printf("%s\n", "CHINA");                 // 输出字符串，并换行
    //(5) 使能模块中断
    uart_re_int_enable(UART_2);              // 使能 UART2 接收中断
    //(6) 开总中断
    ENABLE_INTERRUPTS;
    //(7) 进入主循环
    for(;;)
    {
        light_change(LIGHT1);                // 改变小灯 LIGHT1 的状态
        printf("%s\n", str);                 // 输出 str 字符串，并换行
        Delay_ms(500);                       // 延时 500ms
    }
}
```

【同步练习 11】

请结合第 7 单元中的小灯构件，根据注释完成下面的程序（使用 printf 函数输出相关信息，假设 printf 使用 UART2 口），并使用 PC 串口调试软件进行程序调试：通过 PC 串口调试窗口向 MCU 发送字符 '1' 时，控制小灯点亮；发送字符 '0' 时，控制小灯熄灭；同

时，向 PC 串口调试串口输出小灯的状态。注释中的 " 学号 – 姓名 " 字符串是对应自己的学号和姓名。

```c
int main(void)
{
    //(1) 定义局部变量，并给有关变量赋初值


    //(2) 关总中断
    DISABLE_INTERRUPTS;
    //(3) 初始化功能模块和外设模块
    _____;  // 初始化小灯 LIGHT1（熄灭）
    _____;  // 初始化 UART2，波特率 9600bit/s
    //(4) 调试串口发送信息至 PC（经 PC 的串口调试软件显示）
    _____;  // 输出 " 学号 – 姓名 " 字符串，并换行
    //(5) 使能模块中断
    _____;  // 使能 UART2 接收中断
    //(6) 开总中断
    ENABLE_INTERRUPTS;
    //(7) 进入主循环
    for(;;)
    {
        ;                                       // 原地踏步
    }
}
void UART2_IRQHandler(void)
{
    DISABLE_INTERRUPTS;         // 关总中断
    uint_8 re_data;             // 存放接收到的数据
    uint_8 re_flag = 0;         // 接收标志：1 表示接收成功，0 表示接收失败
    if(uart_re_int_get(UART_2))
    {
        _____;  // 接收 1 个字符，并清接收中断标志位
        if (re_flag)                  // 如果接收成功
        {
            _____    // 如果接收到的字符是 '0'
            {
                _____;  // 控制小灯 LIGTH1 灭
                _____;  // 输出 "LIGTH1 灭 " 字符串并换行
            }
```

第 11 单元　利用 UART 实现上位机和下位机的通信

```
_____          // 如果接收到的字符是 '1'
    {
        _____;    // 控制小灯 LIGTH1 灭
        _____;    // 输出 "LIGTH1 亮" 字符串并换行
    }
    }
}
ENABLE_INTERRUPTS;                            // 开总中断
}
```

第 12 单元

利用 ADC 设计简易数字电压表

学号		姓名		小组成员	
特别注意	造成用电安全或人身伤害事故的，本单元总评成绩计 0 分			单元总评成绩	
素质目标	1）基本职业素养：遵守工作时间，使用实践设备时注重用电安全，实践设备使用完毕后要断电并放于指定位置，程序设计要注重工程规范，养成良好的工作习惯 2）团结协作素养：小组内成员互查程序代码书写规范性、准确性和完整性，取长补短，具有责任意识、团队意识与协作精神 3）自主学习素养：能根据任务要求，查找相关资料解决实际问题；能自主完成同步练习，培养自主学习的意识与一丝不苟的工作作风 4）人文素养：具有一定的辩证唯物主义运用能力、产品成本意识、劳动意识、创新意识和创新能力			学生自评（2分）	
				小组互评（2分）	
				教师考评（6分）	
				素质总评（10分）	
知识目标	1）理解与 ADC 直接相关的基本问题 2）熟悉 MCU 的 ADC 模块 3）掌握 ADC 底层驱动构件的使用方法 4）掌握简易数字电压表的硬件电路组成和工作原理 5）掌握 ADC 功能的应用层程序设计方法			学生自评（10分）	
				教师考评（30分）	
				知识考评（40分）	
能力目标	1）能利用 Keil MDK 集成开发环境下的工程模板进行工程文件的组织和管理 2）能利用 J-Flash 软件进行目标程序的下载和运行 3）能利用 ADC 底层驱动构件头文件进行 ADC 功能的应用层程序设计，其中能利用在第 11 单元中所学的 UART 通信方法，使用 printf 函数向 PC 串口调试窗口中输出 A/D 转换值及对应的电压值			学生自评（5分）	
				小组互评（5分）	
				教师考评（40分）	
				能力总评（50分）	

在汽车测控系统中，往往需要通过模/数转换器（Analog to Digital Converter，ADC）将模拟输入量转换为数字量，以供 MCU 接收和处理。

本单元的学习目标是：首先熟悉 ADC 的通用知识，理解与 ADC 直接相关的基本问题；然后熟悉 MCU 内部 ADC 主要特性和引脚，掌握 ADC 底层驱动构件的使用方法；最后学会利用 ADC 进行简易数字电压表的设计方法，掌握简易数字电压表的硬件电路组成和工作原理，以及对应的 ADC 应用层程序设计方法。

任务 12.1 理解 ADC 的通用知识

在汽车应用中，温度、湿度、浓度、速度、压力、声音、光照、质量等模拟输入信号可通过相应的传感器转换为电信号。传感器输出的电信号一般比较微弱，不能被 MCU 直接获取，而需要利用放大器对其进行放大，然后再通过 ADC 转换成数字信号，供 MCU 接收和处理。目前许多 MCU 内部包含 ADC 模块，当然也可根据需要外接 ADC 芯片。

学习 ADC 的编程，应该先了解与 ADC 直接相关的一些基本问题，主要有转换精度、转换速度、单端输入、差分输入、ADC 参考电压、软件滤波等。

（1）**转换精度**　转换精度是指当数字量变化一个最小量时模拟信号的变化量，通常用 ADC 的二进制位数来表征。ADC 的位数通常有 8 位、10 位、12 位、14 位、16 位等。设 ADC 的位数为 n，则其分辨率为 $1/2^n$。例如，某一 ADC 是 12 位，若模拟输入信号的量程为 5V，则该 ADC 可以检测到的模拟量变化最小值（理论上的转换精度）为 $5V/2^{12}=1.22mV$。读者可通过表 12-1 体会不同位数的 ADC 转换精度的差异。

表 12-1 不同位数的 A/D 转换值与对应的电压值关系（模拟输入信号的量程为 5V）

8 位 A/D 转换值	对应的电压值	12 位 A/D 转换值	对应的电压值
0000 0000	0V	0000 0000 0000	0V
0000 0001	$1 \times 5V/2^8 \approx 19.53mV$	0000 0000 0001	$1 \times 5V/2^{12} \approx 1.22mV$
0000 0010	$2 \times 5V/2^8 \approx 39.06mV$	0000 0000 0010	$2 \times 5V/2^{12} \approx 2.44mV$
0000 0011	$3 \times 5V/2^8 \approx 58.59mV$	0000 0000 0011	$3 \times 5V/2^{12} \approx 3.66mV$
...	...	...	...
1111 1111	$255 \times 5V/2^8 \approx 4.980V$	1111 1111 1111	$4095 \times 5V/2^{12} \approx 4.998V$

（2）**转换速度**　转换速度通常用完成一次 A/D 转换所要花费的时间来表征。转换速度与 ADC 的硬件类型及制造工艺等因素密切相关。

（3）**单端输入与差分输入**　单端输入只有一个输入引脚，使用公共地 GND 作为参考电平。这种输入方式的优点是简单；缺点是容易受电磁干扰，由于 GND 电位始终是 0V，因此 A/D 转换值也会随着电磁干扰而变化。

差分输入比单端输入多了一个引脚，ADC 的采样值是两个引脚的电平差值（VIN+、VIN– 两个引脚电平相减）。差分输入的优点是降低了电磁干扰，缺点是多用了一个引脚。通常两根差分线会布在一起，因此受到的电磁干扰程度接近，在进入 ADC 内部电路时会被抵消掉，从而降低了电磁干扰。

（4）**ADC 参考电压**　A/D 转换需要一个参考电压 V_{REF}。比如要把一个电压分成 1024 份，每一份的基准必须是稳定的，这个电压来自于基准电压，即 ADC 参考电压。在一般要求下，ADC 参考电压使用 MCU 芯片的供电电源电压。在更为精确的要求下，ADC 参考电压使用单独电源，要求功率小（在 mW 级即可），波动小（如 0.1%），但成本较高。

（5）**软件滤波** 即使输入的模拟量保持不变，常常发现利用软件得到的 A/D 转换值也不一致，其原因可能是电磁干扰问题，也可能是模/数转换器 ADC 本身转换误差问题，但在许多情况下，可以通过软件滤波方法予以解决。

为了使采样的数据更准确，必须对采样的数据进行筛选，去掉误差较大的数据（毛刺），通常采用中值滤波、均值滤波等软件滤波方法来提高采样稳定性。中值滤波是将 M 次连续采样值按大小进行排序，取中间值作为滤波结果；均值滤波是将 N 次采样结果值相加，然后再除以采样次数 N，得到的平均值作为滤波结果。若要得到更高的采样精度，则可以通过建立其他误差模型分析方式来实现。

任务 12.2　掌握 ADC 底层驱动构件的使用方法

1. KEA128 的 ADC 模块

KEA128 芯片具有一个 ADC 模块，记为 ADC0，具有多达 16 个外部模拟输入和 5 个内部模拟输入，如表 12-2 所示。KEA128 芯片的 ADC 的模块工作电压和参考电压的范围为 2.7 ～ 5.5V，它支持具有 8 位、10 位、12 位共 3 种精度的转换模式，支持 4 个可选输入时钟源。KEA128 芯片的 ADC 模块不具有差分输入引脚功能。

表 12-2　KEA128 芯片的 ADC 模拟输入通道

通道选择位 ADC_SC1[ADCH]		引脚号	引脚名	默认功能	ADC 通道
十进制	二进制				
0	00000	62	PTA0	ADC0_SE0	AD0
1	00001	61	PTA1	ADC0_SE1	AD1
2	00010	46	PTA6	ADC0_SE2	AD2
3	00011	45	PTA7	ADC0_SE3	AD3
4	00100	42	PTB0	ADC0_SE4	AD4
5	00101	41	PTB1	ADC0_SE5	AD5
6	00110	40	PTB2	ADC0_SE6	AD6
7	00111	39	PTB3	ADC0_SE7	AD7
8	01000	32	PTC0	ADC0_SE8	AD8
9	01001	31	PTC1	ADC0_SE9	AD9
10	01010	25	PTC2	ADC0_SE10	AD10
11	01011	24	PTC3	ADC0_SE11	AD11
12	01100	38	PTF4	ADC0_SE12	AD12

第 12 单元　利用 ADC 设计简易数字电压表

（续）

通道选择位 ADC_SC1[ADCH]		引脚号	引脚名	默认功能	ADC 通道
十进制	二进制				
13	01101	37	PTF5	ADC0_SE13	AD13
14	01110	36	PTF6	ADC0_SE14	AD14
15	01111	35	PTF7	ADC0_SE15	AD15
22	10110				片内温度传感器
23	10111				Bandgap（带隙）
29	11101	10	VREFH	VREFH	VREFH（ADC 高参考电压）
30	11110	11	VREFL	VREFL	VREFL（ADC 低参考电压）
31	11111				ADC 模块禁止

2. KEA128 的 ADC 底层驱动构件及使用方法

ADC 底层驱动构件由 adc.h 头文件和 adc.c 源文件组成，若要使用 ADC 底层驱动构件，只需将这两个文件添加到所建工程的 04_Driver（MCU 底层驱动构件）文件夹中，即可实现对 ADC 的操作。其中，adc.h 头文件主要包括相关头文件的包含、对外接口函数的声明；而 adc.c 源文件是对外接口函数的具体实现，需要结合 KEA128 参考手册中的 ADC 模块信息和芯片头文件 SKEAZ1284.h 理解，初学者可不必深究。应用开发者只要熟悉下面给出的 adc.h 头文件的内容，即可使用 ADC 底层驱动构件进行编程。

```
//========================================================
// 文件名称：adc.h
// 功能概要：ADC 底层驱动构件头文件
// 芯片类型：KEA128
// 版权所有：JSEI-SMH & SD-WYH
// 版本更新：2020-07-08 V1.1
//========================================================
#ifndef _ADC_H              // 防止重复定义（开头）
#define _ADC_H
//1. 头文件包含
#include "common.h"         // 包含公共要素软件构件头文件
//2. 对外接口函数声明
//========================================================
// 函数名称：adc_init
// 函数功能：对指定的 ADC 通道进行初始化
// 函数参数：channel: 通道号，0 ～ 15 分别对应 AD0 ～ AD15
```

```
//              MCU 引脚号、引脚名与 ADC 外部输入通道对应关系：
//              62-PTA0-AD0、61-PTA1-AD1、46-PTA6-AD2、45-PTA7-AD3
//              42-PTB0-AD4、41-PTB1-AD5、40-PTB2-AD6、39-PTB3-AD7
//              32-PTC0-AD8、31-PTC1-AD9、25-PTC2-AD10、24-PTC3-AD11
//              38-PTF4-AD12、37-PTF5-AD13、36-PTF6-AD14、35-PTF7-AD15
//              accurary：采样精度，单端 8 位、10 位、12 位
// 函数返回：无
// 相关说明：ADC 转换时钟频率范围如下：
// 高速 (ADLPC=0) 下，0.4 ～ 8MHz；低功耗 (ADLPC=1) 下，0.4 ～ 4MHz。
//==========================================================================
void adc_init(uint_8 channel, uint_8 accurary);


//==========================================================================
// 函数名称：adc_read
// 函数功能：对指定的 ADC 通道进行一次采样，读取 A/D 转换结果
// 函数参数：channel：通道号，0 ～ 15 分别对应 AD0 ～ AD15
// 函数返回：A/D 转换结果
//==========================================================================
uint_16 adc_read(uint_8 channel);

#endif                          // 防止重复定义（结尾）
```

任务 12.3　简易数字电压表的设计

12.3.1　简易数字电压表的硬件电路组成和工作原理

图 12-1 给出了一种简易数字电压表的硬件电路，它由电位器、具有片内 ADC 模块的 MCU、显示器组成，其中电位器、ADC 模块的参考电压 V_{REF} 引脚与 MCU 使用同一个电源供电。电位器的 A 端作为 ADC 模块的模拟输入引脚，MCU 通过 ADC 对 A 端的模拟电压进行 A/D 转换，根据 A/D 转换的结果可以计算出 A 端对应的电压值：

$$u_A = \frac{ADC_{result}}{2^n} \times VCC$$

式中，ADC_{result} 为 A/D 转换结果对应的十进制数；n 是 ADC 的位数；VCC 是电位器的供电电压，在这里也是 MCU 的供电电压，其具体电压值可用万用表测量出来。

MCU 在通过上述公式计算出 A 端的电压值后，将其计算结果送往显示器显示。当转动电位器的转柄时，A 端的电压发生变化，显示器显示的数值也将随之变化。

第 12 单元 利用 ADC 设计简易数字电压表

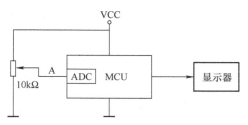

图 12-1 简易数字电压表的电路组成图

12.3.2 简易数字电压表的应用层程序设计

在表 7-5 所示的框架下，设计 07_Source（应用层软件构件）的文件，以实现 ADC 的功能。下面给出通过 UART 使用 printf 函数向 PC 串口调试窗口输出 A/D 转换结果的参考程序。

1. 工程总头文件 includes.h

```
//================================================================
// 文件名称：includes.h
// 功能概要：工程总头文件
// 版权所有：JSEI-SMH
// 版本更新：2021-06-22  V1.1
//================================================================
#ifndef  _INCLUDES_H          // 防止重复定义（开头）
#define  _INCLUDES_H
// 包含使用到的软件构件头文件
#include  "common.h"          // 包含公共要素软件构件头文件
#include  "gpio.h"            // 包含 GPIO 底层驱动构件头文件
#include  "light.h"           // 包含小灯软件构件头文件
#include  "uart.h"            // 包含 UART 底层驱动构件头文件
#include  "adc.h"             // 包含 ADC 底层驱动构件头文件
#include  "printf.h"          // 包含 printf 软件构件头文件
#endif                        // 防止重复定义（结尾）
```

2. 主程序源文件 main.c

```
//================================================================
// 文件名称：main.c
// 功能概要：主程序源文件
// 工程说明：详见 01_Doc 文件夹中的 Readme.txt 文件
// 版权所有：JSEI-SMH
// 版本更新：2022-10-25  V1.2
```

汽车计算机基础

```
//============================================================
//1.包含总头文件
#include "includes.h"
//2.定义全局变量

//3.主程序
int main(void)
{
    //(1) 定义局部变量，并给有关变量赋初值
    uint_16 adc_result;                    // 存放 A/D 转换结具
    //(2) 关总中断
    DISABLE_INTERRUPTS;
    //(3) 初始化功能模块和外设模块
    light_init(LIGHT1, LIGHT_OFF);         // 初始化小灯 LIGHT1
    uart_init(UART_2,9600);                // 初始化 UART2（printf 使用 UART2）
    adc_init(13, 12);                      // 初始化 ADC，使用通道 13，精度为 12 位
    //(4) 使能模块中断

    //(5) 开总中断
    ENABLE_INTERRUPTS;
    //(6) 进入主循环
    for(;;)
    {
        // 运行指示灯闪烁
        light_change(LIGHT1);              // 改变小灯 LIGHT1 的状态
        Delay_ms(50);
        // 对 1 个通道采样 1 次
        adc_result = adc_read(13);         // 获取通道 13 的 A/D 转换结果
        printf("A/D 转换值：%d\n", adc_result);        // 输出 A/D 转换结果
    }
}
```

系统测试时，将电位器 A 端引脚与 AD13 通道对应的 PTF5 引脚相连，可转动电位器的转柄，观察 PC 串口调试窗口输出的 A/D 转换结果变化情况。

【同步练习 12】

结合 12.3.1 节中的简易数字电压表的硬件电路组成和工作原理，以及 11.3.3 节的内容，完善下面的程序，实现：通过 printf 函数向 PC 串口调试窗口依次输出 A/D 转换结果及对应的电压值（其中，ADC 参考电压与 MCU 的供电电压相同，其实际值可通过万用

表测量出来）。

（1）工程总头文件 includes.h

```
#ifndef _INCLUDES_H          // 防止重复定义（开头）
#define _INCLUDES_H
// 包含使用到的软件构件头文件
#include "common.h"          // 包含公共要素软件构件头文件
#include "gpio.h"            // 包含 GPIO 底层驱动构件头文件
_____     // 包含 UART 底层驱动构件头文件
_____     // 包含 printf 软件构件头文件
_____     // 包含 ADC 底层驱动构件头文件
#include "ValueType.h"       // 包含数值类型转换构件头文件
#endif                       // 防止重复定义（结尾）
```

（2）工程主程序源文件 main.c

```
//1. 包含总头文件
#include "includes.h"
//2. 主程序
int main(void)
{
    //(1) 定义局部变量，并给有关变量赋初值
    uint_16 adc_result;        // 存放 A/D 转换结果
    float volt_value=0;        // 存放电压值
    uint_8 float_str[6];       // 存放实数转换后的字符串
    //(2) 关总中断
    DISABLE_INTERRUPTS;
    //(3) 初始化功能模块和外设模块
    _____    // 初始化 UART2，波特率 9600bit/s（用于 printf 输出）
    _____    // 初始化 ADC，使用通道 13，精度为 12 位
    //(4) 使能模块中断

    //(5) 开总中断
    ENABLE_INTERRUPTS;
    //(6) 进入主循环
    for(;;)
    {
        _____      // 读取并保存指定通道的 A/D 转换值
        printf("A/D 转换值：%d\t", _____ ); // 输出 A/D 转换值
        _____;     // 计算并保存 A/D 转换值对应的电压值
```

汽车计算机基础

```
        DoubleToStr(volt_value, 2, float_str);      // 将电压值转换为字符串, 保留 2 位小数
        printf(" 电压值: %s\n", float_str);           // 输出对应的电压值
        Delay_ms(1000);                              // 每隔 1s 采样 1 次
    }
}
```

车载网络技术
基础篇

第 13 单元

车载网络概述

学号		姓名		小组成员	
特别注意	造成用电安全或人身伤害事故的，本单元总评成绩计 0 分			单元总评成绩	
素质目标	1）基本职业素养：遵守工作时间，使用实践设备时重视用电安全，实践设备使用完毕后要断电并放于指定位置，养成良好的工作习惯 2）团结协作素养：小组内成员取长补短，具有责任意识、团队意识与协作精神 3）自主学习素养：能根据任务要求，查找相关资料解决实际问题；能自主完成同步练习，培养自主学习的意识与一丝不苟的工作作风 4）人文素养：具有一定的辩证唯物主义运用能力、产品成本意识、劳动意识、创新意识和创新能力			学生自评（2分）	
				小组互评（2分）	
				教师考评（6分）	
				素质总评（10分）	
知识目标	1）熟悉车载网络的产生背景、分类和拓扑结构 2）熟悉车载网络的典型应用			学生自评（10分）	
				教师考评（30分）	
				知识考评（40分）	
能力目标	能利用汽车手册，分析基于车载网络的信号传输流程			学生自评（5分）	
				小组互评（5分）	
				教师考评（40分）	
				能力总评（50分）	

随着汽车电子控制系统的增多，传统的布线方式会带来布线复杂、占用空间、成本提高、可靠性和可维修性降低等诸多问题。为此，车载网络（汽车总线）技术应运而生。

本单元的学习目标是：首先熟悉车载网络的产生背景、分类和拓扑结构；然后以 2015 年款大众帕萨特轿车为例，熟悉车载网络的典型应用。

任务 13.1　熟悉车载网络的产生背景、分类和拓扑结构

1. 车载网络的产生背景

随着现代汽车电子控制技术的发展与人们对汽车的动力性、经济性、舒适性、安全性和环保等方面的需求，汽车电子控制系统的数量不断增加，从发动机、变速器、制动、转向等动力控制系统到舒适与安全、仪表报警、电源管理等控制系统，均采用了电子控制技术。为了实现各电子控制系统之间的相互通信，最初采用了传统的布线方式，如图 13-1 所示，即需要相互通信的两者之间都要通过专属的布线实现"点对点"通信。

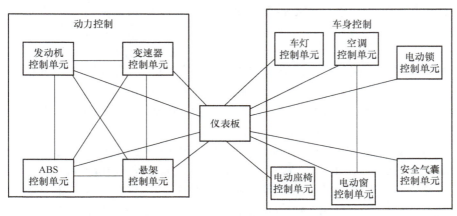

图 13-1　汽车电子控制系统的传统布线方式

不难看出，随着汽车电子控制系统的增多，传统的布线方式会带来布线复杂、占用空间、成本提高、可靠性和可维修性降低等诸多问题。为此，车载网络（汽车总线）技术应运而生。例如，如图 13-2 所示，利用控制器局域网（Controller Area Network，CAN）将汽车电子控制系统进行互连，这类似于将若干个电子控制系统加入 QQ 群，而各个电子控制系统作为 QQ 群的一个成员。很明显，采用汽车总线技术之后，汽车电子控制系统之间的通信线束大大减少，从而节省了空间，降低了成本，实现了资源共享，提高了系统的工作可靠性和可维修性。

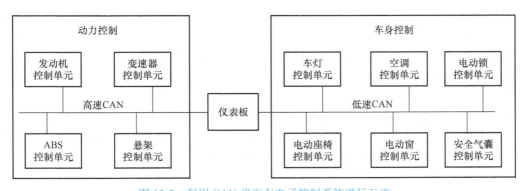

图 13-2　利用 CAN 将汽车电子控制系统进行互连

2. 车载网络的分类

为方便研究和设计应用，美国汽车工程师学会（SAE）的汽车网络委员会按照系统的复杂程度、传输流量、传输速度、传输可靠性、动作响应时间等参量，将汽车数据传输网络划分为 A、B、C、D、E 五类。

A 类网络是面向传感器／执行器控制的低速网络，数据传输速率通常小于 20kbit/s，是应用在控制模块与智能传感器或智能执行器之间的通信网络（子总线）。其主要用于车外后视镜调整、电动车窗、灯光照明、智能刮水器等控制，其特点是传输速率低、成本低。目前实际应用的 A 类网络主要有本地互联网（Local Interconnect Network，LIN）、时间触发协议 /A（Time Triggered Protocol/A，TTP/A）及丰田汽车专用的车身电子局域网络（Body Electronic Area Network，BEAN）。

B 类网络是面向独立模块间数据共享的中速网络，数据传输速率为 10～125kbit/s，主要应用于车身电子舒适性模块、仪表显示等控制系统。目前应用最为广泛的 B 类网络是低速 CAN。

C 类网络是面向高速、实时闭环控制的多路传输网络，数据传输速率为 125kbit/s～1Mbit/s，主要应用于牵引力控制、发动机控制、ABS、ESP 等动力控制系统。目前实际应用的 C 类网络主要有高速 CAN、TTP/C 及 FlexRay，其中高速 CAN 是主流的 C 类网络。

D 类网络是面向多媒体设备、高速数据流传输的高性能网络，也称为智能数据总线（Intelligent Data BUS，IDB），数据传输速率为 250kbit/s～100Mbit/s，主要应用于车载视频、车载音响、车载电话、导航等影音信息娱乐系统。按照 SAE 的分类，D 类网络中的 IDB-C 为低速网络，IDB-M 为高速网络，IDB-Wireless 为无线通信网络。其中，IDB-C 主要采用 CAN，IDB-M 主要采用多媒体定向系统传输（Media Oriented System Transport，MOST）、数字数据总线（Digital Data Bus，DDB）等总线，IDB-Wireless 主要采用蓝牙技术。

E 类网络是面向汽车被动安全系统的高速、实时网络，用于车辆被动性安全领域，数据传输速率为 10Mbit/s 以上，主要用于安全气囊系统。宝马（BMW）汽车上使用的 Byteflight 是典型的 E 类网络。

需要说明的是，随着汽车智能网联化及自动驾驶技术的发展，汽车电子控制单元之间的通信速率要求更高，车载以太网和 5G 移动通信也逐步应用于汽车中。限于篇幅，本书不做详述。

3. 车载网络的常用拓扑结构

网络拓扑结构是指用传输媒体互连各种设备的物理布局，也就是用什么方式把网络中的各个节点设备连接起来。在车载网络中，常用的拓扑结构有总线型、环形和星形这 3 种结构，如图 13-3 所示。

（1）总线型网络拓扑结构　总线型网络拓扑如图 13-3a 所示，多个电子控制单元（节点）挂接在总线上。任何一个节点发出的信息都可沿着总线传输，并被总线上其他节点接收。CAN、LIN、FlexRay 采用的就是总线型拓扑结构。

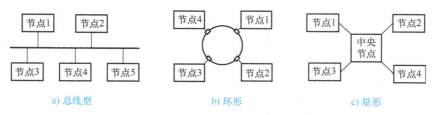

图 13-3　车载网络中常用的拓扑结构

CAN 通常采用多主工作方式，即 CAN 总线上的节点地位相同，任一节点均可在任意时刻主动地向 CAN 总线上其他节点发送数据，而不分主从。CAN 总线上的故障节点可自动脱离总线，而其他节点仍可以保持原有功能。LIN 采用一主多从的工作方式，即 LIN 总线上的一个节点为主节点，而其他节点均为从节点，由主节点控制整个 LIN 通信。

从硬件成本角度来说，CAN 总线上的节点成本高，而 LIN 总线上的节点成本低。其原因是，CAN 总线上的节点由 MCU、CAN 控制器和 CAN 收发器组成（将在第 14 单元中详细介绍），而 LIN 总线上的节点由 MCU 和 LIN 收发器组成，使用 MCU 的 UART 接口实现 LIN 通信。

（2）环形网络拓扑结构　环形网络拓扑结构如图 13-3b 所示，各节点首尾相连形成一个闭合环形线路。环形网络中的信息传送是单向的，即沿一个方向从一个节点传到另一个节点。MOST 总线采用的就是环形网络拓扑结构。

环形网络拓扑的优点是信息在网络中传输实时性好、传输数据量大及抗干扰能力强，结构简单，便于管理。其缺点是，当节点过多时，将影响传输效率，另外，任一节点出现故障时都会使整个网络不能正常工作，可靠性较差，网络扩充时要重新调整整个网络的排序，在增加功能时需添加电控单元，相对比较复杂。

（3）星形网络拓扑结构　星形网络拓扑结构如图 13-3c 所示，是以中央节点为中心，把若干外围节点连接起来的辐射式互联结构。它是以中央节点控制数据传输的网络方式，即以一台中心处理机为主组成的网络，中心节点接收从各个节点发来的数据，并进行处理，再向各个节点发出指令。Byteflight 采用的就是星形拓扑结构。

星形网络拓扑结构的优点是结构简单，通信数据量较少，可以根据需要由中央节点安排网络访问优先权或访问时间。其缺点是，中央节点负载重，扩充困难，线路利用率低。

任务 13.2　熟悉车载网络的典型应用

下面以 2015 年款大众帕萨特轿车（以下简称 Passat 2015）为例，说明车载网络的典型应用，如图 13-4 所示。

从图 13-4 中可以看出，Passat 2015 的整个车载网络包括 CAN（使用双绞线）、LIN（使用一根导线）和 MOST（使用光纤）三种总线，其中 CAN 总线又分为驱动 CAN、底盘 CAN、舒适 CAN、信息娱乐 CAN、扩展 CAN 和诊断 CAN。在不同的总线系统中，总线的速率、信号的含义都有差异，因此为了实现不同 CAN 总线之间的互联通信，需要借助网关。在大众车系，电子控制单元 J533 就是网关。网关 J533 除了用于实现不同 CAN 总线之间的互联通信，还用于汇集全车电子系统的故障信息。

汽车计算机基础

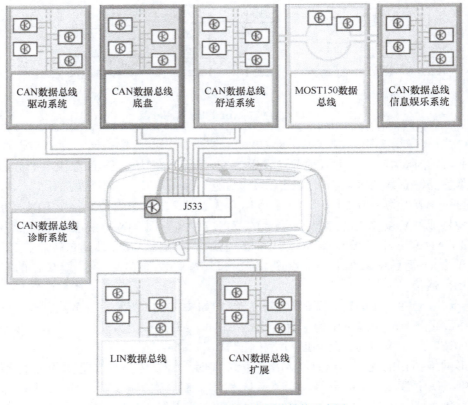

图 13-4　Passat 2015 的车载网络结构示意图

下面分别介绍 Passat 2015 各部分数据总线结构。

1. 驱动系统数据总线结构

Passat 2015 驱动系统数据总线结构示意图如图 13-5 所示，在驱动 CAN 总线上挂接了与驱动控制相关的发动机控制单元 J623、安全气囊控制单元 J234、双离合变速箱机械电子单元 J743、选档杆 E313。从图中可以看出，发动机控制单元 J623 不仅连接到 CAN 总线上，还连接到 LIN 总线上，在 LIN 总线上还挂接了两个氮氧传感器控制单元 J583 和 J881。在此 LIN 总线上，J623 是主节点，而 J583 和 J881 是从节点。由于 J623 同时挂接在 CAN 总线和 LIN 总线上，因此它本身又是 CAN 总线和 LIN 总线的一个网关，用来协调 CAN 总线上和 LIN 总线的通信。需要说明的是，<u>凡是挂接到总线上的电气设备一定是带有 ECU 的</u>，因此，J583 和 J881 不只是简单的传感器，而是带有 ECU 的，也就是说只有 ECU 才能连接到网络上，而单纯的传感器和执行器是没法直接连接到网络上的。

J234 也是同时连接在 CAN 总线和 LIN 总线上，它通过 LIN 总线与右前安全带拉紧器控制单元 J854 和左前安全带拉紧器控制单元 J855 连接，这与 J623 类似，因此不再赘述。

2. 底盘数据总线结构

Passat 2015 底盘数据总线结构示意图如图 13-6 所示，在底盘 CAN 总线上挂接了与底盘相关的防抱死制动系统（Anti-lock Brake System，ABS）控制单元 J104、电控减振系统控制单元 J250、泊车辅助系统控制单元 J446、全时四轮驱动控制单元 J492、转向助力控制单元 J500、驻车转向辅助装置控制单元 J791、全景影像控制单元 J928。

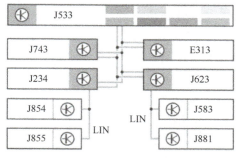 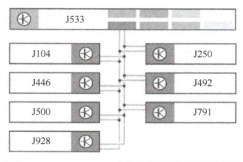

图 13-5　Passat 2015 驱动系统数据总线结构示意图　　图 13-6　Passat 2015 底盘数据总线结构示意图

3. 舒适系统数据总线结构

Passat 2015 舒适系统数据总线结构示意图如图 13-7 所示，在舒适 CAN 总线上挂接了转向柱电子装置控制单元 J527、挂车识别装置控制单元 J345、多功能单元控制单元 J501、进入及起动许可接口 J965、组合仪表控制单元 J285、防盗锁止系统控制单元 J362、驾驶人侧车门控制单元 J386、副驾驶人侧车门控制单元 J387、Climatronic 全自动空调控制单元 J255、车载电网控制单元 J519、滑动天窗控制单元 J245、行李厢盖控制单元 J605、驾驶人座椅调节装置控制单元 J810、电子转向柱锁控制单元 J764。J386 与左后侧车门控制单元 J388，J387 与右后侧车门控制单元 J389，J965 与行李厢盖开启控制单元 J938，J255 与空气质量传感器 G238、制冷剂循环回路压力传感器 G805、新鲜空气鼓风机控制单元 J126、后部空调器的操作和显示单元 E265，J519 与报警喇叭 H12、刮水器电动机控制单元 J400、车灯开关 E1、空气湿度传感器 G355、雨量和光照识别传感器 G397、防盗报警装置传感器 G578、左前座椅靠背通风装置 V512、左前座椅座垫通风装置 V514、右前座椅靠背通风装置 V516 和右前座椅座垫通风装置 V518，均是通过 LIN 总线连接。

4. 信息娱乐系统数据总线结构

Passat 2015 信息娱乐系统数据总线结构示意图如图 13-8 所示，在信息娱乐 CAN 总线上挂接了辅助加热系统控制单元 J364、收音机 R、倒车摄像头 R189、信息娱乐系统电子装置控制单元 J794（手机电子操作系统控制单元 J412）。通过 MOST 数据总线可实现下述组件之间的数据交换：组合仪表控制单元 J285、数字式音响套件控制单元 J525、数字式电视机调谐器 RX6 和信息娱乐系统电子装置控制单元 J794。

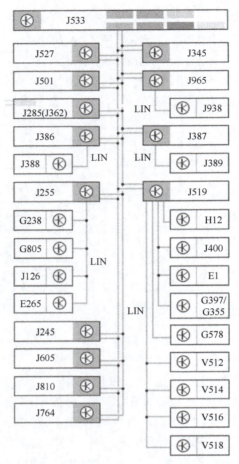

图 13-7　Passat 2015 舒适系统数据总线结构示意图

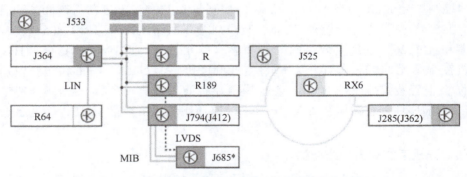

图 13-8　Passat 2015 信息娱乐系统数据总线结构示意图

5. 扩展 CAN 数据总线系统

　　Passat 2015 扩展 CAN 数据总线上连接的大部分控制单元都与驾驶人辅助系统有关，如图 13-9 所示。在主扩展 CAN 数据总线上挂接了胎压监测控制单元 J502、随动转向灯和大灯照明距离调节控制单元 J745、车距调节装置控制单元 J428、驾驶人辅助系统前部摄像头 R242、换道辅助系统控制单元 J769 和 J770。通过转向灯 CAN 数据总线使 J745 与左大灯电源模块 J667、右大灯电源模块 J668、右侧 LED 大灯电源模块 A27、左侧 LED 大灯电源模块 A31 相互连接。另外，在 J428 与 R242 之间增加了传感器融合 CAN 数据总线连接，在 J769 和 J770 之间增加了换道辅助 CAN 数据总线连接。

6. 诊断系统 CAN 数据总线结构

Passat 2015 诊断系统 CAN 数据总线结构示意图如图 13-10 所示。通过诊断系统 CAN 数据总线，实现外部诊断测试仪与 J533 的数据总线诊断接口进行快速通信。诊断测试仪可以通过常用的电缆或无线方式，实现与车辆诊断接口的连接。

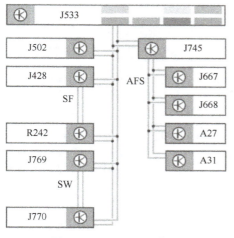

图 13-9　Passat 2015 扩展 CAN 数据总线系统结构示意图

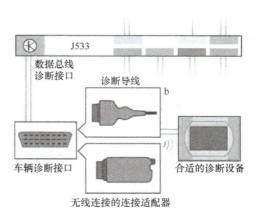

图 13-10　Passat 2015 诊断系统 CAN 数据总线结构示意图

【同步练习 13】

1. 请写出 Passat 2015 发动机转速信号（由发动机控制单元采集）到仪表显示器的信号传输流程。

2. 请写出驾驶人通过 Passat 2015 玻璃升降开关分别控制左后和右后车窗玻璃升降电动机的信号传输流程。

第 14 单元

CAN 通信技术及应用

学号		姓名		小组成员	
特别注意	造成用电安全或人身伤害事故的，本单元总评成绩计 0 分			单元总评成绩	
素质目标	1）基本职业素养：遵守工作时间，使用实践设备时注重用电安全，实践设备使用完毕后要断电并放于指定位置，程序设计要注重工程规范，养成良好的工作习惯 2）团结协作素养：小组内成员互查程序代码书写规范性、准确性和完整性，取长补短，具有责任意识、团队意识与协作精神 3）自主学习素养：能根据任务要求，查找相关资料解决实际问题；能自主完成同步练习，培养自主学习的意识与一丝不苟的工作作风 4）人文素养：具有一定的辩证唯物主义运用能力、产品成本意识、劳动意识、创新意识和创新能力			学生自评 （2 分）	
				小组互评 （2 分）	
				教师考评 （6 分）	
				素质总评 （10 分）	
知识目标	1）理解 CAN 的相关概念、硬件结构、通信原理和优点 2）熟悉 MCU 的 CAN 模块 3）掌握 CAN 底层驱动构件的使用方法 4）掌握 CAN 通信功能的应用层程序设计方法 5）掌握多机之间的 CAN 通信与调试方法 6）了解汽车 CAN 总线故障检测技术及应用			学生自评 （10 分）	
				教师考评 （30 分）	
				知识考评 （40 分）	
能力目标	1）能利用 Keil MDK 集成开发环境下的工程模板进行工程文件的组织和管理 2）能利用 J-Flash 软件进行目标程序的下载和运行 3）能组建基于 CAN 的汽车嵌入式局域网 4）能利用 CAN 底层驱动构件头文件进行 CAN 通信功能的应用层程序设计，实现基于 CAN 的汽车电子控制功能 5）能根据汽车 CAN 总线的波形和电压特点进行线路故障类型的判断			学生自评 （5 分）	
				小组互评 （5 分）	
				教师考评 （40 分）	
				能力总评 （50 分）	

　　CAN 是德国 Bosch 公司针对汽车电子领域开发的具有国际标准的现场总线，由于 CAN 具有很强的可靠性、安全性和实时性，目前 CAN 广泛应用于汽车电子、工业控制、农业控制、机电产品等领域的分布式测控系统中。利用 CAN 可以很方便地实现多机联网。

本单元的学习目标是：首先理解 CAN 的通用知识，包括 CAN 的相关概念、硬件结构、通信原理和优点；其次掌握 CAN 底层驱动构件的使用方法；再次学会多机之间的 CAN 通信与调试方法，掌握基于 CAN 的嵌入式局域网的设计方法，以及利用 CAN 底层驱动构件头文件进行 CAN 应用层程序设计的方法；最后了解汽车 CAN 总线故障检测技术及应用。

任务 14.1　理解 CAN 的通用知识

14.1.1　CAN 系统的总体构成和 CAN 节点的硬件结构

1. CAN 系统的总体构成

CAN 系统主要由若干个节点、两条数据传输线（CAN-H 和 CAN-L）及负载电阻组成，如图 14-1 所示○。其中，负载电阻的作用是防止反射波干扰。在实际应用中，一般将负载电阻设置在总线的终端，因此又称之为终端电阻。一般要求终端电阻的总阻值为 60 Ω，例如，可将两个终端电阻均设置为 120 Ω。

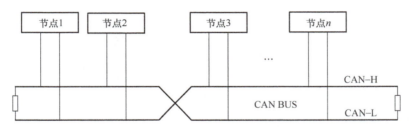

图 14-1　CAN 系统的总体构成

CAN 总线上的每个节点可独立完成网络数据交换和测控任务，理论上 CAN 总线可以连接无数个节点，但实际上受总线驱动能力的限制，目前每个 CAN 系统中最多可以连接 110 个节点。

2. CAN 节点的硬件结构

CAN 节点的硬件结构主要由传感器、MCU、CAN 控制器、CAN 收发器、执行器组成，如图 14-2 所示。需要说明的是，目前越来越多的 MCU 内部已经集成了 CAN 控制器，使得 CAN 节点硬件电路设计大大简化，例如，本书采用的 KEA128 芯片内部集成了 1 路 CAN 控制器。目前常用的一般 CAN 收发器有 TJA1050、TJA1040、PCA82C250 等，容错 CAN 收发器有 TJA1054、TJA1055 等○。

○ 图 14-1 中的"CAN BUS"代表"CAN 总线"。
○ 容错 CAN 收发器主要用于汽车舒适网络系统，容错 CAN 系统可单线运行。

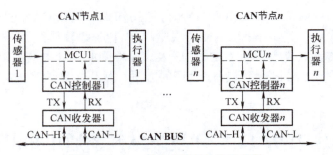

图 14-2　CAN 节点的硬件结构示意图

在此，给出 CAN 收发器 PCA82C250 对应的 CAN 接口硬件构件设计，如图 14-3 所示，其他型号的 CAN 收发器对应的 CAN 接口电路与之大同小异。

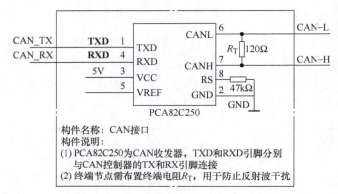

图 14-3　CAN 接口硬件构件

14.1.2　CAN 的网络通信原理

1. CAN 的网络结构

CAN 只使用了物理层、数据链路层和应用层，从而提高了通信的实时性。其中，数据链路层和物理层的作用如图 14-4 所示，其协议分别由 CAN 控制器和 CAN 收发器硬件自动实现。因此，CAN 总线应用系统软件设计的主要任务是对其应用层程序进行设计。

2. CAN 的数据传输流程

现以图 14-2 所示的节点 1 向节点 n 发送数据帧为例，简单说明 CAN 的数据通信过程。大家平时寄快递时，每件快递都会有一个快递单号，快递单上一般会注明寄的物品名称和物品数量。同样，在 CAN 的数据通信中，对应有数据包（帧）的标识符（identifier，ID，类似于快递单号）、数据的长度（类似于物品的数量）、相关的数据（如传感器信号或开关信号）。在图 14-2 中，节点 1 向节点 n 发送数据帧的过程如下：

节点 1 的 MCU1 先对传感器 1 进行数据采集，然后将传感器 1 对应的数字信号附加一个帧 ID 和数据的长度后发送给 CAN 控制器 1；CAN 控制器 1 将传感器 1 对应的数字信号、帧 ID、数据的长度、循环冗余校验（CRC）码等信息进行数据打包（组装数据帧，这类似于寄快递时要进行打包），然后将组装好的数据帧对应的并行数据转换为串行数字信号发送给 CAN 收发器 1；CAN 收发器 1 再将数据帧对应的串行数字信号转换为对应的

CAN 总线电压信号,从而完成了节点 1 向 CAN 总线上发送数据。

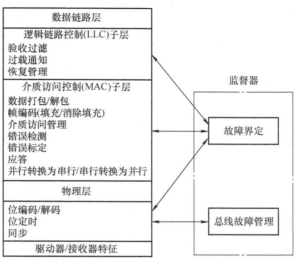

图 14-4　CAN 的数据链路层和物理层的作用

当节点 n 从 CAN 总线上接收到总线电压信号后,由 CAN 收发器 n 将 CAN 总线电压信号转换为对应的串行数字信号并发送给 CAN 控制器 n。此时,CAN 控制器 n 要解决一个问题:判断收到的信号是否是自身节点需要的数据,也就是所谓的"验收过滤"(这类似于在 QQ 群中收到一则消息之后,首先要看一下这则消息是否与自己有关。如果有关,就要认真仔细查看消息的具体内容;如果无关,就会放弃它,不再详细查看其具体内容。当然这个过程也类似于人们去取快递,拿到快递之后需要先核对收件人)。对 CAN 控制器 n 而言,如果判断收到的数据是自身节点 n 需要的数据,那么它就会接受此数据。若 CRC 结果正确,则 CAN 控制器 n 会向 CAN 总线上发送应答信号,表示已经正确接收到总线上其他节点发送的数据。然后 CAN 控制器 n 将接收到的串行数字信号转换为并行数据,并对该数据进行解包,供 MCUn 读取其中的有效数据(来自节点 1 的传感器信号)。MCUn 获取节点 1 的传感器信号后,再控制执行器 n 动作。如果 CAN 控制器 n 判断收到的信号不是自身节点需要的数据或者 CRC 结果错误,那么节点 n 就会放弃此次来自 CAN 总线上的数据。

通过上述分析,不难看出:当节点向 CAN 总线上<u>发送</u>数据时,CAN 控制器具有数据打包和数据的并/串转换等功能;而 CAN 收发器具有发送器的功能,另外还有将数字信号转换为 CAN 总线电压信号的功能。当节点从 CAN 总线上<u>接收</u>数据时,CAN 收发器具有接收器的功能,另外还有将 CAN 总线电压信号转换为数字信号的功能;而 CAN 控制器具有数据的串/并转换、数据解包、验收过滤、错误检测和应答等功能。

需要说明的是,由于 CAN 收发器具有"<u>边说边听</u>"功能(也就是同时发送和接收),因此当一个节点向 CAN 总线上发送数据时,该节点会同时接收到 CAN 总线上的数据,即 <u>CAN 总线是双向串行总线</u>。

3. CAN 总线电压信号与数字信号之间的关系

图 14-5 给出了 CAN 总线电压信号与数字信号之间的对应关系○。如前所述，CAN 收发器具有信号转换的功能，也就是具有 CAN 总线电压信号与数字信号相互转换的功能。CAN 收发器对 CAN-H 和 CAN-L 两根数据线的电压信号做"差分"运算后生成差分电压信号（$V_{diff} = V_{CAN-H} - V_{CAN-L}$），然后采用"负逻辑"将其差分电压信号转换为数字信号。

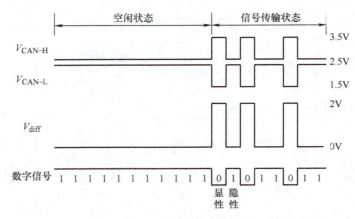

图 14-5　CAN 总线电压信号与数字信号之间的对应关系

【同步练习 14-1】

请读者根据图 14-5 所示的 CAN 总线电压波形，总结 CAN-H 与 CAN-L 的电压值具有什么特点。

细心的读者可能已经看到图 14-5 中的"显性"和"隐性"字样，数字信号 0 对应显性，数字信号 1 对应隐性，关于这个问题，涉及下面要介绍的帧 ID、数据优先级及数据的仲裁问题。

4. CAN 的帧 ID、数据优先级、数据的仲裁

CAN 为多主工作方式，任一节点均可在任意时刻主动地向 CAN 总线上发送数据，而不分主从。如果有多个节点同时向 CAN 总线上发送数据，那么这多个数据就会在 CAN 总线上出现"撞车"现象，这就像生活中很多人一起讨论问题，如果几个人同时讲话，就会乱套，此时需要进行仲裁，决定哪个人先讲，哪个人后讲。一般来说，谁讲的话最重要，谁就先讲。那么在 CAN 系统中是如何实现数据的仲裁？要想回答这个问题，需要首先理解帧 ID 和数据优先级的关系问题。

在 CAN 系统中，帧 ID 有这样一个特点：节点发送的数据包实时性要求越高，优先级越高，对应的帧 ID 就越小。其原理是：当多个节点同时向总线上发送数据时，总线上的结果是这多个数据"逻辑与"的值。"逻辑与"的运算规则是：参与运算的数据，只要

○ 在汽车电子领域，汽车舒适网络系统一般采用容错 CAN，对应的收发器是容错 CAN 收发器，CAN-H 的两个电压值分别是 0V 和 4V，对应的 CAN-L 的两个电压值分别是 5V 和 1V。空闲状态下，CAN-H 和 CAN-L 的电压值分别是 0V 和 5V。

有一个是 0，那么"逻辑与"的结果就是 0；只有参与运算的数据全是 1，"逻辑与"的结果才是 1。例如，如果节点 A 向总线上发送数字信号 0，而节点 B 同时向总线上发送数字信号 1，那么总线上的结果是 0 和 1 "逻辑与"的值 0。该过程就相当于：在总线上，节点 A 发送的数字信号 0 被显示出来，而节点 B 发送的 1 被隐蔽掉。因此把 0 称为显性位，而把 1 称为隐性位。同时，这也说明了 0 的优先级比 1 的优先级高。正因如此，CAN 总线利用帧 ID 来标识数据包的优先级：帧 ID 越小，数据包的优先级就越高；反之，数据包的优先级就越低。在实际应用时，应该按照数据包的优先级，给每个数据包分配一个唯一的 ID。需要注意的是，CAN 协议要求 ID 的高 7 位不能同时为 1。

在理解帧 ID 与数据包优先级之间的关系基础上，便容易理解 CAN 系统中的仲裁机制。如前所述，CAN 节点的收发器具有"边说边听"的功能，也就是当节点向 CAN 总线上发送数据时，它也能同时监听到总线上的数据。在一个节点向 CAN 总线上发送数据之前，首先监听总线是否处于空闲状态。当总线上连续出现 11 位以上的隐性位时，可视为总线处于空闲状态，否则说明有其他节点占用总线。如果节点监听到总线处于空闲状态，那么该节点就可以向总线上发送数据；否则，需要等待其他节点发送完毕，直到总线处于空闲状态。当多个节点同时向总线上发送数据时，总线上的结果是多个数据"逻辑与"的值。

当一个节点向 CAN 总线上发送数据包时，首先向总线上发送自己的帧 ID。在发送帧 ID 的过程中，如果一个节点向总线上发送的数据和从总线上接收到的数据一致，也就是它说的话和听到的话一致，那么这个节点就可以继续向总线上发送数据；而如果一个节点向总线上说的话和从总线上听到的话不一致，那么这个节点就要停止向总线上发送数据，转为听众，也就是"只听不说"。

下面，以图 14-6 所示的三个节点同时向总线上发送数据为例，分析 CAN 系统的数据仲裁机制。

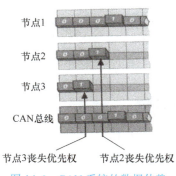

图 14-6 CAN 系统的数据仲裁

开始时刻，三个节点同时向总线上发送数字信号 0，总线上是这三个数字信号"逻辑与"的值 0。这一时刻，这三个节点向总线上说的是 0，从总线上听到的也是 0，也就是它们说的话和听到的话都是一致的，因此它们都可以继续向总线上发送数据。

第 2 时刻，节点 1 和节点 2 这两个节点都向总线上发送数字信号 0，而节点 3 向总线上发送数字信号 1，此时总线上是这三个数字信号"逻辑与"的值 0。这一时刻，节点 1 和节点 2 这两个节点向总线上说的是 0，从总线上听到的也是 0，也就是它们说的话和听到的话一致，因此它们都可以继续向总线上发送数据；节点 3 向总线上说的是 1，而从总线上听到的是 0，也就是它说的话和听到的话不一致，因此节点 3 要停止继续向总线上发送数据，转为听众，即节点 3 在这一时刻丧失优先权。

第 3 时刻，节点 1 向总线上发送数字信号 0，而节点 2 向总线上发送数字信号 1，此时总线上是这两个数字信号"逻辑与"的值 0。这一时刻，节点 1 向总线上说的是 0，从总线上听到的也是 0，也就是它说的话和听到的话一致，因此它可以继续向总线上发送数据；节点 2 向总线上说的是 1，而从总线上听到的是 0，也就是它说的话和听到的话不一致，因此节点 2 要停止继续向总线上发送数据，转为听众，即节点 2 在这一时刻丧失优先权。

第 4 时刻，节点 1 向总线上发送数字信号 1，由于此时节点 1 独占总线而使总线上的数据也是 1。由于节点 1 向总线上说的话和从总线上听到的话一致，因此它可以继续向总线上发送数据。

至此，三个节点通过帧 ID 进行优先级竞争的结果是节点 1 首先获得总线使用权，可将其数据包发送至 CAN 总线；在节点 1 将其数据包发送完毕后，若总线处于空闲状态，则系统会自动使节点 2 和节点 3 继续通过发送帧 ID 重新竞争总线的使用权（自动重发）。

通过上述分析，可以看出：CAN 系统的仲裁是基于 CAN 收发器的"边说边听"功能进行的，在 CAN 系统的仲裁过程中，不会出现不同优先级数据包之间的相互破坏，这就是所谓的"非破坏性仲裁"。

【同步练习 14-2】

如图 14-7 所示，A、B、C、D 四个节点在不同的时刻分别向 CAN 总线上发送帧 ID 为 5、7、3、6 的数据包，请读者画出各个数据包在总线上出现的顺序（假设每帧报文的传输时间占 3 格）。需要提示的是，一个节点一旦获得了总线的使用权，它会一口气将其数据包发送完，而不会受其他节点影响。请读者完成此练习后谈谈自己的体会。

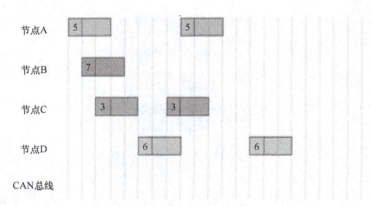

图 14-7　多个节点在不同时刻向总线上发送数据

5. CAN 验收过滤功能的实现

在 CAN 通信网络中，CAN 数据以广播方式在 CAN 总线上发送，每个节点都要通过 CAN 控制器的验收过滤功能来决定是否接受该数据。那么，验收过滤功能是如何实现的？在 CAN 系统中，是通过 CAN 控制器内的标识符验收寄存器（也称为过滤器标识符寄存器）和标识符屏蔽寄存器（也称为过滤器掩码寄存器）来实现的。具体而言，当某个节点的标识符屏蔽寄存器的某位设置为"有关"时，该节点只能接受帧 ID 与自身标识符验收寄存器对应位数值相等的数据帧；当某个节点的标识符屏蔽寄存器的某位设置为"无关"时，该节点可接受帧 ID 对应位为任意值（0 或 1）的数据帧。

【同步练习 14-3】

1）根据 CAN 系统的验收过滤原理，分析以下情况：若某个节点的标识符验收寄存器和标识符屏蔽寄存器的设置如表 14-1 所示，请在该表中填写该节点可以接受的数据帧的 ID。说明：标识符屏蔽寄存器中的 1 表示"无关"，0 表示"有关"。

表 14-1 CAN 节点的验收过滤结果

标识符验收寄存器	1 0 0 1 0 1 1 0 1 1 0
标识符屏蔽寄存器	0 0 1 0 0 1 0 0 0 0 0
可以接受的数据帧的 ID	

2）总结 CAN 的帧 ID 的用途，并写出帧 ID 与数据包的优先级之间的关系。

借助验收过滤功能，可以灵活实现 CAN 系统的"点对点""一点对多点（广播式）""多点对一点"的数据通信方式。下面举两个实例，说明 CAN 系统的数据通信方式。

在图 14-8 所示的车门 CAN 系统中，驾驶人通过玻璃升降组合开关（有 4 个开关）"分别"控制 4 个车门的玻璃升降电动机，这属于"点对点"的数据通信方式；而驾驶人通过中央门锁开关"同时"控制 4 个车门的闭锁器，这属于"一点对多点（广播式）"的数据通信方式。

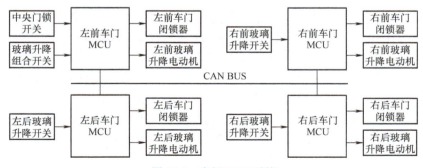

图 14-8 车门 CAN 系统

在图 14-9 所示的基于 CAN 的考核系统中，教师机在通过 CAN 总线向学生机发放考试题时，可以采用"点对点"或"一点对多点（广播式）"的数据通信方式；而若干个学生机在通过CAN总线向教师机发送考试题答案时，采用"多点对一点"的数据通信方式。

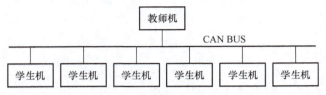

图14-9　基于CAN的考核系统

6. CAN数据帧的组成

CAN协议中有四种报文帧（Message Frame），分别是数据帧、远程帧、错误帧和过载帧。其中，数据帧和远程帧与用户编程相关；而错误帧和过载帧由CAN控制器硬件自动处理，与用户编程无关。

在CAN节点之间的通信中，若将数据从一个节点的发送器传输到另一个节点的接收器，则必须发送数据帧；而总线节点发送远程帧是用于请求其他节点发送具有相同标识符的数据帧。

CAN数据帧由7个不同的位域组成：帧起始、仲裁域、控制域、数据域、CRC域、应答域和帧结束，如图14-10所示。与数据帧相比，远程帧的组成中无数据域部分。

图14-10　CAN数据帧的组成

1）帧起始：仅由一个显性位（数字信号0）组成，由CAN控制器硬件自动完成。帧起始表示一帧数据的开始，所有节点必须同步于首先开始发送报文的节点的帧起始前沿。

2）仲裁域：主要包括帧ID和远程发送请求位（RTR），由用户通过编程设定。在CAN 2.0B协议中定义了标准格式与扩展格式两种帧格式，其中标准格式帧的ID为11位，扩展格式帧的ID为29位。帧格式由标识符扩展位（IDE）决定：当IDE为0时，表示该帧为标准格式帧；当IDE为1时，表示该帧为扩展格式帧。在标准格式中，IDE属于仲裁域；在扩展格式中，IDE属于控制域。当节点向总线上发送帧ID时，是从最高位开始发送的。当RTR为0时，表示该帧为数据帧；当RTR为1时，表示该帧为远程帧。

3）控制域：主要包括有效数据的字节数，即数据长度代码（DLC），由用户通过编程设定。DLC取值范围是0～8，即数据帧的有效数据最多是8字节。

4）数据域：由数据帧发送的有效数据组成，可以是0～8字节，由用户通过编程设定。当节点向总线上发送1字节数据时，是从该字节数据的最高位开始发送的。

5）CRC域：由15位循环冗余校验（CRC）序列和1位CRC界定符（隐性位，即数

第 14 单元　CAN 通信技术及应用

字信号 1）组成，用于检测数据传输是否有误。该域由 CAN 控制器硬件自动完成。

6）应答域：由 1 位应答位和 1 位应答界定符（隐性位）组成。发送方在应答位上发送隐性位（数字信号 1），而接收方正确接收到有效的报文时，会在应答位上发送显性位（数字信号 0）以表示应答。此时相当于多个节点同时向总线上发送数据，其中发送方发送的是数字信号 1，而接收方发送的是数字信号 0，这样总线上的数据是数字信号 0 和 1 的"逻辑与"值 0。对发送方而言，在数据帧的应答位上向总线上说的是 1，而从总线上听到的是 0，则表明有其他节点已经正确接收了该数据帧，否则表明其他节点没有正确接收到该数据帧。由于应答位属于报文帧内部的 1 位，因此 CAN 系统采用的是"帧内应答"机制，从而确保了 CAN 通信的实时性。该域由 CAN 控制器硬件自动处理。

7）帧结束：由 7 个隐性位（数字信号 1）组成，它标志着数据帧的结束，接收方可以通过该域判断一帧数据是否结束。该域由 CAN 控制器硬件自动完成。

可以看出，用户编程时，仅需要设置仲裁域、控制域和数据域相关的寄存器。

7. CAN 的波特率

在一个 CAN 系统中，只有各个节点具有相同的波特率才能正常通信。CAN 总线上任意两个节点之间的最大传输距离与波特率有关，表 14-2 列出了最大传输距离与波特率的对应关系。这里的最大传输距离是指在不使用中继器的情况下两个节点之间的距离。

表 14-2　CAN 总线上任意两个节点之间的最大传输距离与波特率的对应关系

波特率 / (kbit/s)	1000	500	250	125	100	50	20	10	5
最大传输距离 /m	40	130	270	530	620	1300	3300	6700	10000

8. CAN-H 与 CAN-L 中"H"和"L"的真正含义

在此，借助于图 14-5 所示的 CAN 总线波形说明"H"和"L"的真正含义。CAN 总线由"空闲状态"转为"信号传输状态"的瞬间，CAN-H 是从空闲状态开始向上（高处，High）跳动，而 CAN-L 是从空闲状态开始向下（低处，Low）跳动。因此，CAN-H 和 CAN-L 中的"H"和"L"，指的是总线由"空闲状态"转为"信号传输状态"的瞬间开始跳动的方向。请读者不要误解为 CAN-H 电压高于 CAN-L 的电压，"H"和"L"与电压没有直接关系。

14.1.3　CAN 的优点

CAN 具有很强的高可靠性、安全性和实时性，其主要表现如下：

1）CAN 总线采用双绞线和差分电压机制，使其"既能防人，又不害人"，即 CAN 总线能对外抗干扰，同时又不对外产生干扰。

当总线受到干扰时，由于 CAN-H 线与 CAN-L 线双线缠绕，因此干扰脉冲信号对 CAN-H 线和 CAN-L 线的作用是等幅值、等相位、同频率的。例如，在某段时间内，CAN-H 线和 CAN-L 线的正常电压分别为 3.5V 和 1.5V，则差分电压 V_{diff}=3.5V-1.5V=2V。假如某个时刻外界对总线产生干扰脉冲信号 X 时，CAN-H 线和 CAN-L 线的电压分别变为 3.5V–X 和 1.5V–X，但其差分电压 V_{diff}=(3.5V–X)–(1.5V–X)=2V，其值并未发生变化，如图 14-11 所示。显然，外界对总线产生了干扰，但总线的差分电压值保持不变，因此外界干扰不会影响 CAN 总线的数据传输。

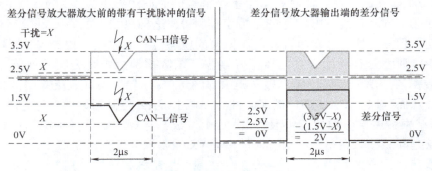

图 14-11　CAN 系统消除外界干扰的过程

当 CAN 总线对外辐射电磁波时，双线缠绕使 CAN–H 线与 CAN–L 线对外界的干扰是等幅值、同频率的，但方向相反，因此相互抵消，如图 14-12 所示。

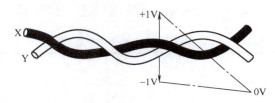

图 14-12　CAN 总线不对外产生干扰

2）CAN 系统采用"边说边听"方式的非破坏性仲裁机制。CAN 节点只要检测到总线上有其他节点在发送数据，就要等待总线处于空闲状态。当多个节点同时向总线上发送数据时，数据优先级高的节点先发送，而数据优先级低的节点后发送。发送期间丢失仲裁或出错的帧可自动重发，故障节点可自动脱离总线。

3）CAN 系统采用短帧格式，核心的有效数据最多 8 字节，从而保证了通信的实时性和可靠性。

4）CAN 系统采用先进的循环冗余校验，保证了通信的可靠性。

5）CAN 系统采用帧内应答机制，保证了通信的实时性。

任务 14.2　掌握 CAN 底层驱动构件的使用方法

1. KEA128 的 MSCAN 模块

KEA128 芯片中只有 1 个 MSCAN 模块，其发送数据引脚为 CAN0_TX，接收数据引脚为 CAN0_RX。根据附录 D 的 80LQFP 封装 S9KEAZ128AMLK 引脚功能分配表，可以配置 CAN 模块的引脚如表 14-3 所示。

第 14 单元　CAN 通信技术及应用

表 14-3　KEA128 的 CAN 引脚

引脚号	引脚名	ALT5
6	PTE7	CAN0_TX
7	PTH2	CAN0_RX
63	PTC7	CAN0_TX
64	PTC6	CAN0_RX

2. KEA128 的 CAN 底层驱动构件及使用方法

CAN 具有初始化、发送和接收三种基本操作。其中，CAN 发送是主动任务，发送方主动控制着数据发送的操作，因此 CAN 发送不必采用中断方式；而 CAN 接收是被动任务，并具有一定的随机性，对方可能随时发送数据过来，因此为了确保及时接收到对方发送来的每帧数据，CAN 接收一般采用中断方式。

CAN 底层驱动构件由 can.h 头文件和 can.c 源文件组成，若要使用 CAN 底层驱动构件，只需将这两个文件添加到所建工程的 04_Driver（MCU 底层驱动构件）文件夹中，即可实现对 CAN 的操作。其中，can.h 头文件主要包括相关头文件的包含、相关的宏定义、CAN 通信的数据包结构体声明、对外接口函数的声明；而 can.c 源文件是对外接口函数的具体实现，需要结合 KEA128 参考手册中的 MSCAN 模块信息和芯片头文件 SKEAZ1284.h 进行理解，初学者可不必深究。应用开发者只要熟悉下面给出的 can.h 头文件的内容，即可使用 CAN 底层驱动构件进行编程。

```
//============================================================
// 文件名称：can.h
// 功能概要：CAN 底层驱动构件头文件
// 芯片类型：KEA128
// 版权所有：JSEI-SMH & SD-WYH
// 版本更新：2019-07-01  V1.1
//============================================================
#ifndef _CAN_H              // 防止重复定义（开头）
#define _CAN_H
//1. 头文件包含
#include "common.h"         // 包含公共要素软件构件头文件
//2. 宏定义
//(1)CAN 工作模式宏定义
#define LOOP_MODE    0      // 回环测试模式
#define NORM_MODE    1      // 正常工作模式
//(2)CAN 接收过滤器宏定义
#define FILTER_ON    1      // 接收过滤器开启，只接收对应 ID 的帧
#define FILTER_OFF   0      // 接收过滤器关闭，接收所有帧
//(3)CAN 使用的引脚宏定义（由具体硬件板决定）
```

239

```c
#define  CAN_GROUP   1        //1=PTC7-TX、PTC6-RX，2=PTE7-TX、PTH2-RX
```

//3. CAN 通信的数据包结构体声明

```c
typedef struct CanMsg
{
    uint_32  m_ID;               // 帧 ID
    uint_8  m_IDE;               // 标准格式帧为 0，扩展格式帧为 1
    uint_8  m_RTR;               // 数据帧为 0，远程帧为 1
    uint_8  m_data[8];           // 帧数据
    uint_8  m_dataLen;           // 帧数据长度
} CAN_Msg;
```

//4. 对外接口函数声明

```c
//================================================================
// 函数名称：can_init
// 函数功能：CAN 模块初始化
//（使用标准格式帧，采用总线时钟作为 CAN 模块的时钟源）
// 函数参数：baud_rate: 波特率，建议使用 50、100、200、250、500、1000，单位为 kbit/s
//          rcv_id: 预想接收的帧 ID
//          filter: 接收过滤器开关（可用宏定义作为函数实参，
//                  FILTER_ON 表示开启过滤器，只接收 ID 为 rcv_id 的帧
//                  FILTER_OFF 表示关闭过滤器，接收所有帧）
// 函数返回：无
//================================================================
void can_init(uint_16 baud_rate, uint_32 rcv_id, uint_8 filter);


//================================================================
// 函数名称：can_fill_std_msg
// 函数功能：填充一个待发送的 CAN 标准格式帧数据包
// 函数参数：*send_msg: 用于指向待发送 CAN 数据包结构体的首地址
//          id: 待发送 CAN 标准格式帧的 ID（11 位）
//          *buff: 用于指向待发送数据缓冲区的首地址
//          len: 待发送数据长度（≤8 字节）
// 函数返回：函数执行状态（0 表示填充成功，1 表示数据长度输入错误）
//================================================================
uint_8 can_fill_std_msg(CAN_Msg *send_msg, uint_32 id, uint_8 *buff, uint_8 len);


//================================================================
// 函数名称：can_send_msg
// 函数功能：CAN 发送数据包
// 函数参数：*send_msg: 用于指向待发送 CAN 数据包结构体的首地址
```

// 函数返回：函数执行状态
//（0 表示发送成功，1 表示数据帧长度错误，2 表示发送扩展格式帧）
//==
uint_8 can_send_msg(CAN_Msg *send_msg);

//==
// 函数名称：can_rcv_msg
// 函数功能：CAN 接收数据包
// 函数参数：*rcv_msg: 用于指向接收 CAN 数据包结构体的首地址
// 函数返回：函数执行状态
//（0 表示成功接收帧，1 表示未接收到帧，2 表示收到扩展格式帧）
//==
uint_8 can_rcv_msg(CAN_Msg *rcv_msg);

//==
// 函数名称：can_rcv_int_enable
// 函数功能：CAN 接收中断使能
// 函数参数：无
// 函数返回：无
//==
void can_rcv_int_enable(void);

//==
// 函数名称：can_rcv_int_disable
// 函数功能：CAN 接收中断禁止
// 函数参数：无
// 函数返回：无
//==
void can_rcv_int_disable(void);

#endif   // 防止重复定义（结尾）

任务 14.3　多机之间的 CAN 通信与调试

下面以两个 CAN 节点进行通信为例，简要介绍 CAN 通信的设计与实现方法。用两个带有 CAN 通信接口的 KEA128 实验板作为两个 CAN 节点，分别记为节点 A 和节点 B。假设要实现节点 A 的开关控制节点 B 的小灯亮灭功能（利用驾驶人车门的中央门锁开关控制车门闭锁器的原理与之相似），这里对节点预接收的帧 ID、发送或接收数据段的含义做如表 14-4 所示的约定。

表 14-4　CAN 通信应用层约定

	预接收的帧 ID	发送或接收数据段的含义							
		DATA0	DATA1	DATA2	DATA3	DATA4	DATA5	DATA6	DATA7
节点 A	0x0A	开关 SW1 的状态	—	—	—	—	—	—	—
节点 B	0x0B	控制小灯 LIGHT1 的状态	—	—	—	—	—	—	—

现在结合第 7 单元中的小灯构件和第 8 单元中的开关构件，使用本单元中的 CAN 底层驱动构件头文件，在表 7-5 所示的框架下，设计两个节点 07_Source（应用层软件构件）的文件，实现 A、B 两个 CAN 节点之间的通信功能：当节点 A 中开关 SW1 的状态发生变化时，节点 A 向节点 B 发送 CAN 数据帧；节点 B 通过中断方式接收来自 CAN 总线上的数据，当它接收到对应的数据包后，解析其数据段中的数据，并控制本节点中小灯 LIGHT1 的状态。

1. 节点 A 的参考程序

（1）工程总头文件 includes.h

```
//================================================================
// 文件名称：includes.h
// 功能概要：工程总头文件
// 版权所有：JSEI-SMH
// 版本更新：2021-06-22  V1.1
//================================================================
#ifndef _INCLUDES_H          // 防止重复定义（开头）
#define _INCLUDES_H
// 包含使用到的软件构件头文件
#include "common.h"          // 包含公共要素软件构件头文件
#include "gpio.h"            // 包含 GPIO 底层驱动构件头文件
#include "sw.h"              // 包含开关软件构件头文件
#include "can.h"             // 包含 CAN 底层驱动构件头文件
#endif                       // 防止重复定义（结尾）
```

（2）主程序源文件 main.c

```
//================================================================
// 文件名称：main.c
// 功能概要：主程序源文件
// 工程说明：详见 01_Doc 文件夹中的 Readme.txt 文件
```

// 版权所有：JSEI-SMH
// 版本更新：2022-10-25 V1.2
//==
//1.包含总头文件
#include "includes.h"
//2.定义全局变量

//3.主程序
int main(void)
{
　　//(1) 定义局部变量，并给有关变量赋初值
　　uint_32 rcv_id = 0x0A;　　// 预想接收的帧 ID
　　CAN_Msg send_msg;　　// 待发送数据包的结构体变量
　　uint_32 send_id = 0x0B;　　// 待发送的帧 ID
　　uint_8　send_data[8];　　// 待发送的数据段
　　uint_8　send_dataLen = 1;　// 待发送的数据段字节数
　　uint_8 sw_state1;　　// 开关 SW1 的状态
　　//(2) 关总中断
　　DISABLE_INTERRUPTS;
　　//(3) 初始化功能模块和外设模块
　　sw_init(SW1);　　// 初始化开关 SW1
　　// 初始化 CAN（波特率为 100kbit/s，开启过滤器）
　　can_init(100, rcv_id, FILTER_ON);
　　//(4) 使能模块中断

　　//(5) 开总中断
　　ENABLE_INTERRUPTS;
　　//(6) 开关状态初检，并发送 CAN 数据帧控制节点 B 的小灯状态
　　sw_state1= sw_get(SW1);　// 获取开关 SW1 的状态，并赋给变量 sw_state1
　　send_data[0]= sw_state1;　// 更新待发送的数据段
　　// 填充待发送的标准帧数据包，并发送 CAN 标准数据帧
　　can_fill_std_msg(&send_msg, send_id, send_data, send_dataLen);
　　can_send_msg(&send_msg);
　　//(7) 进入主循环
　　for(;;)
　　{
　　　　// 若开关 SW1 状态发生变化，则发送 CAN 数据帧
　　　　if(sw_get(SW1) == !sw_state1)
　　　　{

汽车计算机基础

```
            sw_state1 = !sw_state1;        // 开关 SW1 状态取反（逻辑非）
            send_data[0]= sw_state1;        // 更新待发送的数据段
            // 填充待发送的标准帧数据包，并发送 CAN 标准数据帧
            can_fill_std_msg(&send_msg,send_id,send_data,send_dataLen);
            can_send_msg(&send_msg);
        }
    }
}
```

2. 节点 B 的参考程序

（1）工程总头文件 includes.h

```
//===============================================================
// 文件名称：includes.h
// 功能概要：工程总头文件
// 版权所有：JSEI-SMH
// 版本更新：2021-06-22 V1.1
//===============================================================
#ifndef _INCLUDES_H        // 防止重复定义（开头）
#define _INCLUDES_H
// 包含使用到的软件构件头文件
#include "common.h"        // 包含公共要素软件构件头文件
#include "gpio.h"          // 包含 GPIO 底层驱动构件头文件
#include "sw.h"            // 包含开关软件构件头文件
#include "light.h"         // 包含小灯软件构件头文件
#include "can.h"           // 包含 CAN 底层驱动构件头文件
#endif                     // 防止重复定义（结尾）
```

（2）主程序源文件 main.c

```
//===============================================================
// 文件名称：main.c
// 功能概要：主程序源文件
// 工程说明：详见 01_Doc 文件夹中的 Readme.txt 文件
// 版权所有：JSEI-SMH
// 版本更新：2022-10-18 V1.1
//===============================================================
//1.包含总头文件
#include "includes.h"
//2.定义全局变量
CAN_Msg g_rcv_msg;          // 待接收数据包的结构体变量
```

```
uint_8   g_can_rcvFlag = 1;      //CAN 接收标志：0 为接收成功，1 为接收失败
//3. 主程序
int main(void)
{
    //(1) 定义局部变量，并给有关变量赋初值
    uint_32 rcv_id= 0x0B;                  // 预想接收的帧 ID
    //(2) 关总中断
    DISABLE_INTERRUPTS;
    //(3) 初始化功能模块和外设模块
    light_init(LIGHT1, LIGHT_OFF);         // 初始化小灯 LIGHT1 灭
    // 初始化 CAN，波特率为 100kbit/s，开启过滤器
    can_init(100, rcv_id, FILTER_ON);
    //(4) 使能模块中断
    can_rcv_int_enable( );                  // 使能 CAN 接收中断
    //(5) 开总中断
    ENABLE_INTERRUPTS;
    //(6) 进入主循环
    for(;;)
    {
        if(!g_can_rcvFlag)                  // 若接收到 CAN 数据帧
        {
            g_can_rcvFlag = 1;              // 重置 CAN 接收标志，以便下次接收
            // 解析接收到的数据，执行相关功能
            // 根据节点 A 的开关状态的变化，控制本节点对应小灯的状态
            if(g_rcv_msg.m_data[0] == SW_CLOSE)  // 节点 A 的开关 SW1 闭合
            {
                light_control(LIGHT1, LIGHT_ON);  // 控制小灯 LIGHT1 亮
            }
            else if(g_rcv_msg.m_data[0] == SW_OPEN) // 节点 A 的开关 SW1 断开
            {
                light_control(LIGHT1, LIGHT_OFF); // 控制小灯 LIGHT1 灭
            }
        }
    }
}
```

(3) 中断服务程序源文件 isr.c

```
//===============================================================
// 文件名称：isr.c
```

```
// 功能概要：中断服务程序源文件
// 芯片类型：KEA128
// 版权所有：JSEI-SMH
// 版本更新：2022-10-18 V1.1
//==============================================================
//1. 包含总头文件
#include "includes.h"
//2. 声明外部变量（在 main.c 中定义）
extern  CAN_Msg  g_rcv_msg;  // 待接收数据包的结构体变量
extern  uint_8   g_can_rcvFlag; //CAN 接收标志：0 为接收成功，1 为接收失败
//3. 中断服务程序
//CAN 接收中断服务程序
void MSCAN_RX_IRQHandler(void)
{
    DISABLE_INTERRUPTS; // 关总中断
    g_can_rcvFlag = can_rcv_msg(&g_rcv_msg);           // 接收 CAN 数据帧
    ENABLE_INTERRUPTS;                                 // 开总中断
}
```

在进行 CAN 通信测试前，必须确保两个节点的硬件电路连接好。特别要说明的是，要确保两个节点的 CAN-H 与 CAN-H 连接，CAN-L 与 CAN-L 连接，线路不能接反。

分别将上述两个节点程序对应的 .hex 文件下载到两个 MCU 实验板之后，首先给节点 B 上电，使节点 B 等待接收 CAN 总线数据；然后给节点 A 上电，使节点 A 向节点 B 发送 CAN 数据帧。请读者结合上述程序以及实验现象理解两个节点的 CAN 通信过程。

【同步练习 14-4】

请在上述程序基础上，根据下面给出的代码注释，填空完成节点 A 和节点 B 的主程序，实现：当节点 A 中的开关 SW1 或 SW2 状态发生变化时，向节点 B 发送 CAN 数据帧，控制节点 B 中对应小灯 LIGHT1 或 LIGHT2 的状态。

(1) 节点 A 的主程序

```
int main(void)
{
    //(1) 定义局部变量，并给有关变量赋初值
    …
    uint_8   send_data[8];              // 存放待发送的数据段
    uint_8   send_dataLen = 2;          // 待发送的数据段字节数
    vuint_8  sw_state1;                 // 开关 SW1 的状态
    _____;         // 开关 SW2 的状态
    //(2) 关总中断
```

DISABLE_INTERRUPTS;

//(3) 初始化功能模块和外设模块

sw_init(SW1);   // 初始化开关 SW1

_____;   // 初始化开关 SW2

can_init(100, rcv_id, FILTER_ON);   // 初始化 CAN

//(4) 使能模块中断

//(5) 开总中断

ENABLE_INTERRUPTS;

//(6) 开关状态初检，并发送 CAN 数据帧控制节点 B 的小灯状态

sw_state1 = sw_get(SW1);   // 获取开关 SW1 的状态，并赋给变量 sw_state1

send_data[0]= sw_state1;   // 更新待发送的数据段

_____;   // 获取开关 SW2 的状态，并赋给变量 sw_state2

_____;   // 更新待发送的数据段

// 填充待发送的标准帧数据包，并发送 CAN 标准数据帧

can_fill_std_msg(&send_msg, send_id, send_data, send_dataLen);

can_send_msg(&send_msg);

//(7) 进入主循环

for(;;)

{

    // 若开关 SW1 或 SW2 状态发生变化，则发送 CAN 数据帧

    if(_____)

    {

        if(sw_get(SW1) == !sw_state1) // 开关 SW1 状态发生变化

        {

            sw_state1 = !sw_state1;   // 开关 SW1 状态取反（逻辑非）

            send_data[0]= sw_state1; // 更新待发送的数据段

        }

        if(_____)   // 开关 SW2 状态发生变化

        {

            _____;   // 开关 SW2 状态取反（逻辑非）

            _____;   // 更新待发送的数据段

        }

    // 填充待发送的标准帧数据包，并发送 CAN 标准数据帧

    can_fill_std_msg(&send_msg,send_id,send_data,send_dataLen);

    can_send_msg(&send_msg);

汽车计算机基础

```
        }
    }
}
```

（2）节点 B 的主程序

```c
int main(void)
{
    …
    //(3) 初始化功能模块和外设模块
    light_init(LIGHT1, LIGHT_OFF);           // 初始化小灯 LIGHT1 灭
    _____;            // 初始化小灯 LIGHT2 灭
    …
    //(6) 进入主循环
    for(;;)
    {
        if(!g_can_rcvFlag)                   // 若接收到 CAN 数据
        {
            g_can_rcvFlag = 1;               // 重置 CAN 接收标志，以便下次接收
            // 解析接收到的数据，执行相关功能
            // 根据节点 A 的开关状态的变化，控制本节点对应小灯的状态
            if(g_rcv_msg.m_data[0] == SW_CLOSE)   // 节点 A 的开关 SW1 闭合
            {
                light_control(LIGHT1, LIGHT_ON);  // 控制小灯 LIGHT1 亮
            }
            else if(g_rcv_msg.m_data[0] == SW_OPEN) // 节点 A 的开关 SW1 断开
            {
                light_control(LIGHT1, LIGHT_OFF); // 控制小灯 LIGHT1 灭
            }
            if(_____)      // 节点 A 的 SW2 开关闭合
            {
                _____;     // 控制小灯 LIGHT2 亮
            }
            else if(_____) // 节点 A 的 SW2 开关断开
            {
                _____;     // 控制小灯 LIGHT2 灭
            }
        }
    }
}
```

第 14 单元　CAN 通信技术及应用

任务 14.4　汽车 CAN 总线故障检测技术及应用

在本任务中，主要熟悉常见的汽车驱动 CAN 总线和舒适 CAN 总线的线路故障类型，以及根据 CAN 总线的波形及电压特点进行线路故障检测的方法。

14.4.1　驱动 CAN 总线故障检测技术

1. 驱动 CAN 总线的终端电阻检测方法

驱动 CAN 总线的匹配电阻安装在终端电控单元的 CAN-H 线与 CAN-L 线之间，总的电阻值为 60Ω 左右，其作用是防止反射波对正常信号的干扰，若终端电阻出现故障，则会影响总线信号的正常传输。驱动 CAN 总线的终端电阻检测步骤如下：

1）关闭点火开关并等待大约 5min，直到所有的电容器都充分放电完毕。

2）用万用表检测 CAN-H 线与 CAN-L 线之间的电阻，若检测值为 60Ω 左右，则说明系统的终端电阻正常；否则需要按照下面的步骤进一步检测。

3）将一个带有终端电阻的电控单元的插头从 CAN 总线上拔下，检测该电控单元 CAN-H 与 CAN-L 端子之间的电阻，若检测值大于 60Ω 且小于无穷大，则说明该电控单元上的终端电阻没有问题，需要继续按照此方法检测其他终端电控单元的终端电阻；否则，说明该电控单元上的终端电阻有问题，需要进行维修。

若在第 3）步中，所有终端电控单元的终端电阻均正常，但总的终端电阻值不是 60Ω 左右，则说明 CAN 总线本身存在线路故障（短路、断路等故障），需要借助万用表或示波器进一步确认 CAN 总线的线路故障类型。

2. 驱动 CAN 总线的电压和波形检测方法与特点分析

分别用万用表和示波器（如 KT600）进行 CAN 总线的电压检测和波形检测。

（1）示波器 KT600 的设置步骤

1）选择两个通道，分别用于检测 CAN-H 和 CAN-L 的波形。

2）将两个通道的零伏线坐标置于等高，在同一零坐标线下对电压值进行分析更为简便。

3）将两个通道的幅值设置为相同的规格（1V/格、2V/格或 2.5V/格）。

4）设置周期值为 20μs/格，这个参数不宜设置过高，否则观察不到合适的波形。

5）将一个通道的两根数据线中的一根接搭铁，另一根接 CAN-H 线或 CAN-L 线。另一个通道也是如此。

（2）驱动 CAN 总线的波形与电压

下面介绍 8 种情况下的驱动 CAN 总线的波形和电压，并分析其特点。

1）正常情况。驱动 CAN 总线正常的波形如图 14-13 所示，该波形的前面一段是两条重叠的直线，表示 CAN 总线处于"空闲"状态；后面一段，CAN-H 与 CAN-L 两根线的波形出现上下跳动，表示 CAN 总线上有信号传输。从"空闲"状态到"有信号"状态切换的瞬间，上面的波形是从"空闲"状态向上（高处）跳动，该波形对应的是 CAN-H 波形；下面的波形是从"空闲"状态向下（低处）跳动，该波形对应的是 CAN-L 波形。

249

利用此方法可以快速从波形图上分辨出每个波形对应的是CAN-H还是CAN-L，该方法既适用于驱动CAN也适用于舒适CAN，既适用于正常情况也适用于故障情况。需要说明的是，为了便于区分，CAN-H和CAN-L的波形分别用粗线和细线表示（下同）。

用万用表检测到的驱动CAN-H的电压值约为2.6V，而CAN-L的电压值约为2.4V，其原因可结合图14-13所示的波形进行理解。具体而言，CAN总线大部分时间处于空闲状态，即CAN-H和CAN-L均为主体电压（空闲电压）2.5V。CAN总线小部分时间有信号传输，有信号传输时，CAN-H在2.5V与3.5V两个电压值之间波动，CAN-L在2.5V与1.5V两个电压值之间波动。因此从平均角度说，CAN-H的测量值比主体电压2.5V高一点，即2.6V左右；CAN-L的测量值比主体电压2.5V低一点，即2.4V左右。该原理也适用于舒适CAN总线。

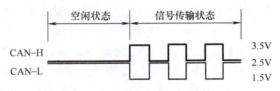

图14-13　驱动CAN总线正常的波形

2）CAN-H搭铁。驱动CAN-H搭铁的波形如图14-14所示，其特点是，一根线的波形始终为0V线（对应CAN-H）；另一根线的波形的主体电压略高于0V，并偶尔出现向下跳动的尖脉冲，因此该波形对应的是CAN-L的波形。当CAN-H搭铁时，CAN-L的主体电压由正常时的2.5V下降为略高于0V的原因是，驱动CAN-H与CAN-L之间有终端电阻，相当于CAN-H与CAN-L之间"手拉手"，因此当CAN-H的主体电压变为0V时，CAN-L的主体电压也随之变为0V左右，该原理也适用于驱动CAN总线的其他故障情况。

用万用表检测到的CAN-H电压值始终为0V，而CAN-L电压值约为0.2V。

图14-14　驱动CAN-H搭铁的波形

3）CAN-L搭铁。驱动CAN-L搭铁的波形如图14-15所示，其特点是，一根线的波形始终为0V线（对应CAN-L）；另一根线的波形的主体电压略高于0V，有信号传输时，是从"空闲"状态向上跳动，因此该波形对应的是CAN-H的波形。

用万用表检测到的CAN-L电压值始终为0V，而CAN-H电压值约为0.5V。

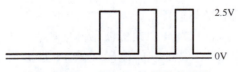

图14-15　驱动CAN-L搭铁的波形

4）CAN-H与CAN-L短路。驱动CAN-H与CAN-L短路的波形如图14-16所示，其特点是，两根线的波形完全重叠，并且在主体电压2.5V的基础上向下波动。

用万用表检测到的CAN-H与CAN-L电压值为2.5V左右。

图 14-16　驱动 CAN-H 与 CAN-L 短路的波形

5）CAN-H 与电源正极短路。驱动 CAN-H 与电源正极短路的波形如图 14-17 所示，其特点是，一根线的波形始终为电源电压（对应 CAN-H）；另一根线的波形的主体电压也被拉到接近电源电压，有信号传输时，是从"空闲"状态向下跳动，因此该波形对应的是 CAN-L 的波形。

用万用表检测到的 CAN-H 电压值始终为电源电压，而 CAN-L 电压值略低于电源电压。

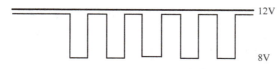

图 14-17　驱动 CAN-H 与电源正极短路的波形

6）CAN-L 与电源正极短路。驱动 CAN-L 与电源正极短路的波形如图 14-18 所示，其特点是，CAN-H 与 CAN-L 两根线的波形均约为电源电压，其原因是 CAN-L 始终为电源电压，而 CAN-H 的主体电压也被拉向电源电压，有信号时，CAN-H 已无法向上跳动。

用万用表检测到的 CAN-H 与 CAN-L 的电压值始终为电源电压。

=============== 12V

图 14-18　驱动 CAN-L 与电源正极短路的波形

7）CAN-H 断路。驱动 CAN-H 断路的波形如图 14-19 所示，其特点是，与正常的波形相比，CAN-H 的波动幅度增大，CAN-L 的波动幅度减小，且有时 CAN-H 与 CAN-L 波形重叠。

用万用表检测到的 CAN-H 电压值约为 2.8V（高于正常电压值），CAN-L 电压值约为 1.8V（低于正常电压值）。

图 14-19　驱动 CAN-H 断路的波形

8）CAN-L 断路。驱动 CAN-L 断路的波形如图 14-20 所示，其特点是，与正常的波形相比，CAN-H 的波动幅度减小，CAN-L 的波动幅度增大，且有时 CAN-H 与 CAN-L 波形重叠。

用万用表检测到的 CAN-H 电压值约为 3V（高于正常电压值），CAN-L 电压值约为 2V（低于正常电压值）。

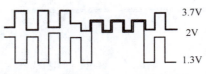

图 14-20 驱动 CAN-L 断路的波形

14.4.2 舒适 CAN 总线故障检测技术

舒适 CAN 总线与驱动 CAN 总线的主要区别有两个：一是舒适 CAN 总线可以单线运行；二是舒适 CAN 总线的匹配电阻不是安装在终端电控单元的 CAN-H 线与 CAN-L 线之间，正常情况下，舒适 CAN-H 与 CAN-L 之间的电阻值为无穷大。

在检测舒适 CAN 总线的波形时，示波器的设置步骤与检测驱动 CAN 总线波形时的类似，区别仅仅在于需要将周期值设置得更大一些（如 50μs/格），这是因为舒适 CAN 总线的通信速率要比驱动 CAN 总线的低。

下面介绍 8 种情况下的舒适 CAN 总线的波形和电压，并分析其特点。

1）正常情况。舒适 CAN 总线正常的波形如图 14-21 所示。用万用表检测到的 CAN-H 电压值约为 0.4V，而 CAN-L 电压值约为 4.6V。

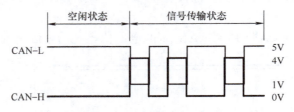

图 14-21 舒适 CAN 总线正常的波形

2）CAN-H 搭铁。舒适 CAN-H 搭铁的波形如图 14-22 所示，其特点是，一根线的波形始终为 0V 线（对应 CAN-H），而另一根线的波形（对应 CAN-L）与正常时的波形一样。用万用表检测到的 CAN-H 电压值始终为 0V，而 CAN-L 电压值与正常时的一样（约为 4.6V）。从此可以看出，舒适 CAN 总线可以单线运行，对于舒适 CAN 的其他线路故障也是如此。

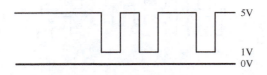

图 14-22 舒适 CAN-H 搭铁的波形

3）CAN-L 搭铁。舒适 CAN-L 搭铁的波形如图 14-23 所示，其特点是，一根线的波形始终为 0V（对应 CAN-L），而另一根线的波形（对应 CAN-H）与正常时的一样。用万用表检测到的 CAN-L 电压值始终为 0V，而 CAN-H 电压值与正常时的一样（约为 0.4V）。

图 14-23　舒适 CAN-L 搭铁的波形

4）CAN-H 与 CAN-L 短路。舒适 CAN-H 与 CAN-L 短路的波形如图 14-24 所示，其特点是，两根线的波形完全重叠，并且与正常时的 CAN-H 波形一样，这是因为当舒适 CAN-H 与 CAN-L 短路时，系统自动关闭 CAN-L，保留 CAN-H 正常运行。用万用表检测到的 CAN-H 与 CAN-L 电压值相同，并且与正常时 CAN-H 的电压值一样（约为 0.4V）。

图 14-24　舒适 CAN-H 与 CAN-L 短路的波形

5）CAN-H 与电源正极短路。舒适 CAN-H 与电源正极短路的波形如图 14-25 所示，其特点是，一根线的波形始终为电源电压（对应 CAN-H），而另一根线的波形（对应 CAN-L）与正常时的一样。用万用表检测到的 CAN-H 电压值始终为电源电压，而 CAN-L 电压值与正常时的一样（约为 4.6V）。

图 14-25　舒适 CAN-H 与电源正极短路的波形

6）CAN-L 与电源正极短路。舒适 CAN-L 与电源正极短路的波形如图 14-26 所示，其特点是，一根线的波形始终为电源电压（对应 CAN-L），而另一根线的波形（对应 CAN-H）与正常时的一样。用万用表检测到的 CAN-L 电压值始终为电源电压，而 CAN-H 电压值与正常时的一样（约为 0.4V）。

7）CAN-H 断路。舒适 CAN-H 断路的波形如图 14-27 所示，其特点是，一根线的波形（对应 CAN-L）与正常情况下的波形一样；另一根线（对应 CAN-H）的波形在某段时间内不能完全跟随 CAN-L 信号波动，但偶尔会跟随向上跳动一下（表示接收单元做出应答）。用万用表检测到的 CAN-H 电压值高于 0V 且低于正常时的 0.4V（这是因为 CAN-H 向上波动的脉冲变少），而 CAN-L 电压值与正常时的一样（约为 4.6V）。

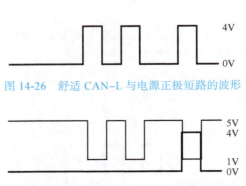

图 14-26　舒适 CAN-L 与电源正极短路的波形

图 14-27　舒适 CAN-H 断路的波形

8）CAN-L 断路。舒适 CAN-L 断路的波形如图 14-28 所示，其特点是，一根线的波形（对应 CAN-H）与正常时的波形一样；另一根线（对应 CAN-L）的波形在某段时间内不能完全跟随 CAN-H 信号波动，但偶尔会跟随向下跳动一下（表示接收单元做出应答）。用万用表检测到的 CAN-L 电压值高于正常时的电压 4.6V 且低于 5V（这是因为 CAN-L 向下波动的脉冲变少），而 CAN-H 电压值与正常时的一样（约为 0.4V）。

图 14-28　舒适 CAN-L 断路的波形

14.4.3　汽车 CAN 总线故障检修案例

1. 驱动 CAN 总线故障检修案例

故障现象：一辆大众速腾轿车无法起动，当点火开关处于点火档时，仪表盘上有多个动力故障灯点亮。

故障分析：根据故障现象分析可能的故障原因是动力故障灯对应的多个传感器故障或动力 CAN 通信系统故障。

故障诊断与排除：利用故障诊断仪进行检测，检测结果提示"驱动 CAN 通信系统故障"。分别利用万用表和示波器检测驱动 CAN 总线的电压和波形，根据检测结果，对照上述驱动 CAN 总线的电压和波形特点，发现该车的驱动 CAN-H 线出现了搭铁故障。接下来，可以逐段查找 CAN-H 线的搭铁点并进行故障修复（成本低，但耗时），或者采用替换的办法对整个驱动 CAN 总线进行故障修复（成本高，但省时）。线路修复后，用故障诊断仪清除此前故障对应的故障码，重新读取故障码，未发现同样的故障，说明此前的

第 14 单元　CAN 通信技术及应用

故障确被排除。

2. 舒适 CAN 总线故障检修案例

故障现象：一辆大众 POLO 轿车在例行保养时，用故障诊断仪进行故障码检测，提示"舒适 CAN 通信故障"。

故障分析：由于舒适 CAN 具有单线运行功能，因此舒适 CAN 系统尽管没有明显的功能失效，但为了确保系统的安全工作，需要对存在故障的舒适 CAN 总线进行故障排查和修复。

故障诊断与排除：分别利用万用表和示波器检测舒适 CAN 总线的电压和波形，根据检测结果，对照上述舒适 CAN 总线的电压和波形特点，发现该车的舒适 CAN–L 线出现了搭铁故障。接下来的处理方法与上述驱动 CAN 总线的故障检修案例相同，不再重述。

综上所述，当遇到 CAN 通信故障时，要结合汽车手册对整个电控系统进行分析与诊断，并对照本节提出的 CAN 总线的波形和电压特点进行线路故障类型判断，以便进行故障定位和排除。最后需要强调的是，驱动 CAN 不能单线运行，而舒适 CAN 能单线运行。

附　　录

附录 A　常用字符与 ASCII 代码对照表

ASCII值	字符	控制字符	ASCII值	字符	ASCII值	字符	ASCII值	字符	ASCII值	字符	ASCII值	字符	ASCII值	字符	ASCII值	字符
0	null	NUL	32	(space)	64	@	96	`	128	Ç	160	á	192	└	224	α
1	☺	SOH	33	!	65	A	97	a	129	ü	161	í	193	┴	225	β
2	☻	STX	34	"	66	B	98	b	130	é	162	ó	194	┬	226	Γ
3	♥	ETX	35	#	67	C	99	c	131	â	163	ú	195	├	227	π
4	♦	EOT	36	$	68	D	100	d	132	ä	164	ñ	196	─	228	Σ
5	♣	ENQ	37	%	69	E	101	e	133	à	165	Ñ	197	┼	229	σ
6	♠	ACK	38	&	70	F	102	f	134	å	166	ª	198	╞	230	µ
7	beep	BEL	39	'	71	G	103	g	135	ç	167	º	199	╟	231	τ
8	backspace	BS	40	(	72	H	104	h	136	ê	168	¿	200	╚	232	Φ
9	tab	HT	41	)	73	I	105	i	137	ë	169	⌐	201	╔	233	θ
10	换行	LF	42	*	74	J	106	j	138	è	170	¬	202	╩	234	Ω
11	♂	VT	43	+	75	K	107	k	139	ï	171	½	203	╦	235	δ
12	♀	FF	44	,	76	L	108	l	140	î	172	¼	204	╠	236	∞
13	回车	CR	45	–	77	M	109	m	141	ì	173	¡	205	═	237	ø
14	♫	SO	46	.	78	N	110	n	142	Ä	174	«	206	╬	238	∈
15	☼	SI	47	/	79	O	111	o	143	Å	175	»	207	╧	239	∩
16	►	DLE	48	0	80	P	112	p	144	É	176	░	208	╨	240	≡
17	◄	DC1	49	1	81	Q	113	q	145	æ	177	▒	209	╤	241	±
18	↕	DC2	50	2	82	R	114	r	146	Æ	178	▓	210	╥	242	≥
19	‼	DC3	51	3	83	S	115	s	147	ô	179	│	211	╙	243	≤
20	¶	DC4	52	4	84	T	116	t	148	ö	180	┤	212	╘	244	⌠
21	§	NAK	53	5	85	U	117	u	149	ò	181	╡	213	╒	245	⌡
22	▬	SYN	54	6	86	V	118	v	150	û	182	╢	214	╓	246	÷
23	↨	ETB	55	7	87	W	119	w	151	ù	183	╖	215	╫	247	≈
24	↑	CAN	56	8	88	X	120	x	152	ÿ	184	╕	216	╪	248	°
25	↓	EM	57	9	89	Y	121	y	153	Ö	185	╣	217	┘	249	●
26	→	SUB	58	:	90	Z	122	z	154	Ü	186	║	218	┌	250	·
27	←	ESC	59	;	91	[	123	{	155	¢	187	╗	219	■	251	√
28	∟	FS	60	<	92	\	124	¦	156	£	188	╝	220	▄	252	²
29	↔	GS	61	=	93	]	125	}	157	¥	189	╜	221	▌	253	²
30	▲	RS	62	>	94	^	126	~	158	Pt	190	╛	222	▐	254	■
31	▼	US	63	?	95	_	127	⌂	159	ƒ	191	┐	223	▀	255	

附录 B   ANSI C 的关键字

关键字	用　途	说　明
char	数据类型声明	单字节整型或字符型
double	数据类型声明	双精度实型
enum	数据类型声明	枚举类型
float	数据类型声明	单精度实型
int	数据类型声明	基本整型
long	数据类型声明	长整型
short	数据类型声明	短整型
signed	数据类型声明	有符号数
struct	数据类型声明	结构体类型
typedef	数据类型声明	重新进行数据类型声明
union	数据类型声明	共用体类型
unsigned	数据类型声明	无符号数
void	数据类型声明	无类型
volatile	数据类型声明	声明该变量在程序执行中可被隐含地改变
sizeof	运算符	计算变量或类型的存储字节数
break	程序语句	退出最内层循环体或 switch 结构
case	程序语句	switch 语句中的选择项
continue	程序语句	结束本次循环，转向下一次循环
default	程序语句	switch 语句中的默认选择项
do	程序语句	构成 do…while 循环结构
else	程序语句	构成 if…else 选择结构
for	程序语句	构成 for 循环结构
goto	程序语句	构成 goto 转移结构
if	程序语句	构成 if…else 选择结构
return	程序语句	函数返回
switch	程序语句	构成 switch 选择结构
while	程序语句	构成 while 和 do…while 循环结构
auto	存储类型声明	声明局部变量，默认值为此
const	存储类型声明	在程序执行过程中不可修改的变量值
register	存储类型声明	声明 CPU 寄存器的变量
static	存储类型声明	声明静态变量或内部函数
extern	存储类型声明	声明外部全局变量或外部函数

汽车计算机基础

附录 C　运算符的优先级和结合性

优先级	运算符	运算符功能	运算类型	结合方向
最高 15	（　） [　] — > •	圆括号、函数参数表 数组元素下标 指向结构体成员 结构体成员		自左至右
14	! ~ ++ 、 -- - （类型名） * & sizeof	逻辑非 按位取反 自增1、自减1 求负 强制类型转换 指针运算符 取地址运算符 求所占字节数	单目运算	自右至左
13	* 、/ 、%	乘、除、整数求余	双目算术运算	自左至右
12	+ 、 −	加、减	双目算术运算	自左至右
11	<< 、 >>	左移、右移	移位运算	自左至右
10	<、<=、>、>=	小于、小于或等于、 大于、大于或等于	关系运算	自左至右
9	== 、 !=	等于、不等于	关系运算	自左至右
8	&	按位与	位运算	自左至右
7	^	按位异或	位运算	自左至右
6	|	按位或	位运算	自左至右
5	&&	逻辑与	逻辑运算	自左至右
4	||	逻辑或	逻辑运算	自左至右
3	? :	条件运算	三目运算	自右至左
2	= 、 += 、 -= 、 *= 、/= 、%= 、 &= 、^= 、 |= 、 <<= 、 >>=	赋值运算	双目运算	自右至左
最低 1	,	逗号（顺序求值）	顺序运算	自左至右

注：1. 运算符的结合性只对相同优先级的运算符有效，也就是说，只有表达式中相同优先级的运算符连用时，才按照运算符的结合性所规定的顺序运算。而不同优先级的运算符连用时，先进行优先级高的运算。

2. 对于表中所罗列的优先级关系可按照如下口诀记忆：圆下箭头一小点，非凡（反）增减富（负）强星地长，先乘除、后加减、再移位，小等大等、等等又不等，按位与、异或或，逻辑与、逻辑或，讲条件、后赋值、最后是逗号。

附录 D　80LQFP 封装 S9KEAZ128AMLK 引脚功能分配表

引脚号	引脚名	默认功能	ALT0	ALT1	ALT2	ALT3	ALT4	ALT5	ALT6
1	PTD1	DISABLED	PTD1	KBI0_P25	FTM2_CH3	SPI1_MOSI			
2	PTD0	DISABLED	PTD0	KBI0_P24	FTM2_CH2	SPI1_SCK			
3	PTH7	DISABLED	PTH7	KBI1_P31	PWT_IN1				
4	PTH6	DISABLED	PTH6	KBI1_P30					
5	PTH5	DISABLED	PTH5	KBI1_P29					
6	PTE7	DISABLED	PTE7	KBI1_P7	TCLK2		FTM1_CH1	CAN0_TX	
7	PTH2	DISABLED	PTH2	KBI1_P26	BUSOUT		FTM1_CH0	CAN0_RX	
8	VDD	VDD							VDD
9	VDDA	VDDA						VREFH	VDDA
10	VREFH	VREFH							VREFH
11	VREFL	VREFL							VREFL
12	VSS/ VSSA	VSS/ VSSA						VSSA	VSS
13	PTB7	EXTAL	PTB7	KBI0_P15	I2C0_SCL				EXTAL
14	PTB6	XTAL	PTB6	KBI0_P14	I2C0_SDA				XTAL
15	PTI4	DISABLED	PTI4		IRQ				
16	PTI1	DISABLED	PTI1		IRQ	UART2_TX			
17	PTI0	DISABLED	PTI0		IRQ	UART2_RX			
18	PTH1	DISABLED	PTH1	KBI1_P25	FTM2_CH1				
19	PTH0	DISABLED	PTH0	KBI1_P24	FTM2_CH0				
20	PTE6	DISABLED	PTE6	KBI1_P6					
21	PTE5	DISABLED	PTE5	KBI1_P5					
22	PTB5	DISABLED	PTB5	KBI0_P13	FTM2_CH5	SPI0_PCS	ACMP1_OUT		
23	PTB4	NMI_b	PTB4	KBI0_P12	FTM2_CH4	SPI0_MISO	ACMP1_IN2	NMI_b	
24	PTC3	ADC0_SE11	PTC3	KBI0_P19	FTM2_CH3		ADC0_SE11		
25	PTC2	ADC0_SE10	PTC2	KBI0_P18	FTM2_CH2		ADC0_SE10		

汽车计算机基础

（续）

引脚号	引脚名	默认功能	ALT0	ALT1	ALT2	ALT3	ALT4	ALT5	ALT6
26	PTD7	DISABLED	PTD7	KBI0_P31	UART2_TX				
27	PTD6	DISABLED	PTD6	KBI0_P30	UART2_RX				
28	PTD5	DISABLED	PTD5	KBI0_P29	PWT_IN0				
29	PTI6	DISABLED	PTI6	IRQ					
30	PTI5	DISABLED	PTI5	IRQ					
31	PTC1	ADC0_SE9	PTC1	KBI0_P17	FTM2_CH1		ADC0_SE9		
32	PTC0	ADC0_SE8	PTC0	KBI0_P16	FTM2_CH0		ADC0_SE8		
33	PTH4	DISABLED	PTH4	KBI1_P28	I2C1_SCL				
34	PTH3	DISABLED	PTH3	KBI1_P27	I2C1_SDA				
35	PTF7	ADC0_SE15	PTF7	KBI1_P15			ADC0_SE15		
36	PTF6	ADC0_SE14	PTF6	KBI1_P14			ADC0_SE14		
37	PTF5	ADC0_SE13	PTF5	KBI1_P13			ADC0_SE13		
38	PTF4	ADC0_SE12	PTF4	KBI1_P12			ADC0_SE12		
39	PTB3	ADC0_SE7	PTB3	KBI0_P11	SPI0_MOSI	FTM0_CH1	ADC0_SE7		
40	PTB2	ADC0_SE6	PTB2	KBI0_P10	SPI0_SCK	FTM0_CH0	ADC0_SE6		
41	PTB1	ADC0_SE5	PTB1	KBI0_P9	UART0_TX		ADC0_SE5		
42	PTB0	ADC0_SE4	PTB0	KBI0_P8	UART0_RX	PWT_IN1	ADC0_SE4		
43	PTF3	DISABLED	PTF3	KBI1_P11	UART1_TX				
44	PTF2	DISABLED	PTF2	KBI1_P10	UART1_RX				
45	PTA7	ADC0_SE3	PTA7	KBI0_P7	FTM2_FLT2	ACMP1_IN1	ADC0_SE3		
46	PTA6	ADC0_SE2	PTA6	KBI0_P6	FTM2_FLT1	ACMP1_IN0	ADC0_SE2		
47	PTE4	DISABLED	PTE4	KBI1_P4					
48	VSS	VSS							VSS
49	VDD	VDD							VDD
50	PTG7	DISABLED	PTG7	KBI1_P23	FTM2_CH5	SPI1_PCS			
51	PTG6	DISABLED	PTG6	KBI1_P22	FTM2_CH4	SPI1_MISO			
52	PTG5	DISABLED	PTG5	KBI1_P21	FTM2_CH3	SPI1_MOSI			
53	PTG4	DISABLED	PTG4	KBI1_P20	FTM2_CH2	SPI1_SCK			
54	PTF1	DISABLED	PTF1	KBI1_P9	FTM2_CH1				

附　录

（续）

引脚号	引脚名	默认功能	ALT0	ALT1	ALT2	ALT3	ALT4	ALT5	ALT6
55	PTF0	DISABLED	PTF0	KBI1_P8	FTM2_CH0				
56	PTD4	DISABLED	PTD4	KBI0_P28					
57	PTD3	DISABLED	PTD3	KBI0_P27	SPI1_PCS				
58	PTD2	DISABLED	PTD2	KBI0_P26	SPI1_MISO				
59	PTA3	DISABLED	PTA3	KBI0_P3	UART0_TX	I2C0_SCL			
60	PTA2	DISABLED	PTA2	KBI0_P2	UART0_RX	I2C0_SDA			
61	PTA1	ADC0_SE1	PTA1	KBI0_P1	FTM0_CH1	I2C0_4WSDAOUT	ACMP0_IN1	ADC0_SE1	
62	PTA0	ADC0_SE0	PTA0	KBI0_P0	FTM0_CH0	I2C0_4WSCLOUT	ACMP0_IN0	ADC0_SE0	
63	PTC7	DISABLED	PTC7	KBI0_P23	UART1_TX			CAN0_TX	
64	PTC6	DISABLED	PTC6	KBI0_P22	UART1_RX			CAN0_RX	
65	PTI3	DISABLED	PTI3	IRQ					
66	PTI2	DISABLED	PTI2	IRQ					
67	PTE3	DISABLED	PTE3	KBI1_P3	SPI0_PCS				
68	PTE2	DISABLED	PTE2	KBI1_P2	SPI0_MISO	PWT_IN0			
69	VSS	VSS							VSS
70	VDD	VDD							VDD
71	PTG3	DISABLED	PTG3	KBI1_P19					
72	PTG2	DISABLED	PTG2	KBI1_P18					
73	PTG1	DISABLED	PTG1	KBI1_P17					
74	PTG0	DISABLED	PTG0	KBI1_P16					
75	PTE1	DISABLED	PTE1	KBI1_P1	SPI0_MOSI		I2C1_SCL		
76	PTE0	DISABLED	PTE0	KBI1_P0	SPI0_SCK	TCLK1	I2C1_SDA		
77	PTC5	DISABLED	PTC5	KBI0_P21		FTM1_CH1		RTC_CLKOUT	
78	PTC4	SWD_CLK	PTC4	KBI0_P20	RTC_CLKOUT	FTM1_CH0	ACMP0_IN2	SWD_CLK	
79	PTA5	RESET_b	PTA5	KBI0_P5	IRQ	TCLK0	RESET_b		
80	PTA4	SWD_DIO	PTA4	KBI0_P4		ACMP0_OUT	SWD_DIO		

附录 E　系统时钟

时钟系统是 MCU 不可或缺的组成部分，它产生的时钟信号贯穿整个芯片。KEA128 的时钟系统比较复杂，不像简单的 51 MCU 那样仅采用一个系统时钟。同一个电路，时钟越快，功耗就越大，同时抗电磁干扰能力也会越弱。另外，并非所有外设都需要那么高的工作频率。例如，给看门狗（WDOG）提供 1kHz 的工作时钟即可正常运行。因此，对于较为复杂的 MCU，一般采取多时钟源的方法来解决这些问题。

KEA128 芯片的时钟系统框图如图 E-1 所示，它包含以下 3 个时钟源模块。

1）内部时钟源（ICS）模块：作为主时钟源发生器，提供总线时钟和其他外设的参考时钟。

2）系统振荡器（OSC）模块：为 ICS、RTC、WDOG、ADC、MSCAN 提供参考时钟。

3）低功耗振荡器（LPO）模块：使用 PMC 提供的 1kHz 低功耗晶振，可在 MCU 所有的功耗模式下运行，LPO 为 RTC 和 WDOG 提供 1kHz 的参考时钟。

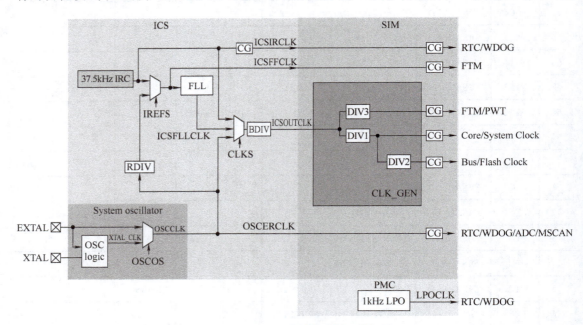

图 E-1　KEA128 芯片的时钟系统框图

KEA128 芯片的时钟分配如图 E-2 所示。

KEA128 芯片中各个时钟的情况总结如表 E-1 所示。

根据表 E-1 的提示，现将时钟配置为：使用内部参考时钟 37.5kHz IRC 作为 FLL 的时钟源（不使用外部晶振），FLL 输出作为 ICSOUTCLK 的时钟源，其频率 = 37.5kHz × 1280 = 48MHz。内核 / 系统时钟频率为 48MHz，总线 / 闪存时钟频率为 24MHz，FTM/PWT 时钟频率为 24MHz。

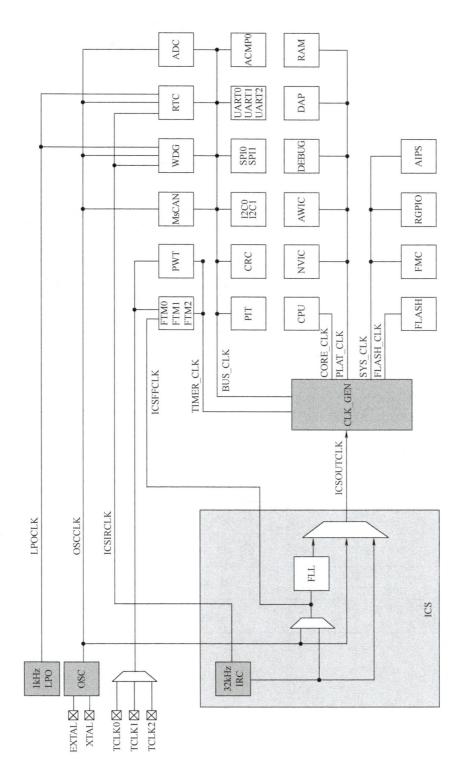

图E-2 KEA128芯片的时钟分配图

汽车计算机基础

表 E-1　KEA128 芯片中各个时钟的情况总结表

时钟名称	说　明	运行模式下的频率	时钟失效的条件
ICSIRCLK	内部参考时钟 IRC 的 ICS 输出，可选择作为 FLL、RTC 或 WDOG 的时钟源	31.25 ～ 39.0625 kHz IRC（本芯片是 37.5kHz）	ICS_C1[IRCLKEN]=0，或在 Stop 模式下，ICS_C1[IREFSTEN]=0
ICSFFCLK	固有频率时钟的 ICS 输出，可选择作为 FTM 的时钟源，其频率由 ICS 的振荡器设置决定	31.25 ～ 39.0625 kHz	在 Stop 模式下
ICSFLLCLK	FLL 的输出，FLL 锁定 1280 倍的内部或外部参考频率	40 ～ 50 MHz	在 Stop 模式下或 FLL 禁用时
ICSOUTCLK	IRC、ICSFLLCLK 或 ICS 外部参考时钟的 ICS 输出，为 FTM、PWT、内核、系统、总线、闪存提供时钟源	由其时钟源频率和 BDIV 决定	由其时钟源决定
OSCCLK	内部振荡器或直接来源于 EXTAL 的系统振荡器输出，用作 ICS 的外部参考时钟	31.25 ～ 39.0625kHz 或 4 ～ 24MHz（晶振）	OSC_CR[OSCEN]=0，或在 Stop 模式下，OSC_CR[OSCSTEN]=0
OSCERCLK	来自 OSCCLK 的系统振荡器输出，可选择作为 RTC、WDOG、ADC 或 MSCAN 的时钟源，其中作为 MSCAN 的时钟源时，频率不能超过 24MHz	高达 48MHz（旁路），31.25 ～ 39.0625kHz 或 4 ～ 24MHz（晶振）	OSC_CR[OSCEN]=0，或在 Stop 模式下，OSC_CR[OSCSTEN]=0
LPOCLK	PMC 1kHz 的输出，可选择作为 RTC 或 WDOG 的时钟源	1 kHz	在所有功耗模式下都有效
Core clock	内核时钟，由 ICSOUTCLK 除以 DIV1 得到，为 ARM CM0+ 内核提供时钟	高达 48MHz	在 Wait 模式和 Stop 模式下
System clock	系统时钟，由 ICSOUTCLK 除以 DIV1 得到，直接为总线主机提供时钟	高达 48MHz	在 Stop 模式下
Bus clock	总线时钟，由内核 / 系统时钟除以 DIV2 得到，为总线从机和外设提供时钟	高达 24MHz	在 Stop 模式下
Flash clock	闪存时钟，由系统时钟除以 DIV2 得到，在该芯片中其时钟频率与总线时钟频率相同	高达 24MHz	在 Stop 模式下
Timer clock	定时器时钟，由 ICSOUTCLK 除以 DIV3 得到，为 FTM 和 PWT 提供时钟	高达 24MHz	在 Stop 模式下
SWD clock	调试器 SWD_CLK 引脚时钟	高达 24MHz	由外部时钟输入，不会被禁止
Platform clock	平台时钟，由 ICSOUTCLK 除以 DIV1 得到，为交叉开关和 NVIC 提供时钟	高达 48MHz	在 Stop 模式下
Debug clock	调试时钟，在该芯片中，它由平台时钟获得	高达 24MHz	未启用调试

参 考 文 献

[1] 王宜怀，李跃华 . 汽车电子 KEA 系列微控制器——基于 ARM Cortex-M0+ 内核 [M]. 北京：电子工业出版社，2015.

[2] 饶运涛，邹继军，王进宏，等 . 现场总线 CAN 原理与应用技术 [M]. 2 版 . 北京：北京航空航天大学出版社，2007.

[3] 谭浩强 .C 程序设计 [M]. 5 版 . 北京：清华大学出版社，2017.

[4] Freescale. KEA128 Sub-Family Data Sheet Rev 4，2014.

[5] Freescale. KEA128 Sub-Family Reference Manual Rev 2，2014.

[6] 孙慧芝，张潇月 . 智能网联汽车概论 [M]. 北京：机械工业出版社，2020.

学 习 笔 记

班级：_____　　学号：_____　　姓名：_____

学 习 笔 记

班级：_____　　学号：_____　　姓名：_____

学 习 笔 记

班级：_____ 学号：_____ 姓名：_____

学 习 笔 记

班级：_____　　学号：_____　　姓名：_____

学 习 笔 记

班级：_____   学号：_____   姓名：_____

学 习 笔 记

班级：＿＿＿＿＿＿＿　　学号：＿＿＿＿＿＿＿　　姓名：＿＿＿＿＿＿＿

学 习 笔 记

班级：_____   学号：_____   姓名：_____